本教材第四版曾获首届全国教材建设奖全国优秀教材二等奖

“十二五”职业教育国家规划教材
经全国职业教育教材审定委员会审定

普通高等教育“十一五”国家级规划教材

新编21世纪高等职业教育精品教材 财务会计类

新编21世纪高等继续教育精品教材·会计系列

第五版

财务报表分析

主编／王德发

中国人民大学出版社
·北京·

前 言

财务报表犹如“半亩方塘”，展示着企业经营中的“天光云影”，是对企业财务状况、经营成果和现金流量等“源头活水”进行直观反映的“如许清渠”，但“清渠”般的数据并不能直接告知我们企业财务状况和经营成果的好坏，更不能直接反映企业成本控制效果、偿债能力和企业发展潜力等。若要挖掘这些枯燥数字背后隐藏的数据宝藏，唯有借助于财务报表分析工具，才能正确评价企业的财务状况与经营成果，揭示企业未来的风险和潜力；考核经营管理人员的业绩，为建立健全合理的激励机制提供帮助。了解过去、评价现在、预测未来，将报表数据转换成对决策有用的信息，减少决策的不确定性，正是财务报表分析价值之所在。

财务报表虽由不同的人使用，且各自分析的重点不同，但其分析的目的是一致的：评价企业资产的营运能力，分析企业资产的分布和周转使用情况；评价企业的盈利能力，分析企业利润目标的完成与不同年度盈利水平的变动情况；评估企业的偿债能力，分析企业的权益结构，估量企业对债务资金的利用程度等。

本书正是以报表使用者的共性需求为出发点，秉承第一版以来的写作思路，对三张主要报表均以项目分析为主线，同时结合综合分析工具，使读者更全面地感受财务报表分析的魅力。每一章内容以不同的上市公司为背景，各章主要知识点沿着这些公司的业务而展开，让读者在学习财务报表分析基本知识的同时，增强报表分析的可操作性。

本次修订针对高等职业教育和继续教育的特点，补充和更新了部分案例与数据，使之更贴近时代。案例引导、报表分析、造假甄别、综合训练的特色继续贯穿全书，并结合课后案例分析拓展课内知识。本书第四版获得首届全国教材（职业教育和继续教育类）建设奖，既适合各财经类专业本专科学生使用，又可作为企业财务人员自学用书。

本书由王德发主编，负责全书内容体系的设计、人员分工以及总纂定稿。李浩、郭晓彤、邹炎、杜倩倩、代文、钱红光、程玉等参与了本书各章节的修订。在本书修订过程中，我们得到了中国人民大学出版社的大力支持，在此谨表感谢！

由于编者水平所限，加之财务报表分析主体日趋多元化、分析内容日益复杂化、分析工具层出不穷，本书定存诸多不足之处，敬请读者批评指正。

编者

目录

第一章

总　论

引例

聚焦青岛海尔

20××年，注册会计师为青岛海尔出具标准无保留意见的审计报告。

通过年报分析，该公司偿债能力处于同行业领先水平，自有资本与债务结构合理，不存在债务风险；资产负债管理能力处于同行业领先水平，但个别指标仍存在明显不足；盈利能力处于同行业先进水平，但应关注其现金收入情况，并留意其是否具备持续盈利的能力与新的利润增长点。在同行业中，该公司成长性一般，投资者应该注意其规模是否有适度扩张的可能，否则将面临行业追随者的巨大竞争压力。在现金流量的安全性方面，该公司处于同行业中游水平。在改善现金流量方面，投资者应当关注该公司现金管理状况，了解现金不足的具体原因。总体而言，青岛海尔的财务状况保持上年水平，其中盈利能力有明显改善；但公司的技术创新投入有所下滑，应引起投资者注意。

上述年报分析的简要结论，文字不多，但内容丰富，回答了债权人、投资者和企业管理者关注的以下问题：

- 该公司是否值得投资？投资回报如何？公司发展前景怎样？
- 该公司短期和长期偿债能力如何？可否对该公司提供融资？
- 公司内部管理存在哪些不足？应从哪些方面加以改进？

初次进行财务报表分析的读者一定想了解上述分析结论是如何产生的，应如何通过报表分析进行融资、投资和经营管理决策。本书将从不同的方面来回答这些问题。

本章要点

- ◇ 财务分析的发展历程
- ◇ 财务分析与财务报表分析的异同
- ◇ 财务报表的内容、作用和局限性
- ◇ 财务报表分析的内容和作用
- ◇ 财务报表分析的程序和基本方法

思政目标

“财务报表分析”课程是以国家颁布的会计准则为依据、以真实准确的财务报表为对象、以客观公正的财务评价为目标，培养学生评价企业过去、反映企业现在、预测企业未来的能力。学习该课程，不仅需要学生具有扎实的理论知识和精湛的业务能力，还需要具有高尚的职业道德、正确的价值理念，做到诚实守信、爱岗敬业、团结协作、实事求是。

第一节　财务分析与财务报表分析

一、财务分析理论的产生与发展

在产品出现剩余并产生了交换需要之后，人们开始权衡在交换物和被交换物上所花费的劳动，这实际上就是早期以劳动和实物计量来进行财务分析思想的萌芽。随着商品经济的发展，尤其是 16 世纪以来大工厂和公司制度的出现，社会经济组织之间的业务往来日益频繁，商品与货币的流通量与日俱增，商品生产者和销售者逐渐遇到了生产成本、费用和利润等方面的核算问题，投资者和债权人也需要了解企业的经营状况和偿债能力，以便做出投资和融资的决策。在这种背景下，记账原理、会计核算理论得到了很大的发展。1531 年，德国纽伦堡商人约翰·戈特利布编制了第一张资产负债表；1875 年英国的克朗赫尔蒙编写的《单一产品的复式记账》和 1892 年狄克西编写的《审计学》开辟了成本会计和审计的新天地。会计理论和实务的发展为财务报表分析奠定了坚实的基础。

当西方主要资本主义国家完成原始积累，进入大规模生产时期，人类首次开始面对生产过剩的危机，破产企业数目激增，经营理财能力成为决定企业生存的关键因素。在这种情况下，银行的地位和作用大大增强，成为当时总结企业理财经验、探讨企业理财方略的主要力量。很自然地，银行开始着眼于如何了解企业财务状况和掌握企业偿债能力。1895 年，美国纽约州银行协会的经理委员会采纳一项决定：要求所有的借款者必须提交由他们签字的资产负债表。1900 年，该协会发布了申请贷款的标准表格，包括部分资产负债表。此后，银行开始根据企业资产和负债的数量对比来判断企业对借款的偿还能力和还款保障程度，并且提出了诸如流动比率、速动比率等一系列的比率分析指标来作为判断的依据。例如，美国银行家亚历山大・沃尔使用流动比率来评价企业的信用水平，借以防范贷款的违约风险。1923 年，美国的詹姆斯・比利斯以各行业特点为依据，分析不同行业的财务与经营比率，提出并建立了各行业平均标准比率，便于人们对各企业进行横向比较。

当然，比率分析也存在许多不足之处。正如 1925 年美国的斯蒂芬所指出的，比率的变动仅仅是两个相关因素之间的变动，很难综合反映比率与资产负债表之间的关系。于是，他提出了替代比率方法，选择某一年为基年，得到一系列相对于基年的百分比。这便是趋势百分比分析的雏形。

将财务分析引入投资领域的是美国的汤姆斯。1900 年，他编写了《铁路报告分解》一书。该书使用了诸如经营费用与总收益比率、固定费用与净收益比率等现代财务分析指标，来评价当时的铁路行业经营状况。此后，财务分析作为评价财务状况的基础在投资领域越来越盛行。

尽管在 20 世纪初财务分析技术出现了许多重大的突破，但财务分析成为一门独立的学科始于 50 年代。随着股份制经济和资本市场的发展，企业要向社会发行股票和债券，而许多普通民众也开始作为投资者进入资本市场。在股票买卖过程中，广大公众希望了解企业的经营及财务状况，以便进行认真的比较和分析，审慎做出投资决策。在这种形势下，西方各主要发达国家的财务分析随之发展起来，成为一门独立的、实用性很强的新学科。

目前，财务分析的理论知识已被广泛地应用于社会经济生活的各个领域。比如，美国银行或政府机构对企业资信和企业债券的评级，要求由一名财务分析专家和一名相关产业领域的专家组成的两人小组进行；企业财会人员、证券经纪人、银行工作人员，都要经过财务分析知识和技能的正规或非正规培训。“财务分析学”已经成为财经专业、会计专业、企业管理专业和金融专业的必修课程。

二、我国财务分析的发展

财务分析思想在我国出现较早，西周时期，我国便设立“司会”一职，主管会计。“岁终，则令群吏正岁会。月终，则令正月要。旬终，则令正日成，而以考其治。”岁会、月要和日成由司会总考。司会“以参互考日成，以月要考月成，以岁会考岁成”，并在参互勾考的基础上得出会计报告，传递给“冢宰”，冢宰进行考核分析，“司会以岁之成，质于天子，冢宰齐戒受质”。由此可见，我国很早就已建立较为完备的会计和财务分析的管理制度。后来的各封建王朝纷纷仿效并逐步完善，以至于形成了一个固定的制度，这就是后世理财家们所称的“上计”制度。

到了近代，洋务运动尤其是辛亥革命后，随着我国民族资本主义的发展，外国银行和本土金融资本家出于资本安全的考虑，开始对企业的经营效果和偿债能力进行分析。当然，这个时期他们所做的还只是对企业财务报表进行局部的分析和个别指标的计算。

中华人民共和国成立后，在计划经济体制下，我国推行苏联的做法，一直将财务分析作为企业经济活动分析的一部分。但统收统支的计划经济使得经济活动分析的基本任务只是分析企业各项计划的完成状况，至于财务分析在经济活动分析中的地位则是无足轻重的。

改革开放以后，企业自主权不断扩大，开始独立面对商品市场和资本市场，而民间资本的充实又将社会公众转变成投资者和潜在的投资者。在这种背景下，财务分析开始引起越来越多有识之士的重视，不仅经济活动分析中的财务分析内容得到充实，而且财务管理和管理会计等学科中都增加了财务分析的内容。但是，这些学科有其独立的理论与方法论体系，财务分析作为学科体系的一部分，没能形成在市场经济条件下建立现代企业制度需要的独立的财务分析学理论体系与方法论体系，企业所有者、潜在投资者、企业经营者、企业债权人等缺少投资、经营、交易等所需要的财务分析系统理论与方法。因此，在我国建立独立的财务分析学科体系是经济发展的客观需要。

随着社会主义市场经济体制的建立、发展与完善，我国的宏观经济环境和微观经济体制都发生了很大变化。建立产权清晰、权责明确、政企分开、管理科学的现代企业制度已成为我国企业制度改革的目标和方向。在现代企业制度下，企业的所有者、债权人、经营者和政府经济管理者都站在各自的立场上，或从各自的目的和利益出发，关心企业的经营状况、财务状况和经济效益。国家在宏观经济政策和环境方面也为他们分析和掌握企业的经营和财务状况创造了条件。例如，统一了财务会计制度，完善了财务会计信息披露制度，建立了产权清晰的企业制度等。

三、财务分析与财务报表分析的异同

财务分析与财务报表分析是两个不同的概念。从时间上讲，财务分析的思想和实务操作早于财务报表分析。当人类有了剩余产品的时候，就开始对经济活动的过程和结果进行总结，对剩余产品做出处理，对下期经营活动给予安排，这些往往都需要财务分析的介入。而财务报表分析则是在人类社会产生了会计职业，并且编制了财务报表或者提供了会计信息之后才出现的。从范围上看，财务分析不仅对财务报表进行分析，而且对企业的经营活动、资金运动以及外部环境（如金融秩序、生产资料市场、劳动力市场、技术市场、销售市场和产权市场）等进行全面分析。

尽管财务分析和财务报表分析存在上述不同之处，但两者的联系是显而易见的：

（1）财务分析和财务报表分析的主体相同。

两者的主体都是与企业存在一定现实或潜在经济利益关系的单位、团体和个人，如企业所有者、债权人、经营者、供应商和客户。他们为了特定的目的，站在各自的立场上，对企业的财务状况、经营成果和现金流量及所处的行业发展状况进行分析和评价，做出判断和决策。

（2）财务分析和财务报表分析的依据相同。

财务分析要以财务报表为依据，以企业经营活动和外部市场环境为背景来开展；而财务报表分析也是以财务报表为主线，同时还要了解企业资金运动的规律、企业经营业务的特点和市场环境，这样才能使财务报表分析建立在客观、可靠和真实的基础之上。可见，财务分析和财务报表分析的依据基本上是一致的。

（3）财务分析和财务报表分析在很多情况下可以通用。

财务分析包括广义的财务分析和狭义的财务分析。广义的财务分析是指利用企业财务信息，对企业的整体与局部、历史与未来、短期与长远进行比较，以揭示企业现实价值和预测企业未来价值为目的的分析与评价。狭义的财务分析是指借助于企业财务报表及一系列财务指标，以历史财务信息为基础，以揭示企业现实价值为主要目的的分析。可以说，财务报表分析就是狭义的财务分析。本书在后面各章节中，如果没有特别说明，财务分析与财务报表分析含义相同。

第二节 财务报表的内容、作用及局限性

一、财务报表的内容

财务报表是以会计账簿记录为主要依据，以货币为计量单位，全面、总括反映会计主体在一定时期内财务状况、经营成果和理财过程的总结性书面报告文件。财务报表是整个会计核算过程的最终结果，是企业提供财务信息的重要工具和进行财务分析的基础。

财务报表反映了企业财务状况、经营成果和现金流量，是企业经营管理水平的综合反映，它所提供的信息不但是企业经营管理者进行决策的依据，而且是国家进行国民经济宏观管理的重要依据。在我国，编制财务报表必须符合国务院颁布的《企业财务会计报告条例》，该条例不仅规范了会计要素的内涵，而且界定了所要披露的财务会计报告体系的范围。企业财务会计报告体系如表1－1所示。

表1－1 企业财务会计报告体系

<table>
<tr><td rowspan="9">财务会计报告</td><td rowspan="9">会计报告</td><td rowspan="9">对外报告</td><td rowspan="4">主表</td><td colspan="2">资产负债表</td></tr>
<tr><td colspan="2">利润表</td></tr>
<tr><td colspan="2">现金流量表</td></tr>
<tr><td colspan="2">所有者权益变动表</td></tr>
<tr><td rowspan="5">附表</td><td rowspan="2">资产负债表附表</td><td>资产减值准备明细表</td></tr>
<tr><td>应交增值税明细表</td></tr>
<tr><td rowspan="3">利润表附表</td><td>利润分配表</td></tr>
<tr><td>业务分部报表</td></tr>
<tr><td>地区分部报表</td></tr>
</table>

续表

<table>
<tr><td rowspan="9">财务会计报告</td><td rowspan="6">会计报告</td><td rowspan="6">对内报告</td><td>主表</td><td>成本报表</td></tr>
<tr><td rowspan="5">附表</td><td>主要产品单位成本表</td></tr>
<tr><td>制造费用明细表</td></tr>
<tr><td>管理费用明细表</td></tr>
<tr><td>财务费用明细表</td></tr>
<tr><td>销售费用明细表</td></tr>
<tr><td rowspan="3">文字报告</td><td colspan="3">会计报表附注</td></tr>
<tr><td colspan="3">财务情况说明书</td></tr>
<tr><td colspan="3">注册会计师审计报告</td></tr>
</table>

财务报表是财务会计报告的重要组成部分，主要是对外提供反映企业某一特定日期的财务状况和某一会计期间经营成果、现金流量等会计信息的文件，主要包括资产负债表、利润表、现金流量表、所有者权益变动表及会计报表附注等。财务会计报告除了对外提供反映企业财务状况、经营成果和现金流量等方面的信息外，还对内提供决策所需的成本等方面的信息。

（一）会计报告部分

会计报告是财务会计报告体系的核心。会计报告由主表和附表组成。

1. 主表

主表包括资产负债表、利润表、现金流量表、所有者权益变动表和成本报表。其中，需要对外报送的主表有资产负债表、利润表、现金流量表和所有者权益变动表，不需要对外报送的有成本报表。

（1）资产负债表。

资产负债表是反映某一会计主体在某一特定时日财务状况的财务报表，是企业对外公布的一张重要报表。它包括三个方面的内容：企业拥有或者控制的可带来经济利益的资源，即企业的资产；企业因过去的交易、事项形成的，预期会导致经济利益流出的现时义务，即企业的负债；企业所有者在企业资产中享有的经济利益，即所有者权益。对以上三个方面的内容按照会计等式“资产＝负债＋所有者权益”列示，并对其进行分类和项目排列等，便可形成便于阅读的财务报告结构。熟悉资产负债表的内容和结构，是利用资产负债表所揭示的财务信息的基础。

资产负债表所揭示的财务信息，主要有以下三个方面：

1）企业所拥有的可利用的经济资源情况，包括资产总额、资产的结构和分布情况。对此进行分析，可以进一步揭示资产结构的合理性和资产的流动性。

2）形成资产的资金来源。在企业中，形成资产的资金有两个来源：一是债权人提供的贷款，二是企业所有者的投资。在任何时候，资产都必须等于债权人提供的贷款和所有者投资之和。对形成资产的资金来源进行分析可以揭示企业融资结构的优劣，并可对企业的财务杠杆做出评估。

3）资产和负债的对照关系。在资产负债表中，资产按照流动性进行分类，即资产分为流动资产和非流动资产；负债按照还款期限长短分类，即负债分为流动负债和非流动负债。根据资产和负债的对照关系，可以分析资产的流动性及企业的偿债能力。

（2）利润表。

利润表是反映某一会计主体一定会计期间的经营成果的财务报表。它反映了一定期间的收入和相应的成本、费用，以及最终形成的损益。我国的企业多采用多步式利润表，即分步计算利润，包括营业利润、利润总额和净利润等。这种多步式利润表提供了财务报告分析所需要的中间数字，有利于揭示利润的形成及其原因，便于使用者对企业的获利能力做出预测。

（3）现金流量表。

现金流量表是以现金和现金等价物为编制基础，反映某一会计主体一定会计期间的现金流入和流出状况的财务报表。这张表揭示了企业在一定期间内现金流入的来源及金额、现金流出的去向及金额，以及现金的净流量。它从现金和现金等价物这个角度，更深刻、更客观地反映了企业的财务状况，有助于进一步揭示企业生成现金的能力、偿债和支付能力，评价损益的质量，以及对未来的现金流量做出预测。

（4）所有者权益变动表。

所有者权益变动表是反映构成所有者权益的各组成部分当期的增减变动情况的报表。这是根据《企业会计准则第 30 号——财务报表列报》的要求增加的一张主表。所有者权益变动表列示了所有者权益的增减变动情况，将当期损益、直接计入所有者权益的利得和损失，以及与所有者（或股东）的资本交易导致的所有者权益的变动分别列示。该表的编制有利于财务报告使用者进一步了解企业净资产状况。在《企业会计准则第 30 号——财务报表列报》颁布以前，所有者权益变动表并不是主要报表，在上市公司的财务报告中，它仅作为附表在“会计数据和业务数据摘要”中列示；在《企业会计准则第 30 号——财务报表列报》颁布之后，所有者权益变动表脱颖而出成为主要报表之一，其地位和作用令人刮目相看。所有者权益变动表担负起了资产负债表与利润表之间的纽带的重任，通过所有者权益变动表搭建二者之间的钩稽关系，使财务报告体系中的各要素能够继续保持着紧密的联系。此外，引入公允价值计量属性，使金融工具的确认和计量成为可能，然而由于历史成本原则和实现原则的限制，金融工具带来的部分未实现利得和损失无法在利润表中报告，只能绕过利润表在所有者权益中列示，这成为报告全面收益的直接动因。随着我国经济的发展，绕过利润表在所有者权益中列示的收益会越来越多，要让报表使用者全面了解企业的收益状况，增强会计信息的相关性，报告全面收益势在必行。所有者权益变动表只是报告全面收益的一个开端。

（5）成本报表。

成本报表是反映企业一定期间的产品成本和其他费用的水平及构成情况的报表，包括商品产品成本表、主要产品单位成本表和各种费用明细表。成本报表所揭示的信息有助于考核和分析产品成本构成和费用支出情况，从而有利于加强成本管理和成本控制，降低成本，节约费用，提高经济效益。企业的成本属于商业秘密，所以成本报表不对外报送，也不向外公布，但对企业内部成本管理极为有用，因而必须定期编制和分析。

2. 附表

常见的附表有利润分配表、应交增值税明细表、业务分部报表和地区分部报表等。

（二）文字报告部分

文字报告部分主要说明会计报告数字不能表达的内容和数字背后隐含的内容。文字报告部分主要包括会计报表附注、财务情况说明书和注册会计师审计报告。

1. 会计报表附注

会计报表附注是对会计报表的补充说明和具体解释。一些会计报表数字本身难以表达的内容，可以通过附注来说明。会计报表附注包括的内容有：企业基本情况；不符合基本会计假设的说明；重要会计政策和会计估计的变更原因及对财务状况和经营成果的影响；或有事项的说明；资产负债表日后事项的说明；关联方关系及交易的说明；重要资产转让及出售情况；企业合并、分立、重大投融资活动以及会计报表中主要项目的明细资料。

企业的经营管理者在阅读和分析会计报表之前，仔细阅读会计报表附注有助于加深对报表数字的形成及数字背后的因素的理解；有助于理解各企业的会计政策及其区别，了解各企业会计报表资料的可比性；有助于客观地评价不同企业的资金状况和经营成果，对其业绩做出科学的评价。

2. 财务情况说明书

财务情况说明书是企业对自身的财务状况和经营成果做出的自我评价。通过阅读会计报表和会计报表附注，可对企业的基本情况有比较全面和具体的了解，但是还有一些信息不能充分获取。财务情况说明书是为了更全面地说明有关财务状况而编制的。它不是阅读和分析财务会计报告的基础，而是阅读和分析财务会计报告后所做的总结。

财务情况说明书一般应包括的内容有：企业生产经营的基本情况；利润实现和分配情况；资金增减和周转情况；对企业财务状况、经营成果和现金流量有重大影响的其他事项。

阅读会计报表和会计报表附注后，应仔细阅读财务情况说明书，这样可以更好地理解企业的经营情况，有助于客观地评价企业经营管理者的业绩。

3. 注册会计师审计报告

注册会计师审计报告是指注册会计师通过审计后提交的结论性意见。注册会计师出具的审计报告有四种类型：无保留意见的审计报告、保留意见的审计报告、否定意见的审计报告和无法（拒绝）表示意见的审计报告。审计报告包含着丰富的信息，我们可以从不同类型的审计报告中了解会计报表的真实性和可靠性、注册会计师对企业会计报表的审计结果以及企业的会计事项是否存在问题。

二、财务报表的作用

财务报表的作用具体来说有以下五个方面：

（1）财务报表有助于投资者了解企业的财务状况与经营成果，以及管理者对受托责任的履行情况及业绩。

现代企业的两权分离，使股东和企业管理当局之间形成委托与受托的关系。股东把资金投入公司，委托管理人员进行经营管理。他们为了确保自己的切身利益，使投入的资金保值与增值，需要不断地了解管理者对受托资本的运用及管理情况。政府通过制定《企业会计准则》《企业会计制度》《企业财务会计报告条例》等规范性文件，要求管理当局必须定期向投资者报告资本的使用情况及经营成果。企业的财务报表能够全面、系统和综合地反映企业资金的来源渠道、性质、分布状况，以及资金的运用效果，从而有助于投资者了解企业的财务状况与经营成果，以及管理当局对受托责任的履行情况及业绩。

（2）财务报表有助于会计信息使用者进行合理决策。

在企业外部集团中，投资者、债权人是财务报表的主要使用者，报表中有关经济资源和经济义务等方面的信息，是投资者和债权人用来认识、判断企业在激烈竞争的市场环境中生存、适应与发展能力的重要依据。利用报表提供的有关信息，可以了解企业过去的经营情况，预测企业未来的现金流量和偿债能力，从而为投资者是否投资、债权人是否收回贷款或继续提供融资等决策提供重要依据。

（3）财务报表是经济契约制定与执行的依据。

从某种意义上说，现代企业是在市场经济条件下，以法律法规和章程为规范，由若干合同（契约）结合的经济实体。例如，企业与股东、债权人、员工、政府、业务关联方企业等存在多种多样的契约关系。在众多的契约条款中，有些条款是以会计数据为基础的。例如，公司与管理者签订的报酬合同中，关于报酬和红利的计算依赖于会计利润的高低；借款合同条款中有流动比率、资产负债率等财务指标。另外，政府课征的增值税、所得税等以营业收入和实现的利润为基础。可见，财务报表所提供的数据已成为这些契约制定与执行的重要依据。财务报表信息的质量直接影响相关集团的利益。

（4）财务报表有助于企业管理当局改善经营管理，协调企业与相关利益集团的关系，促进企业稳定快速发展。

在现代企业中，相关利益集团是企业各种资源的提供者，企业的生存与发展依赖相关利益集团的贡献、配合与协作。企业管理当局的主要职能是鼓励和激发各种集团做出或扩大对企业的贡献，协调企业与相关利益集团的关系。这不仅需要管理人员有效地利用受托的各种资源，而且需要定期向有关利益集团全面、系统、连续和客观地报告对受托资源的管理与利用情况，以及利用这些资源所创造的效益及分配情况。财务报表提供的信息，在这一领域发挥了不可替代的重要作用。

（5）财务报表有助于国家有关部门为实现经济与社会目标进行必要的宏观调控，促进社会资源的有效配置。

企业是国民经济的细胞，通过对企业提供的财务报表等有关资料进行汇总、分析，国家有关部门便可以考核国民经济各部门的运行情况，以及各种财经法规、计划的执行情况。一旦发现问题，便可及时采取相应措施，运用各种杠杆和政策倾斜加以调控。可见，财务报表信息在市场经济优化资源配置方面发挥着基础作用。

三、财务报表的局限性

财务报表不是万能的。由于社会的进步和经济的发展，以及报表提供者自身的原因，财务报表不能满足所有需要，存在着不少的局限。具体而言，有以下几个方面。

（一）财务报表本身的局限性

财务报表是会计的产物。会计有特定的假设前提，并要执行统一的规范。会计假设使财务报表的信息具有估计的性质，我们只能在规定意义上使用报表数据，不能认为报表数据揭示了企业的全部实际情况。

（1）以历史成本报告资产，不代表其现行成本或变现价值。

（2）假设币值不变，不按通货膨胀率或物价水平调整。

（3）稳健原则要求预计损失而不预计收益，有可能夸大费用，少计收益和资产。

（4）按年度分期报告，是短期的报告，不能提供反映长期潜力的信息。

（二）财务报表的真实性问题

根据真实的财务报表，才有可能得出正确的分析结论。进行财务报表分析时，通常假设报表是真实的。报表的真实性问题，要靠审计来解决。

财务报表分析不能解决报表的真实性问题，但是财务报表分析人员通常要注意以下与此有关的问题：

（1）要注意财务报表是否规范。不规范的报表，其真实性会受到怀疑。

（2）要注意财务报表是否有遗漏。遗漏是违背充分披露原则的。遗漏可能是故意的，因为不想讲真话，也不能说假话，所以便有了故意遗漏。

（3）要注意分析数据的反常现象。如无合理的反常原因，则要考虑数据的真实性和一贯性是否有问题。

（4）要注意审计报告的意见及审计师的信誉。

（三）企业会计政策的不同选择影响可比性

对同一会计事项的账务处理，会计准则允许使用几种不同的规则和程序，如存货计价方法、折旧方法、所得税费用的确认方法、对外投资收益的确认方法等，企业可以自行选择。虽然会计报表附注对会计政策的选择有一定的说明，但报表使用人未必能完成可比性的调整工作。

（四）比较基础问题

在比较分析时，必须选择比较的基础作为评价本企业当期实际数据的参照标准，包括同业数据、本企业历史数据和计划预算数据。

（1）进行横向比较时使用同业标准。

同业的平均数只起一般性的指导作用，不一定有代表性，不是合理性的标志。可选一组有代表性的企业求其平均数，作为同业标准，这样可能比用整个行业的平均数更好。近年来，企业更重视以竞争对手的数据作为分析基础。有的企业实行多种经营，没有明确的行业归属，同业对比就更困难。

（2）进行趋势分析时以本企业历史数据作为比较基础。

历史数据代表过去，并不代表合理性。经营的环境是变化的，今年比去年利润提高了，不一定说明已经达到应该达到的水平，甚至不一定说明管理有了改进。

（3）进行实际与计划的差异分析时以计划预算作为比较基础。

实际和预算的差异有时是由预算不合理造成的，而不是执行中出了什么问题。

总之，对比较基础本身要准确理解，并且要在限定意义上使用分析结论，避免简单化和绝对化。

第三节 财务报表分析的含义与内容、目的与作用

一、财务报表分析的含义与内容

（一）财务报表分析的含义

财务报表分析是通过对财务报表进行分析，将大量的报表数据转换成对决策有用的信息，在对偿债能力、盈利能力、获取现金能力及成长能力评价的基础上，得出对企业决策有用的预测和推论的一种经济活动分析方法。

上述定义表明了财务报表分析具有以下三个特征：

第一，财务报表分析是在财务报表所披露信息的基础上，进一步提供和利用财务信息。财务报表分析是以财务报表为主要依据进行的，是财务报表编制工作的延续和发展。

第二，财务报表分析是一个判断、评价和预测的过程。在财务报表分析过程中，通过比较分析，观察经营活动的数量及差异、趋势、结构比重、比率等方面的变化；了解发生变化的原因，从而对企业的经营活动做出判断；在分析和判断的基础上，再做出评价和预测。所以，财务报表分析的全过程也就是通过比较分析，对企业的经营活动及绩

效做出判断、评价和预测的过程。

第三，科学的评价标准和适用的分析方法是财务报表分析的重要手段。财务报表分析要清楚地反映出影响企业经营情况及绩效的多方面因素，达到全面、客观、公正地做出判断、评价和预测的目的，就必须采用科学的评价标准和多种适用的分析方法，且把单个方面的分析和整体分析相结合。由此可知，科学的评价标准和适用的分析方法在财务报表分析中有着重要作用，它既是分析的重要手段，也是做出判断、评价和预测的基础。

（二）财务报表分析的内容

无论财务报表分析采用何种方法，其目的总是要审查关于财务状况和经营成果的一个或多个重要方面。财务报表分析大体上离不开以下几个方面的一部分或全部：

（1）偿债能力分析。

（2）现金流量分析。

（3）资产利用率分析。

（4）盈利能力分析。

对以上几个方面的分析构成本书的主要内容，后面各章的阐述正是从不同方面来拓展这些分析的。

二、财务报表分析的目的与作用

（一）财务报表分析的目的

财务报表分析的目的受分析主体和服务对象的制约，不同的分析主体进行财务报表分析的目的是不同的，不同的服务对象所关心的问题也是不同的。各种分析主体的分析目的和服务对象所关心的问题，构成了财务报表分析的目的或财务报表分析的研究目标。从分析主体看，财务报表分析包括投资者进行的财务报表分析、债权人进行的财务报表分析、经营者进行的财务报表分析，以及其他相关经济组织或个人进行的财务报表分析；从服务对象看，财务报表分析包括为投资者、经营者、债权人等进行的财务报表分析。

1. 从企业投资者角度看财务报表分析的目的

企业的投资者包括企业的所有者和潜在投资者。他们进行财务报表分析的最根本目的是看企业的盈利能力状况，因为盈利能力是保证投资者资本保值和增值的关键。但是投资者仅关心盈利能力是不够的，为了确保资本保值增值，他们还要研究企业的权益结构、支付能力及营运状况。只有投资者认为企业有着良好的发展前景，才会保持或增加投资，潜在投资者才能把资金投入该企业。否则，企业所有者将会尽可能抛售股权，潜在投资者将会转向其他企业投资。另外，对企业所有者而言，通过财务报表分析也可评价企业经营者的经营业绩，发现经营过程中存在的问题，从而通过行使股东权利，为企业未来发展指明方向。

2. 从企业债权人角度看财务报表分析的目的

企业债权人包括企业借款的银行及其他一些金融机构，以及购买企业债券的单位与个人等。债权人进行财务报表分析的目的与经营者和投资者不同，银行等债权人一方面从各自经营或获取收益目的出发，愿意将资金贷给某企业，另一方面又非常小心地观察和分析该企业有无违约或清算破产的可能性。一般来说，企业债权人不仅要求本金能及时收回，而且要求得到相应的报酬或收益，而这个报酬或收益的大小又与其承担的风险程度相适应，通常，偿还期越长，风险越大。因此，从企业债权人角度进行财务报表分析的主要目的，一是看其对企业的借款或其他债权能否及时、足额收回，即研究企业偿债能力的大小；二是看其收益状况与风险程度是否相适应，为此，还应将偿债能力分析与盈利能力分析相结合。

3. 从企业经营者角度看财务报表分析的目的

企业经营者主要是指企业的经理，以及各分厂、部门、车间的管理人员。他们进行财务报表分析的目的是综合的、多方面的。从对企业所有者负责的角度，他们首先关心盈利能力，但这只是他们的总体目标。在财务报表分析中，他们关心的不仅是盈利的结果，而且包括盈利的原因及过程。企业经营者需要进行资产结构分析、营运状况与效率分析、经营风险与财务风险分析、支付能力与偿债能力分析等。进行这些分析的目的是及时发现生产经营中存在的问题与不足，并采取有效措施解决这些问题，使企业不仅用现有资源盈利更多，而且使企业盈利能力持续增长。

4. 从其他主体角度看财务报表分析的目的

其他主体主要是指与企业经营有关的企业和国家行政管理与监督部门。

与企业经营有关的企业主要是指材料供应者、产品购买者等。这些企业出于保护自身利益的需要，非常关心往来企业的财务状况，并进行财务报表分析。其进行财务报表分析的主要目的在于弄清企业的信用状况，包括商业信用和财务信用。商业信用指按时、按质完成各种交易行为，财务信用是指及时清算各种款项。对企业信用状况的分析，一可通过对企业支付能力和偿债能力的评价进行，二可根据企业利润表中反映的企业交易完成情况进行。

国家行政管理与监督部门主要是指市场监督、物价、财政、税务以及审计等部门。它们进行财务报表分析的目的，一是监督检查国家的各项经济政策、法规、制度在企业单位的执行情况；二是保证企业财务会计信息和财务分析报告的真实性、准确性，为宏观决策提供可靠信息。

（二）财务报表分析的作用

财务报表分析的作用从不同角度看是不同的。从服务对象看，财务报表分析不仅对企业内部生产经营管理有着重要作用，而且对企业外部投资决策、贷款决策、赊销决策等有着重要作用。从职能作用看，财务报表分析对于正确预测、决策、计划、控制、考核、评价等都有着重要作用。这里主要从财务报表分析对评价企业的过去、现在及未来的作用加以说明。

1. 财务报表分析可正确评价企业的过去

正确评价过去，是说明现在和揭示未来的基础。财务报表分析能够准确地说明企业过去的业绩状况，指出企业的成绩和问题及其产生的原因（是主观原因还是客观原因等）。此外，财务报表分析能够对企业投资者和债权人的行为产生正确的影响。

2. 财务报表分析可全面反映企业的现状

财务会计报表及管理会计报表等资料是企业各项生产经营活动的综合反映。会计报表的格式及提供的数据往往是根据会计的特点和管理的一般需要而设计的，它不可能全面提供不同目的的报表使用者所需要的各方面的数据资料。财务报表分析是根据不同分析主体的分析目的，采用不同的分析手段和方法，得出反映企业在各方面的现状的指标，如反映企业资产结构、权益结构、支付能力、偿债能力、营运状况、盈利能力等的指标。进行这种分析，对于全面反映和评价企业的现状有着重要作用。

3. 财务报表分析可用于预测企业的未来

财务报表分析不仅可用于评价过去和反映现状，而且可通过对过去与现状的分析和评价，预测企业未来的发展状况和趋势。

第一，财务报表分析可为企业未来财务预测、财务决策和财务预算指明方向。

第二，财务报表分析可准确评估企业的价值及价值创造，这对企业进行经营者绩效评价、资本经营和产权交易都是十分有益的。

第三，财务报表分析可为企业进行财务危机预测提供必要的信息。

第四节　财务报表分析的程序与基本方法

一、财务报表分析的程序

财务报表分析的程序是指进行财务报表分析所应遵循的一般规则。研究财务报表分析的程序是进行分析的基础与关键，它为开展财务报表分析工作、掌握财务报表分析技术指明了方向。对于财务报表分析的程序，尽管不同的学者有不同的观点，但对其基本步骤的认识是一致的。我们在参考国内外学者观点的基础上，结合我国财务报表分析人员的自身素质和实际情况，对财务报表分析的程序确定如下。

（一）准备阶段

这一阶段的主要任务是明确财务报表分析的目的，确定分析的范围，收集有关财务报表分析的信息。

进行财务报表分析，首先要明确进行分析的目的。是进行融资、投资分析，还是为满足企业内部经营管理决策需要？只有明确了分析的目的，才能正确地收集整理信息，选择正确的分析方法，以便得出正确的结论。

财务报表分析的范围非常广泛。在实践中，大多数财务报表分析只对某一方面展开，或者从某一侧重点进行分析，其他方面的分析仅起着参考作用。对于分析者来说，只有分析效益大于分析成本才符合成本效益原则，这样的财务分析才是有意义的。因此，在确定分析目的的基础上，应明确分析的范围、分析的重点，力求以较少的分析成本获取较大的分析效益。

有关财务报表的信息是财务报表分析的基础。信息收集整理的及时性、完整性、准确性，对分析结论的正确与否产生直接的影响。信息的收集整理应根据分析的目的和计划进行。但这并不是说不需要经常性、一般性的信息收集与整理。其实，只有平时日积月累各种信息，才能根据不同的分析目的及时提供所需信息。

（二）分析阶段

这一阶段的主要工作是进行财务报表的会计分析，对比各种财务指标，并在此基础上开展综合分析与评价。

财务报表会计分析的目的在于评价企业的财务状况与经营成果的真实程度。一方面，对会计政策、会计方法、会计披露进行评价，揭示会计信息的质量；另一方面，通过对会计灵活性、会计估价的调整，修正会计数据，为财务分析奠定基础，并保证财务分析结论的可靠性。

进行会计分析，一般可按照以下步骤进行：

第一，阅读会计报表。

第二，比较会计报表。

第三，解释会计报表。

第四，修正会计报表信息。

会计分析是财务分析的基础，通过会计分析，对发现的由于会计原则、会计政策等原因引起的会计信息差异，应通过一定的方式加以说明或调整，以消除会计信息的失真问题。

对财务指标进行分析，特别是进行财务比率指标分析，是财务分析的一种重要方法或形式。财务指标能准确反映企业某一方面的财务状况。进行财务分析，应根据分析的目的和要求选择正确的分析指标。债权人要进行企业偿债能力分析，必须选择反映偿债能力的指标或反映流动性情况的指标进行分析，如流动比率、速动比率、资产负债率指标等；而一个潜在投资者要进行对企业投资的决策分析，应选择反映企业盈利能力的指标进行分析，如总资产报酬率、资本收益率、股利报偿率和股利发放率等。正确选择与计算财务指标是正确判断与评价企业财务状况的关键所在。

财务综合分析与评价是在应用各种财务分析方法进行分析的基础上，将定量分析结果、定性分析判断及实际调查情况结合起来，以得出财务分析结论的过程。

（三）做出分析结论阶段

财务报表分析的最终目的是为财务决策提供依据。编写财务分析报告，做出财务分析结论，是财务报表分析的最后步骤。它将财务分析的基本问题、财务分析结论，以及针对问题提出的措施和建议以书面的形式表达出来，为财务分析主体及财务分析报告的其他受益者提供决策依据。财务分析报告作为对财务分析工作的总结，可以作为历史信息供以后的财务分析参考，以保证财务分析的连续性。

二、财务报表分析的基本方法

（一）比较分析法

比较分析法是指通过将企业某项目财务指标的变化进行对比，计算出财务指标变动值大小的方法。比较分析法是财务分析中最常用的方法，也是其他分析方法运用的基础。比较分析法最主要的特点是区分相比较指标之间的差异，包括差异大小、差异方向和差异性质。通过比较分析可了解财务指标存在的差距，然后结合其他分析方法的运用，寻找差异产生的原因，为决策提供依据。按比较对象的不同，比较分析法有以下两种方式。

1. 绝对数的比较分析

绝对数的比较分析是将某指标的实际数与标的值进行比较，通常包括：

（1）与计划（或目标、定额）相比较，了解实际完成计划、定额的情况。

（2）与前期相比较，了解分析指标的发展趋势。

（3）与历史最高水平相比较，了解本期与历史最高水平的差距。

（4）与国内外同行业先进水平相比较，了解本企业与国内外同行业先进水平的差距。

（5）与主要竞争对手相比较，了解本企业与竞争对手的差距。

下面以青岛海尔2020年的有关偿债能力、资产营运能力、盈利能力和现金能力的指标（见表1-2）为例，说明绝对数的比较分析方法。

从表1-2中可以看出，青岛海尔股份有限公司2020年的财务状况较好，绝大多数指标在良好值左右，作为家电行为“龙头”企业的地位较为牢固。从盈利能力状况指标来看，除了成本费用利润率和盈余现金保障倍数在平均值左右，其他指标都超过了优秀值，说明公司盈利能力较为乐观。在反映资产质量状况和债务风险状况的各项指标中，除资产负债率外，其他指标均在平均值以上，且绝大多数指标处于良好值左右，说明公司资产周转速度快，营运能力很强；虽然资产负债率较高，公司资金不够充足，但已获利息倍数远高于行业优秀值，债务保障程度较高。从经营增长状况来看，销售（营业）增长率低于行业平均值，公司增长速度下降；但反映研发投入和创新能力的技术投入比率在接近行业优秀值，说明公司管理者非常重视对产品研发创新的投入，这有利于公司的可持续发展。公司的资本积累率和经济增加值率偏低，说明投资者的投资回报不足，值得管理者和投资者重视。

表 1-2 青岛海尔财务指标明细表

项目		企业实际值	家用电器行业				
			优秀值	良好值	平均值	较低值	较差值
盈利能力状况	净资产收益率（%）	13.29	11.40	8.00	5.30	−1.00	−9.60
	总资产报酬率（%）	13.93	7.80	5.50	1.50	−1.00	−5.00
	主营业务利润率（%）	29.37	17.40	11.00	6.00	−1.80	−8.00
	盈余现金保障倍数	1.55	10.90	5.50	1.50	0.80	−2.20
	成本费用利润率（%）	7.02	13.30	9.90	6.50	2.00	−7.30
资产质量状况	总资产周转率（次）	1.07	1.50	1.00	0.50	0.30	0.20
	流动资产周转率（次）	1.95	3.50	2.20	1.20	0.60	0.30
	应收账款周转率（次）	15.57	18.30	11.40	7.40	4.60	3.30
	不良资产比率（%）	0.08	0.10	0.80	2.40	6.40	12.20
	资产现金回收率（%）	9.00	13.60	9.50	3.90	−0.50	−8.20
债务风险状况	资产负债率（%）	66.52	48.60	53.60	58.60	68.60	83.60
	已获利息倍数	11.20	5.60	4.10	2.90	0.90	−1.50
	速动比率（%）	0.78	1.34	1.08	0.73	0.50	0.27
	现金流负债比率（%）	13.00	27.80	19.40	10.30	−1.30	−12.00
	带息负债比率（%）	24.90	33.20	43.00	56.00	68.70	81.80
	或有负债比率（%）	0	0.20	1.00	5.00	12.20	21.00
经营增长状况	销售（营业）增长率（%）	4.46	19.70	13.60	6.30	−10.00	−20.20
	资本保值增值率（%）	104.80	111.50	106.80	104.20	98.30	90.60
	销售（营业）利润增长率（%）	−5.89	21.50	18.10	9.60	−6.00	−14.70
	总资产增长率（%）	8.54	13.50	9.00	4.80	−7.80	−16.20
	技术投入比率（%）	3.40	3.70	2.60	2.10	1.70	0.70
补充资料	存货周转率（次）	5.11	17.00	9.60	4.80	2.50	1.10
	资本积累率（%）	4.80	33.00	17.40	7.80	−4.90	−18.00
	经济增加值率（%）	3.50	8.00	3.90	1.00	−3.90	−8.90
	三年销售平均增长率（%）	9.69	21.30	13.80	6.00	−4.50	−6.00

2. 百分率的比较分析

绝对数的比较分析反映出增减变化的绝对额，但无法消除规模的影响，可通过计算百分率来解决该问题。百分率的计算分为完成百分率和增减百分率，其计算公式为：

$$\text{完成百分率}=\frac{\text{指标的实际值}}{\text{指标的标的值}}\times 100\%$$

$$\text{增减百分率}=\frac{\text{指标的实际值}-\text{指标的标的值}}{\text{指标的标的值}}\times 100\%$$

在运用比较分析法时，应注意指标的相关性，只有分析的指标在性质上是同类的，才能够说明经济业务的内在联系。此外，还应注意指标的可比性。具体表现在：首先是计算口径一致，即相比较的财务指标所包括的内容、范围是一致的；其次是时间长度一致，即相比较的财务指标应当是相同时间段、相同时间长度的结果；最后是计算方法一致，即相比较的财务指标的影响因素一致。

（二）比率分析法

比率分析法是指在同一报表的不同项目之间，或在不同报表的有关项目之间进行对比，从而计算出各种不同经济含义的比率，据以评价企业财务状况和经营成果的一种方法。运用比率分析法进行指标对比的结果是相对数。具体的对比方法有以下两种。

1. 结构比率分析

结构比率分析，即通过个体指标与总体指标的对比，计算出个体指标占总体指标的比重，分析构成项目的变化，掌握经济活动的特点及变化趋势。

2. 相关比率分析

相关比率分析是指将两个性质不同但又相关的指标进行对比，计算出另一具有经济含义的指标的分析方法。分析时应确定不同指标之间客观上所存在的相互关系，如通过企业的净利润与所有者权益的对比，可计算出所有者权益收益率；通过负债总额与资产总额的对比，可计算出资产负债率。

运用比率分析法来评价企业的财务状况和经营成果十分有效，分析者可以从复杂的经济信息中超脱出来，关注企业财务方面的相互关系，因此比率分析法在实践中被广为使用。比率分析法从出现至今，经历了一个不断发展和完善的过程，由最初仅为债权人分析企业短期偿债能力，发展到今天全方位、多视角的财务指标体系，显示出其在财务分析中的重要地位。

（三）趋势分析法

趋势分析法是通过比较企业连续多个期间的会计报表，运用动态数值表现各个时期的变化，揭示其发展趋势与规律的分析方法。企业的经济现象是复杂的，受多方面因素变化的影响，如果只从某一时期或某一时点出发，就很难看清它的发展趋势和规律。因此，必须把连续数期的数据按时期或时点的先后顺序整理为数列，并计算它的发展速度、增长速度、平均发展速度和平均增长速度，用发展的思路来分析问题。

发展速度是全部数列中的比较期水平与基期水平之比，反映各个比较期的数值为基期的百分比，从而考察总时期内各个时期的变动情况和发展速度。发展速度指标按比较标准时期的不同，分为定基发展速度和环比发展速度，其计算公式为：

$$定基发展速度=\frac{本期某指标数值}{固定基期某指标数值}$$

$$环比发展速度=\frac{本期某指标数值}{前期某指标数值}$$

趋势分析法常用于财务报表的横向比较和纵向比较。横向比较是将连续财务报表各个项目的绝对数在不同时间上进行比较，以观察各个项目的变化趋势；纵向比较是将连续财务报表的各个项目换算成百分比的形式，分析各个项目在不同时期所占比重的变化情况。

(四) 连环替代法

连环替代法，又称因素分析法，是指在分析某一因素变化时，假定其他因素不变，分别测定各个因素变化对分析指标的影响程度的计算方法。因素分析法的基本特点是：当有两个以上因素存在着相互联系的制约关系时（具体表现为构成经济指标的各因素之间存在相乘或相除的关系），为了确定各个因素变化对于一个经济指标发生变化的影响程度，首先要以基期指标为基础，把各个因素的基期数按照一定顺序依次以实际数来代替，每代替一个就得出一个新结果。在按顺序代替第一因素时，要假定其他因素不变，即保持基期水平。在依次逐个代替其他因素时，以已代替过的因素的实际数为基础，其余尚未代替的因素仍保持基期水平。这样，将其他因素包括已代替过的和未代替过的都保持相同，才可以计算这一被代替因素的影响。依照这样的代替方法，有几个因素就代替几次，最后一次代替指标就是实际指标。将每次代替后的指标与该因素代替前的指标进行比较，两者的差异就是某一因素的影响程度。将各因素的影响数值相加，应等于实际指标与基期指标之间的总差异。

具体推算如下：

设某一经济指标为 N，N 等于 A、B、C 三个因素的乘积。

实际指标为：

$$N=A\times B\times C$$

基期指标为：

$$N_0=A_0\times B_0\times C_0$$

实际指标与基期指标的差异为：

$$D=N-N_0$$

测算各因素变化对 $N-N_0$ 的影响：

A 变化对 $N-N_0$ 的影响为：

$$D_A=AB_0C_0-A_0B_0C_0=(A-A_0)\ B_0C_0$$

B 变化对 $N-N_0$ 的影响为：

$$D_B=ABC_0-AB_0C_0=(B-B_0)\ AC_0$$

C 变化对 $N-N_0$ 的影响为：

$$D_C=ABC-ABC_0=(C-C_0)\ AB$$

最终：

$$D=D_A+D_B+D_C$$

需要指出的是，在运用连环替代法时，应该区别数量因素和质量因素，先替代数量因素，后替代质量因素，否则计算的个体差异，即 D_A、D_B、D_C 是不一致的，但它并不影响 $D=D_A+D_B+D_C$ 的计算结果，该方法的运用仍然有效。运用连环替代法的关键是建立经济指标与各因素之间的关系，而且只有是乘积关系的数学表达式，运用连环替代法才有意义，如果是代数或其他形式的数学表达式，则应通过引入指标将其转化为乘积形式的数学表达式，再用连环替代法进行分析。

例 1-1 某企业 2019 年和 2020 年的总资产产值率、产品销售率、销售利润率和总资产报酬率如表 1-3 所示。要求分析各因素变动对总资产报酬率的影响程度。

表 1-3 因素分析资料表

指标	2019 年	2020 年
总资产产值率（%）	60	70
产品销售率（%）	90	95
销售利润率（%）	18	16
总资产报酬率（%）	9.72	10.64

总资产报酬率差异的计算过程如下：

$$总资产报酬率=\frac{总产值}{平均资产余额}\times\frac{销售净额}{总产值}\times\frac{利润总额}{销售净额}$$

$$=总资产产值率\times产品销售率\times销售利润率$$

2019 年总资产报酬率＝60%×90%×18%＝9.72%

2020 年总资产报酬率＝70%×95%×16%＝10.64%

总资产报酬率差异＝10.64%－9.72%＝0.92%

总资产产值率变化对总资产报酬率的影响：

（70%－60%）×90%×18%＝1.62%

产品销售率变化对总资产报酬率的影响：

70%×（95%－90%）×18%＝0.63%

销售利润率变化对总资产报酬率的影响：

70%×95%×（16%－18%）＝－1.33%

由此可知，上述三个因素变化对总资产报酬率的总影响为 0.92%（1.62%＋0.63%－1.33%）。

例 1-1 的分析向我们传递了这样一个信息：总资产产值率的提高，使总资产报酬率上升 1.62%；产品销售率的提高，使总资产报酬率再增加 0.63%；而销售利润率的下降，导致总资产报酬率负增长 1.33%。三个因素的综合作用，最终使得总资产报酬率仅上升 0.92%。可见，销售利润率是今后管理的一个重点。

运用连环替代法时，还有一点需要补充说明的是，各因素的变动方向对总指标的影响方向必须是一致的，如总资产产值率、产品销售率和销售利润率的上升，会促进总资产报酬率的提高；反之，总资产报酬率会下降。如果各因素变动的方向相反，则得出的结论会有悖于常理。例 1-2 正是这种情况的明证。

例 1-2 某企业 2019 年和 2020 年的资产周转率（次数）、销售成本率、成本利润率和总资产报酬率如表 1-4 所示。要求分析各因素变动对总资产报酬率的影响程度。

表 1-4 因素分析资料表

指标	2019 年	2020 年
资产周转率（次数）	3	3.5
销售成本率（%）	80	82
成本利润率（%）	10	9
总资产报酬率（%）	24	25.83

总资产报酬率差异的计算过程如下：

$$总资产报酬率=\frac{销售收入}{平均资产余额}\times\frac{成本费用总额}{销售收入}\times\frac{利润总额}{成本费用总额}$$

$$=资产周转率（次数）\times销售成本率\times成本利润率$$

2019 年总资产报酬率＝3×80%×10%＝24%

2020 年总资产报酬率＝3.5×82%×9%＝25.83%

总资产报酬率差异＝25.83%－24%＝1.83%

资产周转率（次数）变化对总资产报酬率的影响：

(3.5－3) ×80%×10%＝4%

销售成本率变化对总资产报酬率的影响：

3.5× (82%－80%) ×10%＝0.7%

成本利润率变化对总资产报酬率的影响：

3.5×82%× (9%－10%) ＝－2.87%

由此可知，上述三个因素变化对总资产报酬率的总影响为 1.83%（4%＋0.7%－2.87%）。

在例 1-2 的分析中，资产周转率（次数）的增加使得总资产报酬率增加 4%，成本利润率的下降导致总资产报酬率下降 2.87%，这样的结果符合一般认识，但销售成本率的提高，使总资产报酬率上升 0.7%，则有悖于常识。因此运用连环替代法时，不仅要注意替代的顺序，还要注意各因素的变动方向对总指标的影响方向是否一致。

（五）杜邦财务分析法

杜邦财务分析法是在考虑各财务指标内在联系的条件下，把财务指标以系统分析图的形式连在一起，综合评价企业财务状况和经营成果的一种方法。

杜邦财务分析法是美国杜邦公司率先采用的一种分析方法。整个指标体系呈金字塔形状，最上面的是净资产收益率，它是企业财务管理的核心指标，与企业财务管理目标的相关性最大，是投资者最关心的指标。接着是对净资产收益率进行层层分解后得到的指标，它们反映了净资产收益率受哪些因素的影响。在这个指标体系的最底层，反映出会计六大要素的构成，即资产、负债、所有者权益、收入、费用和利润的项目构成。该指标体系简明直观，一目了然，同时又从会计的六大要素入手，反映出由会计六大要素所构成的相关财务指标，最终反映了这些财务指标与核心指标净资产收益率之间的关系。本书第七章将对这一方法进行详细介绍。

（六）沃尔综合评分分析法

沃尔综合评分分析法是由亚历山大·沃尔率先提出的，他在 20 世纪初编写的《信用晴雨表研究》和《财务报表比率分析》中提出了信用能力指数的概念，把若干个财务比率用线性关系结合起来，以此来评价企业的信用水平。其基本原理和步骤如下：

（1）选定七个财务指标，这些财务指标能综合评价企业的信用水平。

（2）按照各财务指标的重要程度，分别给定其在总评价中的比重，总和为 100 分。

（3）确定各财务指标的标准比率，通常是现实条件下行业的较优值。

（4）计算出被评价企业的七个财务指标的实际比率。

（5）计算财务指标实际比率与标准比率的关系比率（关系比率＝实际比率/标准比率）。

（6）求出财务指标的综合指数及合计数。

沃尔综合评价表如表 1－5 所示。

表 1－5　沃尔综合评价表

指标	比重 ①	标准比率 ②	实际比率 ③	关系比率 ④＝③/②	综合指数 ⑤＝①×④
流动比率					
净资产/负债					
资产/固定资产					
销售成本/存货					
销售额/应收账款					
销售额/固定资产					
销售额/净资产					
合计					

沃尔综合评分分析法的可取之处在于，沃尔所提出的这种分析思路和方法方便了人们运用并建立综合财务指标分析体系，通过选择财务指标的组成，确定各财务指标所占比重及财务指标的标准值，来进行综合财务评价。同时，也可以在该方法的基础上进行一些修正，使其更科学、更完善。本书第七章将对沃尔综合评分分析法做详细介绍。

本章小结

财务分析和财务报表分析既相互联系又相互区别。两者分析的主体和依据是相同的，在很多情况下，二者混同使用；两者的区别表现在，财务分析不仅包括对财务报表进行的分析，而且涉及对企业的经营活动、资金运动以及外部环境所进行的分析。

财务会计报告分为会计报告和文字报告两大部分。资产负债表、利润表、现金流量表和所有者权益变动表等属于会计报告部分，会计报表附注、财务情况说明书和注册会计师审计报告等属于文字报告部分，两者相互补充，构成财务报表分析的基本依据。

财务报表分析一般经过准备阶段、分析阶段和做出分析结论阶段。财务报表分析的基本方法有比较分析法、比率分析法、趋势分析法、连环替代法、杜邦财务分析法和沃尔综合评分分析法等。对某一报表的分析不应局限于一种方法，而应结合多种方法进行。

案例

菲达环保投资价值分析

一、企业基本情况

浙江菲达环保科技股份有限公司于2000年4月30日成立。浙江菲达机电集团有限公司（菲达集团）为主发起人，其他发起人为中国国际热能工程公司、浙江大学等。其主要产品为电除尘器、气力输送设备等。菲达环保2019年、2020年的主要经营业绩如表1-6所示。

表1-6 菲达环保2019年、2020年的主要经营业绩 单位：元

项目	2020年	2019年
营业收入	3 111 281 414.84	3 416 030 256.19
营业利润	89 202 413.58	94 861 166.02
利润总额	73 718 425.35	97 847 594.16
净利润	49 958 069.41	90 515 569.98
每股收益	0.10	0.17

二、宏观因素对企业的影响分析

（一）政策影响

大气污染治理设备行业作为环保产业的重要组成部分，其发展状况在较大程度上受到国家政策的影响，国家能源结构的调整、环保投入的增减、环境标准的变化、环保执法力度的大小以及行业管理体制的变化等因素都会影响市场容量、发展速度、收益水平。菲达环保作为行业的排头兵，其技术实力、产品性能、产品总成套能力、营销业绩等均居国内同行业企业首位，政策对其经营业绩的影响无疑是最大的。

近年来，我国环保政策密集出台，覆盖面不断扩大，要求不断趋严，监管力度进一步加大，从而推进环保产业市场化发展，节能减排政策在各个行业规定了节能减排目标，开展“蓝天保卫战”，更是在环境保护投资方面提高了对外开放和市场化程度。“十三五”期间是我国可持续发展和环境保护的重要时期，政府把空气质量改善和主要污染物减排的具体目标列入了“十三五”规划的总体目标，其间，我国大气污染

防治设备产量获得较快增长。2021 年 2 月，生态环境部宣布《打赢蓝天保卫战三年行动计划》已圆满收官。上述政策的稳定性和倾向性无疑使以大气污染治理设备的生产、销售为主营业务的菲达环保受惠。

（二）经济发展影响

自 20 世纪 80 年代，我国 GDP 一直以两位数或接近两位数的速度增长，综合国力显著增强；能源、冶金、水泥、化工等基础行业在飞速发展的同时，也导致环境的进一步恶化；同期环保投入不断增加，对大气污染治理设备、污水处理技术设备、城市生活垃圾处理设备等均会形成较大的市场需求。

以电除尘器为例，我国目前电除尘器的年产量为 300 套左右，其中，电源及控制部分年产值为 2.25 亿元左右。随着我国对电除尘器需求量的增加，再加上出口需要，预计未来 10 年间，新一代电除尘器电源及控制设备的市场将达到 50 亿元左右。国内最早从事电除尘器试验研究、选型设计、制造及安装调试的菲达环保，凭借技术、服务等领先优势已占有电除尘器市场 25%的份额，无疑是国家经济发展的受益者。

（三）生态环境影响

我国目前燃煤电站的飞灰输送大多仍采用水力冲灰，由于水力冲灰容易引起二次污染及飞灰不能综合利用等问题，国家已经明文规定，新上项目禁止采用水力冲灰，已采用水力冲灰的，要逐步改为气力输灰，故近年来已有较多的用户采用气力输送系统，目前年需求量为 250 套左右，其中控制部分年产值为 1.88 亿元左右。随着干灰利用的经济效益显著提高（通常每吨干灰可获利 15 元左右，有的甚至高达百元）及环保执法力度的加强，预计未来 10 年间，仅燃煤电站气力输送系统的年需要量可达 2 500 套左右，同时气力输送系统还可广泛应用于水泥、药品、矿渣等其他固体物料的输送。预计未来 10 年间，气力输送系统控制设备的年市场销售额将达到 20 亿元左右。

综合以上分析，在未来 10 年间，随着对生态环境保护的进一步加强，我国电除尘器、气力输送系统、烟气脱硫设备中的控制设备（含电除尘器电源）每年的市场需求接近 200 亿元。由于控制设备的产值约占整套设备的 15%，菲达环保 2020 年以上三种产品总产值近 25 亿元，控制设备的产值达到 2.9 亿元。菲达环保的市场前景十分广阔。

三、企业财务比率分析

（一）盈利能力分析

菲达环保自成立以来，始终保持盈利。2020 年全年实现主营业务收入 3 111 281 414.84 元，利润总额 73 718 425.35 元，与 2019 年同期相比主营业务收入下降了 8.9%，利润总额下降了 24.7%，净利润下降了 44.8%，每股收益下降了 41.2%。主营业务收入下降主要是本期受疫情影响及新收入准则实施导致收入确认原则发生变化所致。净利润减少主要是本期收入较上年同期减少，以及新收入准则实施影响应收账款及合同资产金额，增加信用减值准备和资产减值准备计提所致。这说明 2020 年公司受疫情以及新收入准则的影响，盈利能力有所下降。

（二）偿债能力分析

菲达环保 2019 年与 2020 年的流动比率、速动比率、资产负债率如表 1－7 所示。

表 1-7 偿债能力分析

财务指标	2020 年	2019 年
流动比率	1.22	1.11
速动比率	0.92	0.63
资产负债率（%）	68.20	71.00

从表 1-7 可以看出，菲达环保的流动比率、速动比率偏低，显示出公司的偿债能力较弱。2020 年的流动比率和速动比率较 2019 年有所提升，特别是速动比率，反映出公司的存货数量有所变化，但公司这两年的速动比率都小于 1，存在不能及时偿还债务的可能。由于菲达环保生产的电除尘器和气力输送设备属于大型环保机械设备，价值高，生产周期及合同履行期限较长，而且公司客户的资产、经营状况良好，公司产品都是以销定产，一般不会发生产品积压或陈旧过时、滞销及销售价格下降等情况，因此不存在流动性困难的问题，但短期偿债能力偏低应引起警示。

从资产负债率来看，菲达环保债务比重还是较高，但是有相对下降的趋势。这主要是因为菲达环保产品是以销定产，产品生产周期长，价值高，在结算方式上，向客户预收一定比例的货款，其余货款根据交货进度分期收取，因此公司预收账款占负债总额的比例较高。

（三）资产经营效率分析

菲达环保 2019 年与 2020 年的应收账款周转率、存货周转率如表 1-8 所示。

表 1-8 资产经营效率分析表

财务指标	2020 年	2019 年
应收账款周转率	4.37	3.22
存货周转率	1.45	1.21

菲达环保生产的电除尘器和气力输送设备属于大型环保机械设备，价值高，生产周期及合同履行期限较长；在结算方式上，公司向客户预收一定比例的货款，其余货款根据交货进度分期收取。这一行业特点决定了公司应收账款周转率、存货周转率相对较高。

（四）盈利前景分析

从改制前的菲达集团到今天的菲达环保，公司的发展实现了稳健式的飞跃。随着股票的上市，有着日益广阔的市场、知名的品牌、成熟的营销网络、深厚的行业经验和先进的管理技术的菲达环保将成为一个具有高成长性的公司。

国家采取多方面的政策措施扶持环保产业的发展，为公司的长期持续发展提供了广阔的空间。菲达环保立足环保行业，以实现纵横向产品多元化为发展方向，在做大、做强主业的同时，努力拓展其他环保产业领域。公司以技术创新为先导，规模与效益并重，极大地促进了公司生产经营的良性循环，使公司在产品和技术上抢占市场制高点，推动公司实现管理升级和体制创新，进一步提升品牌知名度和市场影响力，全面提高公司的综合竞争力。届时，将进一步提高公司盈利水平，公司盈利前景良好。

四、投资点评

★ 大气污染治理设备行业是环保产业的重要组成部分，随着国家环保实施力度的加强，公司具有较高的成长性和广阔的发展空间。

★ 菲达环保是目前国内唯一具备除尘、脱硫、气力输送技术设备总成套能力的大型企业，拥有达国际水平的技术和品质、领先的市场占有率、覆盖全国的营销网络和稳定的客户关系。

★ 公司经营稳健，业绩持续、稳定提高，各项指标雄踞行业前列。

★ 公司负责制定了电除尘器和气力输送产品行业及国家标准 29 项。

★ 菲达环保上市募集资金致力于主业的拓展，继续引进国际先进技术和设备，扩大研发与生产能力，进一步提升公司的核心竞争力。

★ 与同行业比较，公司业绩良好，具有较高的成长性，二级市场的价格应有较大的上升空间。

复习题

1. 财务分析和财务报表分析的联系与区别是什么？

2. 财务会计报告体系的组成部分是什么？其内部关系如何？为什么说会计报表附注是财务报表的重要补充？

3. 财务报表有哪些局限性？

4. 为什么说企业财务报告的不同使用者对财务信息关注的重点有所不同？

5. 财务报表分析应从哪些方面进行？分析的程序和方法是什么？请做出简要评述。

练习题

1. 海南某投资股份有限公司 2018—2020 年利润表的有关数据如表 1－9 所示。

表 1－9　利润表

单位：元

项目	2018 年	2019 年	2020 年
一、营业收入	225 864 880.00	246 882 032.00	249 574 480.00
减：营业成本	141 137 040.00	161 137 360.00	163 508 096.00
税金及附加	3 621 020.00	3 338 386.50	3 587 579.00
销售费用	20 370 252.00	19 298 110.00	18 854 950.00
管理费用	25 471 534.00	26 880 504.00	23 870 732.00
财务费用	10 003 557.00	12 935 688.00	14 030 747.00
加：投资收益	−1 159 623.88	−1 086 359.50	−703 345.63
二、营业利润	24 101 853.12	22 205 624.00	25 019 030.37
加：营业外收入	3 961 381.50	6 015 001.50	3 731 927.75
减：营业外支出	1 904 122.63	221 185.36	257 955.36
三、利润总额	26 159 111.99	27 999 440.14	28 493 002.76
减：所得税费用	3 269 846.75	3 660 285.00	4 205 844.00
四、净利润	22 889 265.24	24 339 155.14	24 287 158.76

要求：(1) 根据表 1-9 的资料，采用比较分析法计算该公司 2019 年、2020 年营业收入、营业利润、利润总额和净利润的增长额。

(2) 采用趋势分析法确定该公司 2019 年、2020 年营业收入、营业利润、利润总额和净利润环比发展速度，并预测 2021 年的发展趋势。

2. 某企业生产铸铁件，有关直接材料的成本资料如表 1-10 所示。

表 1-10　材料成本明细表

项目	2019 年	2020 年
产量（件）	3 000	3 500
单耗（千克）	2	1.8
单价（元/千克）	6	5.9
材料成本（元）	36 000	37 170

要求：根据表 1-10 的资料，采用因素分析法分别计算产量、单耗和单价的变动对材料成本的影响。

第二章

资产负债表分析

引例

聚焦徐工集团

徐工集团成立于1989年3月，成立三十多年来始终保持中国工程机械行业排头兵地位，2012年位居世界工程机械行业第五位、中国机械工业百强第二位，移动式起重机规模实力全球第一，是中国工程机械行业规模最大、产品品种与系列最齐全、最具竞争力和影响力的大型企业集团。

徐工集团年营业收入由成立时的3.86亿元，发展到突破1 000亿元，保持行业首位。

徐工集团注重技术创新，建立了以国家级技术中心和江苏徐州工程机械研究院（以下简称徐工研究院）为核心的研发体系，徐工技术中心在国家企业技术中心评价中持续名列行业首位。依托徐工研究中心、徐工南京研究院、徐工上海研究院及徐工欧洲研究中心，近年来，徐工集团诞生了一批代表中国乃至全球先进水平的产品：两千吨级全地面起重机，四千吨级履带式起重机，十二吨级中国最大的大型装载机，百米级亚洲最高的高空消防车，第四代智能路面施工设备等，在全球工程机械行业产生了颠覆式影响，打破了国外企业的全球垄断。目前，徐工集团拥有有效授权专利突破4 000项，其中授权发明专利400余项，100多项产品为国产首台产品。“基于大型工程机械自主创新的徐工科技创新体系工程”、“全地面起重机关键技术开发与产业化”和ET110型步履式挖掘机分别荣获2012年度、2011年度和2010年度国家科学技术进步二等奖（行业一等奖空缺）。徐工集团被国家发改委、科技部等五部委联合授予“国家技术中心成就奖”，被评为“全国两化融合标杆企业”和国家首批、江苏省首个“国家技术创新示范企业”。

徐工集团建立了全球营销网络，在全球建立了300多个徐工海外代理商为用户提供全方位营销服务，徐工集团的产品已覆盖180多个国家和地区，年出口突出16亿美元，连续几十年保持行业出口额首位。目前，徐工集团9类主机、3类关键基础零部件市场占有率居国内前列；5类主机出口量和出口总额持续位居国内行业前列；汽车起重机、大吨位压路机销量位居全球前列。

为巩固和提高公司在工程机械行业的竞争优势，公司大力发展专用车、核心零部件，着力培育工程机械相关多元化产业（桥梁设备）和现代服务业。为此，公司出资50多亿元在徐州、上海、南京、重庆等地成立工程机械公司，产品涉及重型机械、专用车辆、特种工程机械、随车起重设备、液压件等领域。

面对徐工集团一连串的动作，读者一定希望了解如下问题：

- 该公司偿债能力如何？银行能否提供融资？
- 该公司现有的资产结构是否合理？有无优化的必要？
- 该公司资本结构比例如何？对公司内部治理结构的影响怎样？
- 该公司的投融资活动与公司的发展目标是否一致？

本章将探讨包含以上诸问题在内的有关资产负债表分析的问题。

本章要点

◇ 资产负债表的作用和格式
◇ 资产各项目的会计处理与报表披露惯例
◇ 负债的分类以及对企业的重要意义
◇ 所有者权益的基本构成
◇ 企业偿债能力的评价方法
◇ 资产结构、资本结构的分析方法

思政目标

资产负债表是一个复杂的有机系统，包含着丰富的马克思主义哲学思想。资金的运动是绝对的，静止是相对的，资产负债表正是资金运动的静态反映。而事物的运动均是在一定的时空下进行的，时间反映物质运动过程的持续性，空间则体现物质运动的广延性。对资产负债表做横向趋势分析和纵向结构分析，即体现了马克思主义哲学的时空观，借此可观察企业财务状况的时间变化趋势，分析企业资产运用、资金来源等方面空间布局结构之优劣。

第一节　资产负债表概述

一、资产负债表的含义和作用

资产负债表是反映某一会计主体在某一特定时日财务状况的会计报表。它是根据“资产＝负债＋所有者权益”这一会计基本等式，按照一定的分类标准和顺序，把企业一定日期的资产、负债和所有者权益各项目予以适当排列，并对日常工作中形成的大量数据进行整理后编制而成的。它表明企业在某一特定日期所拥有或控制的经济资源、所承担的现有义务和所有者对净资产的要求权。

资产负债表是企业最重要的报表之一，其主要作用如下：

（1）反映企业拥有或控制的经济资源及其分布情况。

资产负债表左方提供了企业所拥有或控制的经济资源的总量，也就是资产总额的信息。当企业拥有或控制了一定数量的资产后，一项重要的任务就是依据企业的经营方针、目标，结合本企业的生产经营特点，合理地配置这些资产。资产配置的合理程度反映在资产及各类资产内部各项目的分布和占资产总额的比重上。财务报告使用者根据它可以了解和分析企业所掌握的经济资源及其分布与结构的合理性。

（2）反映企业的资金来源和构成情况。

资产负债表右方提供了企业资金来源，即权益总额及其构成。企业的资金全部来自投资者投入的资本，或者全部向债权人借入资本的情况是很少见的，甚至可以说是根本不存在的。负债和所有者权益一般各占一定的比重，这就是通常所说的资本结构。负债需要按期偿还，所有者权益是永久性资本，其比例不同，反映着企业偿还长期债务的能力、债权人所冒的风险、企业的财务安全程度不同。例如，某企业上年度和本年度资产总额基本持平，但上年度负债占权益总额的比重为45%，本年度增长到60%，说明企业偿还长期债务的能力在下降，债权人所冒的风险在增加。财务报告使用者根据资本结构的状况及变动可以分析企业偿还长期债务的能力和财务风险。

（3）反映企业财务实力、短期偿债能力和支付能力。

负债既然要用资产或劳务偿还，资产与负债之间就应当有一个合理的比例关系。流动负债的偿还期限不超过一年，需要有相当规模的、变现能力在一年以内的流动资产作为保证。财务报告使用者可以利用流动资产与流动负债相比计算出的实际比率，与合理比率比较，判断企业偿还短期债务的能力。

（4）反映企业未来的财务趋势。

财务报告使用者不但需要掌握企业现时的财务状况，还需要预测其未来发展的趋势，为决策提供依据。资产负债表中的数字有“年初数”和“期末数”两栏，通过对比可以分析其变动情况，掌握变动规律，研究变动趋势。

二、资产负债表的内容

（一）资产

资产是指企业过去的交易或事项形成的、由企业拥有或者控制的、预期会给企业带来经济利益的资源。具体来说，资产具有以下特征：

（1）资产必须是被企业拥有或者控制的。一般而言，一项财产要作为企业的资产予以确认，其所有权必须归企业所有，也就是企业对该项财产具有产权。或者，企业虽不对该项财产拥有产权，但能够实际控制，如融资租入的固定资产，其所有权虽不为承租方拥有，但依租约，在租赁期间，该项财产的实际控制权归承租方，所以按照实质重于形式原则的要求，也应将其作为企业的资产予以确认。

（2）资产的实质是具有服务潜力，经企业利用，会为企业带来未来的经济利益，即可望给企业带来现金流入。

（3）资产必须能以货币计量。也就是说，资产能够通过货币计量反映其价值，否则就不能将其作为资产确认。

（4）导致企业取得或控制某些经济资源的交易或事项已经发生。

资产有多种分类方法，如按货币性和非货币性分类，按有形和无形分类，按短期和长期分类，按流动性分类等。我国和国际会计实务一般是将资产按流动性进行分类。在我国，一般将资产分为流动资产和非流动资产等。

（二）负债

负债是指企业过去的交易或事项形成的、预期会导致经济利益流出企业的现时义务。负债具有以下特征：

（1）负债是目前和过去经济活动所形成的当前债务。也就是说，企业预期在将来要发生的经济业务可能产生的债务，一般不能作为会计上的负债，如企业与供货单位签订的供货合同。

（2）负债是将来要支付的经济责任。也就是说，对于那些已经形成经济责任的支付义务，要把它作为企业的负债处理。

（3）负债是需要以现金或其他资产或劳务偿付的经济义务。负债在大多数情况下，要用现金进行清偿；在某些情况下，也可以用商品和其他资产或者通过提供劳务的方式进行清偿；有些负债还可以通过举借新债来抵偿。

（4）负债有确定的或可以估计的数额。

负债有多种分类方法，如按货币性和非货币性分类，按短期和长期分类等。我国与国际会计实务一般采用后一种分类方法，将负债分为流动负债和非流动负债。

（三）所有者权益

所有者权益是指企业资产扣除负债后由所有者享有的剩余权益。所有者权益表明企业的最终归属关系，即企业归谁所有，是谁投资的。所有者权益与负债有本质的区别。负债是企业对内和对外所承担的经济义务，需要加以偿还，而所有者权益在一般情况下无须归还给所有者；当企业清算时，应将其资产首先用于偿还债务，然后才能将偿还之余的资产在所有者之间进行分配；所有者可以参与企业当期实现利润的分配，而债权人则一般不能参与利润分配，只能按照预先约定的条件取得利息收入。对股份有限公司来说，所有者权益就是股东权益。

资产、负债和所有者权益是反映企业财务状况的会计要素。它们之间的关系可以用会计的基本等式予以表述，即：

资产＝负债＋所有者权益

三、资产负债表的格式

根据会计恒等式编制资产负债表时，按照资产、负债和所有者权益的排列形式不同，资产负债表的格式分为三类，即账户式、报告式和财务状况式。

（一）账户式

账户式资产负债表的表体分为左右两方，左方列示资产各项目，右方列示负债和所有者权益各项目。其中，左方的各类资产按变现能力由强到弱依次排列；负债项目列在报表右方的上半部分，按偿还期限由短到长依次排列；所有者权益项目列示在报表右下部分，按稳定程度从强到弱排列。从形式上看，这种排列方式与会计常用的 T 形账户相似，故称账户式资产负债表。

我国的资产负债表一般采用账户式，这种方式清晰、直接，一目了然，便于编制、检查、阅读和理解。账户式资产负债表如表 2－1 所示。

（二）报告式

在报告式资产负债表中，所有的资产项目按一定的排列顺序列示在报表的上方，负债及所有者权益项目列示在下方。从形式上看，报告式资产负债表依据书面报告的常规，采用了上下呼应的形式。报告式资产负债表如表 2－2 所示。

（三）财务状况式

财务状况式资产负债表是在表内列示出营运资本，以强调其重要性的资产负债表。这种格式的资产负债表不常见。其基本结构如下：

表 2-1　资产负债表（账户式）

单位名称：徐工集团工程机械股份有限公司　　2020 年 12 月 31 日　　单位：元

项目	金额		项目	金额	
	期末数	年初数		期末数	年初数
流动资产			流动负债		
货币资金	17 021 331 671.61	15 776 860 055.12	短期借款	2 314 261 208.24	3 043 550 942.85
交易性金融资产	222 947 228.33		应付票据	15 386 002 678.31	14 042 662 720.99
衍生金融资产	17 575 786.52	635 501.66	应付账款	17 235 721 330.40	13 390 543 048.89
应收票据	9 988 910 801.07	4 350 906 338.04	预收款项		1 784 282 076.85
应收账款	25 779 960 953.72	26 086 982 342.64	合同负债	1 885 730 677.78	
应收款项融资	1 338 107 184.20	1 733 124 109.69	应付职工薪酬	277 213 413.68	220 188 923.43
预付款项	1 206 216 209.15	1 033 246 635.04	应交税费	748 629 598.57	408 175 479.49
其他应收款	772 032 027.56	586 667 459.09	其他应付款	2 919 057 542.90	2 226 828 472.66
存货	13 060 700 292.44	10 491 975 160.43	一年内到期的非流动负债	5 677 322 383.65	479 055 543.38
其他流动资产	719 127 953.84	361 447 035.56	其他流动负债	4 388 502 768.26	1 307 078 462.53
流动资产合计	70 126 910 108.44	60 421 844 637.27	流动负债合计	50 832 441 601.79	36 902 365 671.07
非流动资产			非流动负债		
债权投资	108 240 000.00		长期借款	3 644 604 225.51	2 762 961 373.75
长期应收款	3 598 026 476.80		应付债券	2 021 682 635.27	2 979 896 370.85
长期股权投资	2 675 999 047.86	2 433 715 485.50	长期应付款	31 242 026.71	61 431 545.05
其他权益工具投资	2 381 947 800.00	2 401 048 400.00	预计负债	27 000 000.00	
固定资产	7 972 092 228.76	7 596 176 474.67	递延收益	234 908 767.06	138 971 678.83
在建工程	962 894 712.70	764 127 774.79	递延所得税负债	69 673 147.41	38 583 677.23
无形资产	2 493 511 388.08	2 396 989 427.61	其他非流动负债	764 968 500.00	761 258 500.00
开发支出	207 553 185.69	175 952 112.91	非流动负债合计	6 794 079 301.42	6 743 103 145.71
商誉			负债合计	57 626 520 903.21	43 645 468 816.78
长期待摊费用	35 109 350.07	26 817 940.51	所有者权益		
递延所得税资产	1 012 734 534.80	671 195 444.09	股本	7 833 668 430.00	7 833 668 430.00
其他非流动资产	222 157 888.70	403 789 391.43	其他权益工具	1 990 311 320.76	4 676 596 226.42
非流动资产合计	21 670 266 613.46	16 869 812 451.51	资本公积	5 159 028 219.30	5 135 228 924.01
			其他综合收益	48 583 629.64	−53 783 229.64
			专项储备	27 379 405.11	21 879 958.52
			盈余公积	1 365 449 367.07	1 113 818 719.52
			归属于母公司所有者权益合计	33 692 568 977.03	33 188 413 375.93
			未分配利润	17 268 148 605.15	14 461 004 347.10
			少数股东权益	478 086 841.66	457 774 896.07
			所有者权益合计	34 170 655 818.69	33 646 188 272.00
资产总计	91 797 176 721.90	77 291 657 088.78	负债和所有者权益总计	91 797 176 721.90	77 291 657 088.78

表 2-2　资产负债表（报告式主体部分）

单位名称：徐工集团工程机械股份有限公司　2020 年 12 月 31 日　　单位：元

项目	期末数	年初数
资产：		
流动资产	70 126 910 108.44	60 421 844 637.27
非流动资产	21 670 266 613.46	16 869 812 451.51
资产总计	91 797 176 721.90	77 291 657 088.78
负债：		
流动负债	50 832 441 601.79	36 902 365 671.07
非流动负债	6 794 079 301.42	6 743 103 145.71
负债合计	57 626 520 903.21	43 645 468 816.78
所有者权益：		
归属于母公司所有者权益合计	33 692 568 977.03	33 188 413 375.93
所有者权益合计	34 170 655 818.69	33 646 188 272.00
负债和所有者权益总计	91 797 176 721.90	77 291 657 088.78

（1）在表的最上端列示流动资产项目，加计其总额，而后列示流动负债项目，加计其总额。

（2）从流动资产总额中减去流动负债总额，得出营运资本额，并单独地进行列示。

（3）在营运资本额下依次列示非流动资产和非流动负债项目，加计各类总额。

（4）用营运资本额加上非流动资产总额，减去非流动负债总额，得出所有者（股东）权益总额。

财务状况式资产负债表如表 2-3 所示。

表 2-3　资产负债表（财务状况式主体部分）

单位名称：徐工集团工程机械股份有限公司　2020 年 12 月 31 日　　单位：元

项目	期末数	年初数
流动资产	70 126 910 108.44	60 421 844 637.27
减：流动负债	50 832 441 601.79	36 902 365 671.07
营运资本	19 294 468 506.65	23 519 478 966.20
加：非流动资产	21 670 266 613.46	16 869 812 451.51
减：非流动负债	6 794 079 301.42	6 743 103 145.71
所有者权益（含少数股东权益）	34 170 655 818.69	33 646 188 272.00

第二节 资产分析

一、资产项目分析

（一）货币资金

1. 货币资金的内容

货币资金是指企业生产经营过程中停留于货币形态的那部分资金，它具有可立即作为支付手段并被普遍接受等特性。货币资金包括企业的库存现金、银行结算户存款、外埠存款、银行汇票存款、银行本票存款、信用证存款、信用卡存款和在途资金等。

2. 货币资金质量的分析方法

一般来说，企业拥有足够的货币资金时，对债权人、供货商的债务偿还和货款支付有较大的保障；但企业的盈利能力会有所下降，因为货币资金只有在流通中才会发生增值，而手中的货币资金无论放置多长时间，都不会增“值”。而当货币资金数额短缺时，企业的支付能力又会受到影响，偿债能力方面将面临一定的压力。因此，对货币资金的分析除进行数量分析外，还要进行货币资金质量分析，即对货币资金的运用质量以及企业货币资金的构成质量进行分析。具体而言，应从以下几个方面进行：

（1）分析企业日常货币资金规模是否适当。

为维持企业经营活动的正常运转，企业必须保有一定的货币资金余额。从财务管理的角度来看，过低的货币资金保有量，将严重影响企业的正常经营活动，制约企业发展，并进而影响企业的商业信誉；而过高的货币资金保有量则在浪费投资机会的同时，还会增加企业的筹资成本。因此，判断企业日常货币资金规模是否适当，就成了分析企业货币资金运用质量的一个重要方面。那么，各个企业货币资金的规模（余额）应为多少才适宜？由于企业的情况千差万别，我们只能说，企业货币资金的适当规模主要由下列因素决定：

1）企业的资产规模、业务收支规模。

一般而言，企业资产总额越大，相应的货币资金规模也就应当越大；业务收支频繁，且绝对额大的企业，处于货币资金形态的资产也会较多。

2）企业的行业特点。

企业的行业特点也制约着货币资金规模，如银行业、保险业与工业企业，在相同的总资产规模条件下，不可能保持相近规模的货币资金。

3）企业对货币资金的运用能力。

货币资金如果仅停留在货币形态，则只能用于支付，其对企业资产增值的直接贡献将会很小。而如果企业的管理人员能善于利用货币资金从事其他经营活动，则企业的获利水平有可能提高。

这就是说，企业过高的货币资金规模，可能意味着企业正在丧失潜在的投资机会，也可能表明企业的管理人员生财无道。

（2）分析企业货币资金构成质量。

企业资产负债表上的货币资金金额代表了资产负债表日企业的货币资金拥有量。在企业的经济业务仅仅用记账本位币来完成的条件下，由于资产负债表金额的时点特性以及货币资金所具有的自动与资产负债表日的货币购买力相等的特性，我们难以从资产负债表日企业的货币资金拥有量本身揭示出企业货币资金的质量。

但是，必须强调，在货币资金金额一定的条件下，我们仍然有可能对企业货币资金的构成质量进行分析。在企业的经济业务涉及多种货币、企业的货币资金有多种货币的条件下，由于不同货币币值有不同的未来走向，不同货币币值的走向决定了相应货币的“质量”，此时，对企业保有的各种货币进行汇率趋势分析，就可以确定企业持有的货币资金的质量。

（二）交易性金融资产

交易性金融资产是企业持有的以公允价值计量且其变动计入当期损益的金融资产，包括为交易目的所持有的债券投资、股票投资、基金投资、权证投资等和直接指定为以公允价值计量且其变动计入当期损益的金融资产。交易性金融资产是企业所进行的短期投资，其流动性仅次于货币资金。因此，交易性金融资产越多，企业的支付能力和财务适应能力就越强。企业的交易性金融资产主要是购入的各种股票、债券和国库券等，这是企业用当前并不需要的闲置现金进行的暂时性投资。因为存款利率低、贷款利率高，企业可以通过短期投资来弥补闲置资金的利息差。

交易性金融资产兼有货币资金和其他资产的优势。一方面，交易性金融资产尤其是短期债券投资风险小，可随时变现，满足企业的支付需要；另一方面，通过交易性金融资产可以获取一定的收益。当然，交易性金融资产若属于风险较大的短期股票投资，则企业的支付能力会受到一定的影响。

（三）应收票据

在我国，应收票据是指企业因赊销商品、提供劳务等在采用商业汇票结算方式下收到的商业汇票而形成的债权。按照制度的规定，应收票据的期限一般为3～6个月，最长不得超过6个月。应收票据因有明确的承兑人背书承兑，收到款项的可能性极大，尤其是银行承兑汇票，其信用程度更高，风险更小。商业汇票既可到期通过银行办理收款手续，也可中途转让或办理贴现，进行融资。在这种情况下，期末的资产负债表上，应收票据反映的只是企业未到期收款也未向银行贴现的应收票据面值。对于已贴现的应收票据，则应视为企业的一项或有负债列示于资产负债表的补充资料之中。

(四) 应收账款

应收账款是指企业因赊销商品、材料或提供劳务等业务而形成的商业债权。企业应收账款规模的大小取决于两个方面。

1. 企业的经营方式及所处行业的特点

对大多数企业来说，营销自己的商品或劳务，不外乎采用预收款（如广告业）、赊销和现销方式。债权规模与企业经营方式和所处行业有直接联系。例如，处于商业行业的零售企业，有相当一部分业务是现金销售业务，因而其商业债权较少；而工业企业大多采用赊销方式，因而形成的商业债权较多。

2. 企业的信用政策

企业赊销商品，就是向购买方提供了商业信用。因此，企业的信用政策对其商业债权规模有着直接的影响：放松信用政策将会刺激销售，增大债权规模；紧缩信用政策则会制约销售，缩小债权规模。

一般来说，企业应收账款规模越大，其发生坏账（不可回收的债权）的可能性越大；应收账款规模越小，发生坏账的可能性越小。企业应当定期或至少于年度终了时对应收账款进行检查，并预计可能发生的坏账损失。对预计可能发生的坏账损失，要计提坏账准备。在实务中，估计坏账损失有三种方法：应收账款余额百分比法、账龄分析法和销货百分比法。我国上市公司多采用账龄分析法，即按照应收账款账龄的长短，分别确定不同的比例来计算应提取的坏账准备。这里的账龄是指债务人所欠账款超过结算期的时间。总的来说，拖欠的时间越长，款项收回的可能性就越小，那么应计提的坏账准备就越大。账龄分析法根据账龄的长短来估计坏账，比较符合实际情况。

例 2-1 截至 2020 年 12 月 31 日，徐工集团应收账款账面余额为29 620 034 850.56 元，其账龄分布如表 2-4 所示。

表 2-4 徐工集团坏账损失估计表　　金额单位：元

账龄	期末数		
	金额	比例	坏账准备
未逾期	11 104 972 794.07	37.50%	222 099 455.88
逾期 1 年以内	8 719 942 771.26	29.44%	174 398 855.37
逾期 1～2 年	5 886 309 839.33	19.87%	588 630 983.95
逾期 2～3 年	2 107 729 688.59	7.12%	1 053 864 844.33
逾期 3 年以上	1 801 079 757.31	6.08%	1 801 079 757.31
合计	29 620 034 850.56	100.00%	3 840 073 896.84

从表 2-4 可以看出，徐工集团近 67%的应收账款账龄在 1 年以内，约 20%为 1～2 年，约 13%为 2 年以上，应该说比较合理。但是 1～2 年应收账款所占比重较大，应引起公司的警觉，公司应加大催收应收账款的力度。

（五）预付款项

预付款项是企业按照购货合同规定预付给供应单位的款项等。应收账款与预付账款都是企业的一项债权，二者的区别在于：应收账款是由销售或提供劳务所产生的债权，将来通过收回货币资金实现；而预付账款则是由购货所产生的债权，将来通过收回货物实现。

预付账款是一种特殊的流动资产，同别的流动资产不同，预付账款是外单位占用本企业的资金，因此预付账款越少越好。如果某企业的预付账款较高，则可能是该企业向有关单位提供贷款、非法转移资金或抽逃资本的信号。

（六）其他应收款

其他应收款是企业除应收票据、应收账款、预付账款等以外的其他各种应收、暂付款项，是由非购销活动所产生的应收债权，包括企业拨出的备用金，应收的各种赔款、罚款，应向职工收取的各种垫付款项，以及已不符合预付账款性质而按规定转入的预付账款等。具体内容如下：

（1）应收的各种赔款、罚款。

（2）应收出租包装物租金。

（3）应向职工收取的各种垫付款项。

（4）备用金（向企业各职能科室、车间等拨出的备用金）。

（5）存出保证金，如租入包装物支付的押金。

（6）预付账款转入。

（7）其他各种应收、暂付款项。

其他应收款仅仅是暂付款，一般期限较短。如果企业生产经营活动正常，其他应收款的数额不应该接近或大于应收账款。若其他应收款数额过大，属于不正常的现象，可能是产生了一些不明原因的占用。经营者应深入了解情况，及时发现问题，找出原因，采取措施。

分析其他应收款时，要通过报表附注仔细分析它的构成、内容和发生时间，特别是其中金额较大、时间较长的款项，要警惕企业利用该项目粉饰利润以及转移销售收入偷逃税款等。

在实际工作中，一些企业为了达到种种目的，常常把其他应收款作为企业调整成本费用和利润的手段，把一些本应计入当期费用的支出或本应计入其他项目的内容放在其他应收款中。因此分析其他应收款时，最主要的是观察企业应收款的增减变动趋势，如果发现企业的其他应收款余额过大甚至超过应收账款，就应注意分析是否存在操纵利润的情况。

（七）存货

存货是指企业日常生产经营过程中持有以备出售，或者仍然处在生产过程，或者在生产或提供劳务过程中将消耗的材料或物料等，包括各类材料、商品、在产品、半成品、产成品等。

存货在不同时点、以不同的价格不断购入，同时又不断地发出。那么以哪个时点的价格作为发出存货的成本呢？这就带来了存货成本流转与存货实物流转之间关系的问题。从理论上讲，存货的成本流转应与存货的实物流转保持一致，即发出的存货应以这批存货购入时的价格进行计价。但实际工作中，由于存货品种繁多、规格复杂，其购进与发出总是在不断进行之中，很难分清每一批发出存货在购进时的批次，也就很难以购进时的价格对发出的存货进行计价。所以，实际工作中是根据存货的成本流转假设来选择计价方法的。

采用实际成本法核算时，存货平时的收、发、存都以实际成本计价。购进时比较简便，直接按取得时的核算原则进行计价，但发出时则要根据存货成本流转假设，选择不同的计价方法。实际成本法根据存货成本流转假设的不同，可分为先进先出法、加权平均法、移动平均法、个别计价法等。

对存货的分析一般从存货的数量和质量两个方面进行。

1. 存货的数量分析

与其他流动资产项目相比，存货的变现能力相对较弱。因而存货过多将使存货在流动资产中所占的比重上升，流动资产总体的变现能力下降，从而影响企业的短期偿债能力。而且存货过多将使企业的资金过多地占用在存货上，影响企业的资金周转。此外，存货过多会使存货的储存成本（包括保管费用、仓库租赁费、处置费用、变质损失等）增加。但是，存货是企业生产经营的前提和条件，存货量不足就无法满足企业正常生产经营的需要，容易导致企业生产经营的中断，使企业失去获利的机会，影响企业的经济效益；而且存货量过少，虽然可以减少存货的储存成本，但为了保证生产经营需要，存货的订购次数就会增加，相应地，订购成本（包括订购、运输、收货、验查和入库过程中发生的各项费用）就会增加。

因此，作为企业的经营者，应当从生产经营的需要出发，采用科学的方法确定合理的存货水平。在这方面，经济订货量模型将帮助企业经营者进行存货管理。经济订货量的实质是实现最佳存货规模，即在保证企业生产需要的前提下，使存货总成本达到最低的订购数量。

假设经济订货量为 Q，最低年存货总成本为 T，存货年总需要量为 D，最优订购次数为 D/Q，每次订货成本为 K，单位储存成本为 K_C，则有：

$$Q=\sqrt{\frac{2DK}{K_C}}$$

$$T=\sqrt{2DKK_C}$$

通过以上计算可确定最优的存货成本，再考虑保险储备等因素，就能综合制定企业最佳存货数量，并以此作为企业存货数量控制的标准。如果企业实际存货数量大于这一标准，则应分析原因，采取必要的措施来降低存货的库存。

2. 存货的质量分析

企业存货质量的恶化可通过一些外在的表现来判断。一般而言，这些迹象有以下几点：

（1）市价持续下跌，并且在可预见的未来无回升的希望。

（2）企业使用该项原材料生产的产品的成本大于产品的销售价格。

（3）企业因产品更新换代，原有库存原材料已不适应新产品的需要，而该原材料的市场价格又低于其账面成本。

（4）因企业所提供的产品或劳务过时或消费者偏好改变而使市场的需求发生变化，导致市场价格逐渐下跌。

（5）存货已霉烂变质。

（6）存货已过期且无转让价值。

（7）现有存货在生产中已不再需要，并且已无使用价值和转让价值。

一旦出现以上迹象，企业应根据质量恶化的程度来计提存货跌价准备。对存货跌价准备的进一步分析，我们将在后面章节进行。

（八）固定资产

固定资产是指使用期限较长，单位价值较高，并且在使用过程中保持原有实物形态的资产。

固定资产具有以下一些基本特征：使用期限超过一年且在使用过程中保持原来的物质形态不变；使用寿命是有限的；用于生产经营活动而不是为了出售。判断固定资产的具体标准主要有两方面：一是时间标准；二是价值标准。

企业的固定资产占用资金数额大，资金周转时间长，是资产管理的重点。但是，企业拥有的固定资产不都是生产经营使用的，为此，必须保持合理的结构。在分析该项目时，应该首先了解固定资产的结构。

固定资产结构分析是指各类固定资产的价值在固定资产总额中所占比重的分析。其计算公式为：

$$某类固定资产所占比重=\frac{某类固定资产价值}{固定资产总额}\times 100\%$$

通过对固定资产结构的分析，可以了解固定资产分布和利用的合理性，可以为企业合理配置固定资产、挖掘固定资产利用潜力提供依据。固定资产按经济用途和使用情况不同，可分为生产用固定资产、非生产用固定资产、未使用固定资产和不需用固定资产等。在各类固定资产中，生产用固定资产，特别是其中的生产设备，同企业生产经营直接相关，在全部资产中占较大的比重。非生产用固定资产是指职工宿舍、食堂、浴室等非生产单位使用的房屋和设备。非生产用固定资产应在发展生产的基础上，根据实际需要适当增加，但其增长速度一般不应超过生产用固定资产的增长速度，应当认为其比重的降低是正常现象。未使用固定资产和不需用固定资产对固定资产的有效使用是不利的，应该查明原因，采取措施，积极处理，将其压缩到最低的限度。如因购入未来得及安装或某项资产正进行检修等原因造成存在未使用固定资产的情况，这虽属于正常情况，但也应加强管理，尽可能缩短安装和检修时间，使固定资产尽早投入生产运营中。

固定资产结构分析可从以下三个方面进行：一是分析生产用固定资产与非生产用固定

资产比例的变化情况；二是考察未使用固定资产和不需用固定资产比例的变化情况，查明企业在处置闲置固定资产方面的工作是否有效率；三是分析生产用固定资产内部结构是否合理。要对固定资产的配置做出切合实际的评价，必须结合企业的生产技术特点。

（九）在建工程

在建工程是指企业进行基建工程、安装工程、技术改造工程、大修理工程等所发生的实际支出，包括需要安装设备的价值。

在建工程占用的资金属于长期资金，但是投入前属于流动资金，如果工程管理出现问题，会使大量的流动资金沉淀，甚至造成企业流动资金周转困难。因此，在分析该项目时，应深入了解工程的管理情况，及时发现存在的问题。

（十）无形资产

无形资产尽管没有实物形态，但随着科技进步特别是知识经济时代的到来，无形资产对企业生产经营活动的影响越来越大。在知识经济时代，企业控制的无形资产越多，其可持续发展能力和竞争能力就越强，因此企业应重视培育无形资产。

对无形资产的分析，可从以下几方面进行。

1. 无形资产价值分析

在资产负债表中，无形资产项目披露的金额仅是企业外购的无形资产。对于自创的无形资产，在账上只确认金额极小的注册费、聘请律师费等费用作为无形资产的实际成本，大量的在研究与开发过程中发生的材料费用、直接参与开发的人员的工资及福利费，以及开发过程中发生的租金、借款费用等，均直接计入当期损益。对同样的一项无形资产，当它是外购的时候，确认的账面价值可能要比自创的要高许多倍。也就是说，资产负债表中所反映的无形资产的价值有偏颇之处，无法真实反映企业所拥有的全部无形资产的价值。因此，在对无形资产项目进行分析时，要详细阅读报表附注及其他有助于了解企业无形资产来源、性质等情况的说明。

2. 无形资产质量分析

在许多情况下，无形资产质量恶化是可以通过某些迹象来判断的，具体包括：

（1）某项无形资产已被其他新技术所替代，使其为企业创造经济利益的能力受到重大不利影响。

（2）某项无形资产的市价在当期大幅度下跌，并在剩余摊销年限内不会恢复。

（3）其他足以证明某项无形资产实质上已经发生了减值的情形。

3. 无形资产会计政策分析

（1）无形资产摊销的分析。

无形资产摊销金额的计算正确与否，会影响无形资产账面价值的真实性。因此，在分析无形资产时应仔细审核无形资产摊销是否符合会计制度的有关规定。此外，在分析时还应注意企业是否有利用无形资产摊销调整利润的行为。

（2）无形资产计提减值准备的分析。

在分析无形资产时，应注意分析企业是否按照企业会计制度的规定计提了无形资产减值准备以及计提的合理性。如果企业应该计提无形资产减值准备而没有计提或者少计提，不仅会导致无形资产账面价值的虚增，而且会虚增当期的利润总额。一些企业往往通过少提或不提无形资产减值准备，来达到虚增无形资产账面价值和利润的目的。

（十一）长期待摊费用

长期待摊费用是指企业已经支出，但摊销期限在一年以上（不含一年）的各项费用，包括固定资产大修理支出、租入固定资产的改良支出等。

长期待摊费用分析可从以下几个方面进行。

1. 长期待摊费用结构分析

长期待摊费用本质上是一种费用，但在实际中并不能为企业直接使用，因此，对企业而言，这类资产数额应当越少越好，占资产总额比重越低越好。如果一个企业的长期待摊费用金额较大，占资产总额的比重较高，说明企业的资产总价值比资产负债表上所反映的数字要小得多。

2. 分析长期待摊费用是否存在失真现象

在实际中，一些企业根据自身需要将“长期待摊费用”科目当作利润的调节器。如在不能完成利润目标或者相差很远的情况下，企业将一些影响利润的且不属于长期待摊费用核算范围的费用，转入该科目待摊；而在利润完成情况良好且超目标时，企业也会出于“以丰补歉”考虑，或为了减少税收，将长期待摊费用大量提前转入管理费用摊销，以达到降低或隐匿利润的目的。因此，财务分析人员还应从以下几个方面对长期待摊费用进行分析：

（1）分析长期待摊费用是否有零的情况。

这种情况在新上市公司中比较常见，而在其他效益突然转好的公司中也有所见。这些公司之所以这样做，要么是因为资金比较充足，要么是因为经济效益良好，企图通过加快长期待摊费用的摊销速度，为以后各期经营业绩的提高奠定基础。虽然这种做法有一定的稳健性，但不符合现行会计制度的规定，而且会导致本期利润大幅度降低。财务分析人员对此应进行分析与调整。

（2）分析长期待摊费用与利润总额增长趋势是否相适应。

一般来说，只要企业在本期内没有大规模装修、完成技改项目、对租入资产进行改造、委托其他单位发行股票等情形发生，资产负债表中的长期待摊费用规模就应当呈减少的趋势。如果企业长期待摊费用规模增加幅度较大，财务分析人员就应注意会计报表附注中关于长期待摊费用确认标准和摊销的会计政策，重点检查会计报表附注中的各类长期待摊费用项目的明细表，核查每个项目产生以及摊销的合理性；同时，应特别注意本年度增加较大和未予正常摊销的项目。如发现有利润操纵行为，应予以调整。

（3）分析无形资产与长期待摊费用有无混用的情况。

虽然无形资产和长期待摊费用都属于非流动资产，都反映未来无形的效益，但是两者之间存在本质区别。按规定，企业必须在资产负债表中将无形资产和其他资产分列，但也有混用的情形发生，这就不排除企业通过这种手段增加长期待摊费用、放大调节余地的可能性。

（4）分析长期待摊费用是否存在已经不能使以后会计期间受益的情形。

如果存在，按照企业会计制度的规定，企业应将尚未摊销的该项目的摊余价值全部转入当期损益，否则会虚列资产，导致会计信息失真。

（5）分析长期待摊费用中是否存在开办费未摊销的情形。

企业会计制度规定，企业在筹建期间所发生的费用，应该在企业开始生产经营当月起一次性计入当月损益。如果企业会计报表附注中的长期待摊费用项目中出现开办费，应该进一步分析具体原因，是因为企业设立新企业所致，还是因为企业没有摊销所致。对于已经开始生产经营的企业，如果是前一个原因，则还需要分析所设立的新企业是否已经开始生产经营；如果是后一个原因，则说明企业可能虚列资产，存在会计信息失真的问题。

（十二）其他非流动资产

1. 其他非流动资产的内容

其他非流动资产是指由于某种特殊原因企业不能自由支配的资产，其内容主要包括：

（1）特准储备物资。

特准储备物资是指具有专门用途，但不参加企业生产经营，经过国家批准储备的特种物资。例如，国家为应付自然灾害和意外事故等所限定的特殊用途物资。

（2）银行冻结存款和冻结物资。

这些企业资产虽仍为企业所有，但由于某种原因被司法机关依法冻结，并且在解除前无法提取、支用或处置、转移。

2. 其他非流动资产分析

对于其他非流动资产的分析，主要是对特准储备物资的分析，因为银行冻结存款和冻结物资在解除前是无法支用或处置的。对特准储备物资的分析，主要从以下三个方面进行：

（1）特准储备物资是否未经批准被擅自动用了，是否被作为经营物资销售了。

（2）特准储备物资是否已经设专库存放、专人管理。

（3）特准储备物资是否定期进行盘点检查，如果有短缺、霉变、差异等现象是否及时向上级进行了汇报。

二、资产的流动性与短期偿债能力分析

短期偿债能力是指企业在短期（一般为一年）内偿还债务的能力。短期偿债能力对企业至关重要，如果企业无法保持一定的短期偿债能力，则意味着不仅不能满足短期债权人的要求，而且在偿还长期债务方面也存在问题。即使是一个盈利企业，也会面临由于资金调度不畅、不能偿还到期债务而导致破产的风险。

在分析企业的短期偿债能力时，企业资产的流动性问题十分突出。在权责发生制下，企业有盈利并不足以说明其具有短期偿债能力。这是因为偿还到期债务要以货币资金支付，而企业的利润与企业实际持有的现金有一定差距。也就是说，一个企业可能有很高的利润，但如果缺乏可支配的现金，就没有能力偿还到期债务；反之，一个企业也可能有亏损，但只要它实际持有一定量的现金，即说明其具有相应的短期偿债能力。企业短期偿债能力的强弱往往表现为资产变现能力的强弱。

（一）主要财务比率

如前所述，分析企业短期偿债能力需要对流动资产与流动负债之间的关系进行判断，对此采用比率分析法更为有效。此类比率主要有流动比率、速动比率和现金比率。

1. 流动比率

流动比率是指一定时期内企业的流动资产与流动负债的比率，它是衡量企业短期流动性最常用的比率之一，它代表企业用其流动资产偿还到期债务的保障程度。其计算公式如下：

$$\text{流动比率}=\frac{\text{流动资产}}{\text{流动负债}}$$

由于流动资产中的存货存在潜亏、应收账款存在坏账等风险，且这些项目的变现性较弱，一般认为流动比率达到 2 时，企业财务状况才比较稳妥可靠。但这种说法已经被实际情况的发展逐步否定，随着社会化大生产的发展，该比率不断趋于下降。

例 2-2　根据表 2-1，徐工集团的流动比率计算如表 2-5 所示。

表 2-5　徐工集团流动比率计算

项目	2020 年	2019 年
流动资产（元）	70 126 910 108.44	60 421 844 637.27
流动负债（元）	50 832 441 601.79	36 902 365 671.07
流动比率	1.379	1.637

由表 2-5 可知，从流动比率的数值来看，该集团短期偿债能力尚可；从发展趋势来看，该集团的流动比率呈下降的态势，表明短期偿债能力略有减弱。研究产生变化的原因，还可以进一步分析流动资产的质量和流动负债的构成。当然，流动比率是否偏低，还应结合同行业标准进行评价。

流动比率有其局限性，使用时应注意：

（1）较高的流动比率仅仅说明企业有足够的可变现资产用来还债，并不能表明有足够的现金来还债。因为较高的流动比率很可能是存货的积压或应收账款的呆账造成的，在此情况下，如果现金不足，仍会出现偿债困难。此外，在运用该比率时还应在流动资产中剔除存货等不可变现的因素。

（2）从合理利用资金的角度而言，各行各业、各个不同企业应根据自身的情况和行业特点，确定一个流动比率的最佳点。例如，存货周转较快、结算资产较好的企业，其流动比率可以小于 2，这样既能满足偿债需要，又能使该比率不致过高。若流动比率过高，往往说明企业在资金使用上不足，此时，应将其多余的资金用于收益性较好的项目或用于其他目的。

(3) 当企业用流动资产偿还流动负债或通过增加流动负债来购买流动资产时，流动比率计算公式中的分子与分母将等量地增加或减少，并造成流动比率本身的变化。流动比率的这一特点，使得企业管理当局有可能在该比率不理想时，通过年末突击偿还短期负债，下年初再如数举新债等手段粉饰其流动比率的状况。例如，假定某企业年末流动资产为400万元，流动负债为250万元，则流动比率为1.6，为粉饰财务指标，在年末暂时用100万元的货币资金偿还应付账款，则流动比率立即变为2。因此，使用流动比率，还应注意分析其会计期末前后一段时间流动资产与流动负债数额方面的变化情况。

2. 速动比率

速动比率是指一定时期内企业的速动资产与流动负债的比率。

速动资产是指现金和易于变现、几乎可以随时用来偿还债务的那些流动资产，一般由货币资金、短期投资、应收票据、应收账款等构成，但不包括存货、预付账款、一年内到期的非流动资产等。存货的流动性较差，其变现不仅要经过销货和收款两个环节，所需时间较长，而且存货中有可能存在残次商品；而预付账款不具有变现能力，只是减少企业未来的现金流出量。因此，用流动资产扣除了存货、预付账款等流动性较差项目而计算出来的速动比率，代表了企业直接的偿债能力。速动比率的计算公式如下：

$$速动比率=\frac{速动资产}{流动负债}=\frac{流动资产-存货-预付账款}{流动负债}$$

用速动比率对短期偿债能力进行分析考核比使用流动比率更加稳妥可信。一般认为，速动比率等于或稍大于1比较合适。

例2-3 根据表2-1，徐工集团的速动比率计算如表2-6所示。

表2-6 徐工集团速动比率计算

项目	2020年	2019年
速动资产（元）	55 859 993 606.85	48 896 622 841.80
流动负债（元）	50 832 441 601.79	36 902 365 671.07
速动比率	1.10	1.32

由表2-6可知，从速动比率的数值来看，该集团短期偿债能力较强；从发展趋势来看，该集团速动比率的数值逐渐下降，但降幅不大且处于正常范围，短期偿债能力相对稳固。该集团2019年速动比率为1.32，2020年速动比率为1.10，有逐渐下降的趋势，存货项目应是其变化的主要原因。在流动资产中，存货所占的比例很大，存货增加造成集团的速动资产下降。

值得注意的是，使用速动比率时，一方面，要关注企业管理当局有无粉饰指标现象；另一方面，对于判断速动比率的标准不能绝对化，对不同行业、不同企业要具体问题具体分析。例如，零售企业大量采用现金结算，应收账款很少，因而，允许其保持低于1的速动比率。

3. 现金比率

现金比率是指一定时期内企业的现金及现金等价物与流动负债的比率。这里的现金是指企业的货币资金，现金等价物是指有价证券（一般为短期投资和应收票据）。现金比率代表了企业随时可以偿债的能力或对流动负债的随时支付程度。其计算公式如下：

$$现金比率=\frac{现金及现金等价物}{流动负债}$$

例 2-4 根据表 2-1，徐工集团的现金比率计算如表 2-7 所示。

表 2-7 徐工集团现金比率计算

项目	2020 年	2019 年
现金及现金等价物（元）	17 021 331 671.61	15 776 860 055.12
流动负债（元）	50 832 441 601.79	36 902 365 671.07
现金比率	0.335	0.428

速动比率已将存货、预付账款等变现能力较差的流动资产剔除，但速动资产中的应收账款等有时也会因客户倒闭、抵押等情况使变现能力受影响，甚至出现坏账，最终减弱企业的短期偿债能力。尤其是在企业面临财务危机时，即使有较高的流动比率和速动比率，也无法满足债权人的要求。因此，最稳健或者说保守的方法是采用现金比率来衡量企业的短期偿债能力。

必须指明的是，企业在正常经营的情况下，现金比率数值越高，说明其短期偿债能力越强，但这也同样显示企业的资金使用效果不佳，分布不太合理，因为现金是企业中收益率最低的资产。只有企业处在特定情况下（如债务重组、破产清算），使用现金比率才有意义。

（二）影响短期偿债能力的其他因素

分析企业短期偿债能力时，还应注意未在财务报表上充分披露的其他因素。

1. 准备变现的长期资产

企业依据本身的经营战略往往在特定时期准备将一些长期资产变现，例如，由于机器设备使用年限较长，企业准备将其清理出售，这无疑会增强企业以后会计期间资产的流动性。分析时应谨慎处理此类情况，因为长期资产一般是企业的生产资料，是经营活动中所必需的，即使是过剩的长期资产在短期内也不易变现。在分析这项潜在现金流时，要注意固定资产变现的速度、变现的金额。固定资产的新旧程度、专用化程度（通用设备还是专用设备）都会影响固定资产的变现能力。

2. 商业信用

企业良好的商业信用主要表现在：一是企业拥有著名品牌，与债权人关系良好，在出现短期债务偿还困难的时候通常比较容易通过与债权人的协商达成延期付款，或者取得较为宽松的贷款以新债还旧债。当然，这种增强偿债能力的潜在因素具有高度不确定性，容易受整体资金环境的影响。二是具备发行企业股票或企业债券的能力，增强企业资产的流动性。良好的长期融资能力往往是缓解短期偿债危机的重要保证。

3. 尚未使用的银行授信额度

在企业长期业务往来中，银行基于对客户多年来信用状况的考察和“与客户共同成长”的理念，通常会给予优质客户一定的授信额度。在这个额度之内，企业可以随时向银行提出申请取得贷款，从而提高企业的现金支付能力。正是因为银行给予企业的授信额度有助于改善企业的财务形象，增强企业的现金支付能力，所以那些有幸得到银行授信的企业都会迫不及待地向市场宣布这一好消息。除了及时宣布好消息以外，企业还会在定期财务报告、附注和财务状况说明书中予以说明。

4. 担保责任、已贴现的商业汇票引起的债务

担保责任、已贴现的商业汇票引起的债务，会计上称为“或有负债”。根据《中华人民共和国票据法》的规定，债务担保人负有连带偿债责任，一旦被担保人无法偿还债务，就将由担保人偿付。可见，对担保人而言，提供担保时就形成了对金融机构的或有负债，此项或有负债最终是否转变为一笔实际的负债，取决于到期时被担保人能不能偿还债务，此项或有负债也只有在被担保人到期偿还了债务后才消失。目前，我国企业互为债务担保的情况很多，而由此造成企业破产的情况也时有发生，如郑州亚细亚集团。另外，企业已向银行贴现的商业汇票，银行仍对企业拥有资金追索权，即如果票据到期出票人无力还款给贴现银行，银行将向贴现人收取款项。因此，企业担保责任和已贴现的商业汇票引起的债务必然减弱企业的短期偿债能力。

5. 未做记录的或有负债

未做记录的或有负债范围较广，如有纠纷的税款、尚未了结的诉讼案件、有争议的财产纠纷、销售创新（如企业许诺顾客如果全年累计消费 10 000 元，企业返给顾客 500 元的现金）、大件商品的售后服务等均会对企业短期偿债能力产生负面影响。《中华人民共和国会计法》规定，单位提供的担保、未决诉讼等或有事项，应当按照国家统一的会计制度的规定，在财务会计报告中予以说明。

对于影响企业短期偿债能力的其他因素，可以根据企业的会计报表附注和财务状况说明书的相关内容进行分析、评价。

第三节　负债及所有者权益分析

一、负债及所有者权益项目分析

（一）负债的项目分析

1. 短期借款

短期借款是企业从银行或其他单位借入的期限在一年以内的各种借款，包括短期流动

资金借款、结算借款、票据贴现借款，以及企业借入的借款期在一年或长于一年的一个经营周期以内的新产品试制借款、引进技术借款、进口原材料短期外汇借款等。这些借款都是为了满足日常生产经营的短期需要而举借的，其利息费用作为企业的财务费用，计入当期损益。

分析短期借款项目时应注意：

(1) 与流动资产规模相适应。

从财务角度观察，短期借款筹资快捷，弹性较大，任何一个企业在生产经营中都会发生或多或少的短期借款。但短期借款必须与当期流动资产，尤其是存货项目相适应。一般而言，短期借款应当以小于流动资产的数额为上限。

(2) 与企业当期收益相适应。

短期借款绝对数的高低并不代表企业营运状况的好坏，关键是企业的产出是否大于投入，即营运效率是否高于借款利率，对此可利用财务杠杆进行分析。

2. 应付票据

应付票据是指企业因赊销交易而签发的允诺在不超出一年的期限内按票据上规定的日期支付一定金额的银行承兑汇票和商业承兑汇票。在我国，应付票据仅限于商业汇票，包括商业承兑汇票和银行承兑汇票。商业汇票规定有一定的承兑期限，最长不超过六个月，在承兑期限内由交易双方商定具体承付日期。如果是分期付款，则应一次签发若干张不同期限的汇票。资产负债表中应付票据项目反映的是尚未到期付款的应付票据面额。

3. 应付账款

应付账款是指企业因赊购原材料等物资或接受劳务供应而应付给供应单位的款项。它是由于购进商品或接受劳务等业务发生时间与付款时间不一致造成的。一般说来，凡是购进商品的所有权转到企业（买方企业）时，或企业实际使用外界提供的劳务时，就需要确认应付账款并予以入账。

4. 预收款项

预收款项是指企业商品销售尚未发生或劳务尚未提供，而向购货方收取的货款或定金。例如，收到销货订单时同时收取的保证金、预收报纸杂志的订阅费、预收商品包装物的押金、长期建筑合同开出发票超过成本部分的金额等。它需要在收款后一年或长于一年的营业周期内用约定的商品、劳务或出租资产来抵偿。如果企业收取款项后，没有按照约定的条件提供商品或劳务，就必须退还预收款项并赔偿由此给客户造成的损失。预收账款一般被列为流动负债，如果有特别合约规定，企业预收款项可在一年或长于一年的营业周期以上用提供商品、劳务来清偿，则应列为非流动负债。

5. 应付职工薪酬

应付职工薪酬是指企业为获得职工提供的服务而应给予的各种形式的报酬以及其他相关支出。应付职工薪酬包括应付职工工资、奖金、津贴和补贴、职工福利费、医疗保险费、养老保险费、失业保险费、工伤保险费、生育保险费、住房公积金、工会经费和职工教育经费、非货币性福利、因解除与职工的劳动关系而给予的补偿以及其他与获得职工提供的服务相关的支出。

6. 应交税费

应交税费是指企业在会计期末应交未交的各种税金和费用。按照我国税法的规定，企业应缴纳的税费包括增值税、消费税、城市维护建设税、房产税、车船使用税、土地使用税、所得税、资源税、教育费附加等。企业缴纳的印花税以及其他不需要预计应交数额的税费，不包括在内。在资产负债表中，应交税费项目表示企业截至报表编制日按照计税依据和规定的税率计算出来的应缴纳但尚未缴纳的各种税金数额。如该项为负数，则表示企业多交的应当退回给企业或由以后年度抵交的税金。

7. 其他应付款

其他应付款是指企业应付、暂收其他单位或个人的款项，如应付租入固定资产的租金、应付包装物的租金、应付保险费、存入保证金、应付统筹退休金等。

应付租入固定资产的租金是指企业采用经营性租赁方式租入固定资产所应支付的租金。这项租金应计入企业的费用（销售费用）。

存入保证金是其他单位或个人由于使用企业的某项资产而交付的押金（如出租、出借包装物押金），待以后资产归还后需退还的暂收款项。

实行退休金统筹办法的企业，根据退休金统筹办法按月提取统筹退休金，定期交给社会保险统筹机构，由社会保险统筹机构弥补给企业，由企业支付给退休职工。在社会保险机构未收到统筹退休金以前，该项金额构成企业流动负债的一部分。

8. 应付股利

应付股利是指企业应付给投资者的利润，包括应付给国家、其他单位以及个人的投资利润。企业与其他单位或个人的合作项目，按协议或合同的规定，应支付给对方的利润也可列入应付股利。

由于企业的资金通常有投资者投入，因此，企业在生产经营过程中实现的利润，在依法纳税后，还必须向投资者分配。而这些利润在应付未付之前暂时留在企业内，构成了企业的一项负债。

9. 一年内到期的非流动负债

一般来说，企业的非流动负债最终到期时是要以流动资产（通常是以货币资金）来偿付的。为了准确反映企业短期内需偿付的债务金额，正确评价企业的短期偿债能力，资产负债表中应将一年内到期的、已转化为流动负债的非流动负债在流动负债中予以反映。一年内到期的非流动负债项目反映的是企业长期借款、应付债券和长期应付款等项目一年内到期的那部分金额。

10. 其他流动负债

其他流动负债项目反映未包括在以上流动负债项目中的其他流动负债，如应付短期债券等。

应该注意的是，流动资产是一年内可变现为货币的资产项目，流动负债为一年内应清偿的债务责任。因此，在任一时点上，两者的数量对比关系对企业的短期经营活动均产生十分重要的影响。

11. 长期借款

长期借款是指企业向银行或其他金融机构借入的、期限在一年以上的款项。长期借款一般用于企业的固定资产购建、固定资产改扩建工程、固定资产大修理工程以及流动资产的正常需要等方面，如大修理借款、更新改造借款、出口工业品生产专项借款、进口设备人民币借款等。长期借款按其偿还方式不同，可分为定期偿还的长期借款和分期偿还的长期借款。前者是指在规定的借款到期日一次还清的借款；后者是指在借款期限内，分期偿还本息，至到期日全部还清的借款。

会计核算上，长期借款应计未付的利息，也计入长期借款。因此，资产负债表中长期借款项目反映的是企业尚未归还的长期借款本金和利息。

12. 应付债券

应付债券是指企业为筹集长期资金而发行的偿还期在一年以上的债券。

不论企业债券是溢价发行还是折价发行，应付债券均以实际收到的款项入账。这就是说，在应付债券的会计处理中，当债券的发行价款与债券面值相同（即按面值发售）时，应付债券的入账价值为债券的面值；当债券的发行价款高于债券面值（即溢价发售）时，应付债券的入账价值为债券的发行价款，但会计中区分“面值”与“溢价”单独反映；当债券的发行价款低于债券面值（即折价发售）时，应付债券的入账价值为实际价款，但会计中区分“面值”和“折价”分别反映。

在债券存续期间，企业还要分期计提或支付债券利息；同时，也要对债券折价或溢价分期进行摊销，折价转为利息费用，溢价摊销冲减利息费用。通过摊销，债券的置存价值（账面价值）逐期恢复到面值。因此，资产负债表中应付债券项目反映的是企业应付债券期末的置存价值（不一定等于面值）和应付债券应计未付的利息。

这样，在任一会计期末，资产负债表中应付债券项目的金额为：

应付债券项目金额 = 债券面值＋（债券初始发行时入账的溢价－已摊销溢价）－（债券初始发行时入账的折价－已摊销折价）＋应计未付债券利息

13. 长期应付款

长期应付款主要包括应付引进设备款和融资租入固定资产应付款。

（1）应付引进设备款。

应付引进设备款是根据企业与外商签订来料加工、来料装配和中小型补偿贸易合同而引进国外设备所发生的应付款项。此项应付款在设备安装完成投产后，按合同规定的还款方式，用应收的加工装配收入和出口产品收入归还。引进设备所需用人民币支付的国内费用（如进口关税、国内运杂费和安装费等），可以向银行取得进口设备人民币借款。

（2）融资租入固定资产应付款。

融资租入固定资产应付款是指用融资租赁方式租入固定资产所需支付的全部租赁费，包括租入固定资产的价款、运输费、途中保险费、安装调试费、手续费和利息支出等。融资租赁实质上是分期付款购置固定资产的一种形式。企业支付的融资租赁费中，租赁手续费计入财务费用；有关利息支出和汇兑损益除在安装尚未使用前计入固定资产价值外，其他一律计入财务费用。

（二）所有者权益的项目分析

所有者权益主要分为两部分：一部分是投资者投入资本，包括实收资本和资本公积；另一部分是生产过程中由资本积累形成的留存收益，包括盈余公积和未分配利润。

1. 投入资本

投入资本包括实收资本和资本公积两部分。实收资本是企业实际收到的投资者投入的资本。除非企业出现增资、减资等情况，实收资本在企业正常经营期间一般不发生变动。实收资本的变动将会影响企业原有投资者对企业的所有权和控制权，而且对企业的偿债能力、获利能力等都会产生重大影响。资本公积是企业在非经营业务中产生的资本增值。对于投入资本的分析，应从以下三个方面入手：

（1）分析投入资本的增加，有多少是资本公积或盈余公积转入，有多少是增发新股转入。

（2）分析投入资本占所有者权益的比重，分析其结构的合理性。

（3）从投入资本几年的趋势变动，分析所有者权益资本的增长速度和变化趋势。

2. 留存收益

留存收益由盈余公积和未分配利润两部分构成，是企业税后利润分配的结果。因此，留存收益的增减变化及变动金额的多少，取决于企业的盈亏状况和企业的利润分配政策。一般说来，如果企业当年盈利，会增加留存收益；反之，如果企业当年亏损，则会减少留存收益。如果企业留多分少，保持较高的留存盈利比率，则留存收益增加数额较多；如果企业留少分多，留存盈利比率较低，则留存收益增加数额较少。留存收益的增加，将有利于资本的保全，增强企业实力，降低筹资风险，缓解财务压力。但由于留存收益的资金成本较高，其增加将会使企业的平均资金成本增加。对留存收益分析的主要内容是：了解留存收益的变动总额、变动原因和变动趋势；对留存收益的组成项目进行具体会计分析，评价其变动的合理性。

二、融资结构与长期偿债能力分析

（一）主要财务比率

任何企业，每当其通过那些成本或费用是固定的融资手段（如借款、租赁或发行优先股票等）来对所拥有的资产进行资金融通时，该企业就被认为是使用了财务杠杆；而财务杠杆比率则是衡量企业在多大程度上使用财务杠杆或在多大范围内发挥财务杠杆作用的重要指标。衡量财务杠杆作用或反映企业长期偿债能力的指标主要有下述几个。

1. 资产负债比率

资产负债比率也称负债比率，是企业负债总额与资产总额的比率，表示在企业全部资金来源中，从债权人方面取得数额的比重。该指标用于衡量企业利用负债融资进行财务活动的能力，是显示企业财务风险的重要指标。其计算公式如下：

$$资产负债比率=\frac{负债总额}{资产总额}\times100\%$$

资产负债比率是从总体上反映企业偿债能力的指标。该指标越低，表明企业偿债能力越强。但资产负债比率并非越低越好。采用资产负债比率时应注意以下两点：

（1）各利益主体对资产负债比率的评价。

各利益主体（如债权人、所有者、经营者）往往因不同的利益驱动而从不同的角度来评价资产负债比率。

1）对企业债权人而言，他们最为关心的就是所提供的信贷资金的安全性，期望能于约定时间收回本息。这必然决定了债权人总是要求资产负债比率越低越好，希望企业的每1元债务有更多的资产作后盾。如果企业的主权资本较少，表明投资者投入的份额不足，经营过程中创造和留存收益的部分较少，债权人就会感到企业的债权风险较大，因此可能做出提前收回贷款、转移债权或不再提供信贷的决策。

2）对企业所有者来说，首要目标就是提高投资收益水平，并将投入的资本维持在适度的风险水平上。由于负债能为投资者带来杠杆收益，而且不会稀释其股权，因此投资者希望利用债务提高企业的盈利水平。但债务同时也会给投资者带来风险，因为债务的成本是固定的，如果企业经营不善或遭受意外打击而出现经营风险，由于收益大幅度滑坡，借款利息还需照常支付，损失必然由所有者负担，由此增加了投资风险。对此，投资者往往用预期资产报酬率与借款利率进行比较判断，若前者大于后者，表明投资者投入企业的资本将获得双重利益，即在获得正常利润的同时，还能获得资产报酬率高于借款利率的差额，这时，资产负债比率越高越好；若前者小于后者，则表明借入资本利息的一部分要用所有者投入资本获得的利润数额来弥补，此时，投资者希望资产负债比率越低越好。例如，某企业资产报酬率为15%，全部资本为800万元，则企业获利120万元。其中，借入资本500万元，利率10%，利息费用为50万元；主权资本300万元，所有者获利为70（120－50）万元，则所有者权益报酬率为23.33%。此时，资产报酬率大于借款利率，举债经营对投资者有利。假若该企业资产报酬率为7%，其他条件不变，企业获利56万元，而所有者获利仅为6（56－50）万元，所有者权益报酬率为2%。此时，资产报酬率小于借款利率，显然，举债经营对投资者不利。

3）从企业经营者角度来看，应将资产负债比率控制在适度水平上。由于债务成本的税前扣除和杠杆收益功能，任何企业均不可避免地要利用债务，但负债超出某一限度时，则不能为债权人所接受，企业将不能获取后续借款。随着负债的增加，企业的财务风险不断加大，进而危及主权资本的安全和收益的稳定，也会动摇投资者对经营者的信任。

因此，经营者利用债务时，既要考虑其收益性，又要考虑由此而产生的风险，审时度势，做出最优决策。

（2）结合实际分析和评价资产负债比率。

企业资产负债比率多少为佳，并没有一个公认的标准，在分析和评价时，通常要结合国情、同行业的平均水平或先进水平、本企业的前期水平及预算水平来进行。

企业的负债总额和资产总额包含着丰富的内容，各个企业在计算这一指标时，口径并不完全一致，如坏账准备、长期投资减值准备、固定资产减值准备、递延税费等项目的处理就存在着广泛的差异。因此，将该指标与其他企业或行业平均水平进行对比分析时，要注意斟酌用于计算的各个数字的实际内涵，剔除差异因素后，再做评价。

2. 所有者权益比率和权益乘数

所有者权益比率（在股份有限公司称为股东权益比率）是企业所有者权益总额与资产总额之比，表明主权资本在全部资产中所占的份额。其计算公式为：

$$所有者权益比率=\frac{所有者权益总额}{资产总额}\times 100\%$$

所有者权益比率与资产负债比率之和应该等于1。这两个比率是从不同的侧面反映企业的长期资金来源的。所有者权益比率越大，资产负债比率就越小，则企业的财务风险就越小；反之，则企业的财务风险就越大。

所有者权益比率的倒数，称作权益乘数，它表明企业的资产总额是所有者权益的多少倍。该数值越大，说明投资者投入的一定量资本在生产经营中所运营的资产越多。权益乘数的计算公式为：

$$权益乘数=\frac{资产总额}{所有者权益总额}\times 100\%$$

所有者权益比率和权益乘数是对资产负债比率的必要补充。运用这两个指标分析企业长期偿债能力时，应注意以下几点：

（1）它们与资产负债比率一样都是用于衡量企业的长期偿债能力的，两个指标可以互相补充。在资产负债比率分析中应注意的问题，在所有者权益比率和权益乘数分析中也应引起注意。

（2）它们与资产负债比率之间是有区别的。其区别是反映企业长期偿债能力的侧重点不同。权益乘数侧重于揭示资产总额与所有者权益的倍数关系，数值越大，说明企业资产对负债的依赖程度越高，风险越大；资产负债比率侧重于揭示总资本中有多少是靠负债取得的，说明债权人权益受保障的程度。

3. 产权比率

产权比率也称负债与所有者权益比率，是企业负债总额与所有者权益总额之比。其计算公式为：

$$产权比率=\frac{负债总额}{所有者权益总额}\times 100\%$$

产权比率实际上是资产负债比率的另一种表现形式，只不过其表达得更为直接、明显，更侧重于解释企业财务结构的稳健程度。产权比率越低，表明企业的长期偿债能力越强，债权人承担的风险越小。但当这一比率过低时，所有者权益比重过大，意味着企业有可能失去充分发挥负债的财务杠杆作用的大好时机；反之，当该指标过高时，表明企业过度运用财务杠杆，增加了企业的财务风险。

4. 有形净值债务比率

有形净值债务比率就是将无形资产、长期待摊费用从所有者权益中予以扣除，从而计算出的企业负债总额与有形净值之间的比率。该指标实际上是一个更保守、谨慎的产权比率。其计算公式为：

$$有形净值债务比率=\frac{负债总额}{所有者权益-无形资产-长期待摊费用}\times100\%$$

所有者权益代表了企业的净资产，而它减去无形资产和长期待摊费用后被称为有形资产。之所以进一步考察负债与有形资产的比例关系，是因为无形资产的价值具有很大的不确定性，而长期待摊费用本身就是企业费用的资本化，它往往不能用于偿债。因此，在企业陷入财务危机或面临清算等特殊情况下，强调对债权人有形资产的保障。有形净值债务比率实际上是产权比率的延伸，是更谨慎、保守地反映债权人利益保障程度的指标。该比率越低，表明债权人利益的保障程度越高，企业有效偿债能力越强；反之，表明债权人利益的保障程度较低，企业有效偿债能力越弱。

5. 长期负债比率

长期负债比率是指企业的长期负债与负债总额之间的比例关系，用以反映企业负债中长期负债的份额。其计算公式为：

$$长期负债比率=\frac{长期负债}{负债总额}\times100\%$$

长期负债比率的高低既可以反映企业借入资金成本的高低，也可以反映企业筹措长期负债资金的能力。相对而言，长期负债具有期限长、成本高、风险低、稳定性强的特点。在资金需求量一定的情况下，提高长期负债比率，就意味着企业对短期借入资金依赖性的降低，从而减轻企业的当期偿债压力。

（二）影响长期偿债能力的其他因素

分析企业长期偿债能力时，除了对上述直接反映长期偿债能力的指标进行分析评价之外，还应注意未在财务报表中充分披露的下列因素。

1. 资产价值的影响

资产负债表上的资产价值主要是以历史成本为基础确认和计量的，这些资产的账面价值与实际价值往往有一定差距，表现在：

（1）资产的账面价值可能被高估或低估。

如前所述，资产的账面价值是历史数据，而市场处于不断变化之中，所以某些资产的账面价值已不能完全反映其实际价值，如企业处于城市中心地段的厂房会发生大幅度增值，而一些技术落后的设备，其账面价值又会大大低于市场价值。

（2）某些入账的资产毫无变现价值。

这类项目包括长期待摊费用，以及某些人为制造的应收账款、存货等。前者已作为费用支出，只是因为会计上的配比原则才作为资产保留在账面上；而后者是“粉饰”的结果，这类资产的流动性几乎为零，对于企业的偿债能力毫无意义。

（3）资产尚未全部入账。

按照现行会计制度，企业的资产并非全部在资产负债表中得到反映，往往一些非常重要的项目未被列作资产入账。例如，企业自行开发的、成本较低而计入期间费用的商标权、专利权等，其商用价值是不容忽视的。又如，一些企业的衍生金融工具以公允价值披露在会计报表附注中，这种揭示有助于使用者分析与之相关的企业的重大盈利机会或重大潜在风险。

2. 长期经营性租赁的影响

当企业急需某项设备而又缺乏足够的资金时，可以通过租赁方式解决。财产租赁有融资租赁与经营租赁两种形式，融资租赁的设备可视同企业的自有资产，相应的租赁费作为长期负债处理；而企业经营租赁的设备则不包括在固定资产总额中，如果该设备被长期占用，则形成了一项长期固定的租赁费用，实际上是一种长期筹资行为，但其租赁费用又不能作为长期负债处理。因此，需要偿还的债务和用作偿债保障的资产两方面都出现了特殊情况，若被忽略，就会对企业的长期偿债能力产生负面影响。

3. 或有事项和承诺事项的影响

或有事项是指企业现存的一种状态或处境，其最终结果是否发生损失或收益，依其未来不确定事项是否发生而定。按照谨慎性原则，企业应尽量预计可能发生的损失和负债，而不得预计可能发生的收益和资产（如预计合同方的违约罚款收入）。目前，我国已出台了《企业会计准则第 13 号——或有事项》，要求企业在资产负债表内确认“预计负债”，在表外披露已贴现的应收票据及为其他企业的贷款担保、未决诉讼等或有负债。此外，中国证监会要求股份有限公司在招股说明书中披露或有负债及重大未决诉讼事项。

承诺事项是指企业由具有法律效力的合同或协议的要求而引起义务的事项。例如，与贷款有关的承诺、信用证承诺、售后回购协议下的承诺。又如，企业在与职工签订的劳动合同中，承诺职工在聘用期间及解聘或退休时，可以享受一定的待遇等。这些往往构成企业的一种长期负担，但又没有出现在财务报表上。在未来的特定期间内，只要达到特定条件，就会发生资产减少或负债增加。目前，我国《企业会计制度》要求企业在会计报表附注中详细披露承诺事项。

由此可见，无论是或有事项还是承诺事项，均有可能减弱企业的长期偿债能力，所以必须对此严加观察和分析，以防患于未然。

第四节　资产负债表的综合分析

一、资产负债表的总体结构分析

资产负债表的结构反映出资产负债表各项目的相互关系及各项目所占的比重。资产负债表总体结构分析是从总体上对资产负债表的构成进行分析，主要采用垂直分析法。

例 2-5 根据表 2-1 所提供的资料，编制 2020 年徐工集团的资产负债表总体结构分析表，如表 2-8 所示。

表 2-8 徐工集团资产负债表总体结构分析表

项目	年末数		项目	年末数	
	金额（元）	百分比（%）		金额（元）	百分比（%）
资产：			负债：		
流动资产	70 126 910 108.44	76.39	流动负债	50 832 441 601.79	55.37
非流动资产			非流动负债	6 794 079 301.42	7.40
长期股权投资	2 675 999 047.86	2.92	负债合计	57 626 520 903.21	62.77
固定资产	7 972 092 228.76	8.68	所有者权益：		
无形资产及其他资产	11 022 175 336.84	12.01	归属于母公司所有者权益	33 692 568 977.03	36.70
			所有者权益合计	34 170 655 818.69	37.23
资产合计	91 797 176 721.90	100	负债和所有者权益合计	91 797 176 721.90	100

从表 2-8 可以看出：

（1）2020 年，流动资产占公司资产总额的 76.39%，固定资产占 8.68%，说明公司资本有机构成并不高，这在一定程度上会限制公司盈利能力的提高，而流动资产中约 40%为应收账款，这从另一个侧面反映公司应收账款周转速度慢的特点。

（2）公司负债与权益的比例配合欠佳，资产负债率为 62.77%，略高；负债内部结构不够合理，流动负债在负债中的占比很高，为 88.21%，公司的偿债能力不足，必须进一步缩小这一比率。

进行总体结构分析时还可以对连续数年的数据进行转换，分析每一项目所占比例的变动趋势，借以判断公司未来管理的重点。

二、资产结构分析与优化

（一）资产结构分析

资产结构是指企业的流动资产、长期投资、固定资产、无形资产等占资产总额的比重。对资产结构进行分析，可以看出企业的行业特点、经营特点和技术装备特点。一般来说，工业企业的非流动资产往往大于流动资产，而商业企业的情况正好相反。

在同一行业中，流动资产、长期投资所占的比重反映出企业的经营特点。流动资产和负债较高的企业稳定性差，却较灵活；而那些长期资产和负债占较大比重的企业底子较厚，但调头难；长期投资较高的企业，金融利润和风险均较高。

无形资产增减和固定资产折旧快慢反映企业的新产品开发能力和技术装备水平。无形资产持有多的企业，开发创新能力强；而那些固定资产折旧较快的企业，技术更新换代快。

对资产结构变动的分析，除进行总括分析外，还应对流动资产、长期投资、固定资产、无形资产及其他资产分项目进行具体比较、分析，以便进一步查明原因，判断企业资产结构变动的合理性。在判断企业资产各项目结构变动合理性时，应结合企业生产经营特点和实际情况。

1. 流动资产构成比重的计算与分析

流动资产构成比重是指流动资产占资产总额的百分比。其计算公式为：

$$\text{流动资产构成比重}=\frac{\text{流动资产}}{\text{资产总额}}\times 100\%$$

判断流动资产构成比重是否合理，没有一个绝对的标准，必须与固定资产和其他资产构成比重结合起来，联系生产经营额的变化进行分析。在固定资产和其他资产不变的情况下，流动资产比重提高使生产经营额大幅度增长，说明流动资产在资产总额中所占比重较为合理。但如果流动资产比重提高的速度快于生产的增长速度，使单位增加值占用的资产额比上期增加，说明资金利用效率下降，流动资产在资产总额中所占比重不合理。

流动资产构成比重是否合理还应联系企业利润进行分析。流动资产在资产总额中的比重提高了，企业的营业利润也要相应地增长。如果流动资产比重提高了，生产额增长了，利润却不增长，说明企业生产的产品可能销售不畅，经营状况趋势不好。由于各行业生产经营情况不一样，流动资产在资产总额中的比重不一样，其合理的程度应根据行业、企业的具体情况来判断分析。

2. 固定资产构成比重的计算与分析

固定资产构成比重是指固定资产占资产总额的百分比。其计算公式为：

$$\text{固定资产构成比重}=\frac{\text{固定资产}}{\text{资产总额}}\times 100\%$$

判断固定资产构成比重是否合理，要根据各企业自身特点分析。有什么样的固定资产，就有什么样的产品和经营业务。固定资产构成比重决定着企业的行业特点、生产规模和发展方向。一般来说，工业企业固定资产构成比重较高，商业企业的较低。因此，在研究分析固定资产在资产总额中比重是否合理时，首先应弄清企业自身生产经营特点，制定相适宜的比重标准。否则，比重过高，会造成资金浪费；比重过低，又会影响生产经营业务的发展。

3. 长期投资比重的计算与分析

长期投资比重是指长期投资与资产总额的百分比。其计算公式为：

$$\text{长期投资比重}=\frac{\text{长期投资}}{\text{资产总额}}\times 100\%$$

判断长期投资比重是否合理，首先要看对外投资有没有影响企业生产资金的周转，能不能获得较高收益。长期投资占资产总额的比重提高，有可能是因为企业的资金来源充足，在不影响生产的情况下，企业进行对外长期投资以取得更多的收益。但也有可能是因为企业内部发展受到了限制，目前产业或产品利润率较低，需要寻求新的发展目标。长期投资比重高，风险也高，因为被投资项目的利润是一个不确定数额。企业管理者应根据投资项目做具体分析研究，慎重行事，以便规避风险，提高投资的安全性。一般情况下，企业长期投资比重不宜过高。

4. 无形资产及其他资产构成比重的计算与分析

无形资产构成比重是指无形资产占资产总额的百分比，其他资产构成比重是指其他资产占资产总额的百分比。其计算公式为：

$$无形资产构成比重=\frac{无形资产}{资产总额}\times 100\%$$

$$其他资产构成比重=\frac{其他资产}{资产总额}\times 100\%$$

企业的无形资产及其他资产构成比重是否合理，应结合企业的具体情况进行判断。

（二）资产结构优化

企业资产结构优化就是研究企业的资产中各类资产如何配置能使企业取得最佳经济效益。在企业资产结构体系中，固定资产与流动资产之间的结构比例是最重要的内容。因此，资产结构优化分析主要是指固定资产与流动资产之间的结构比例优化分析。

在实际分析中，我们通常根据下列标准来评价企业固定资产与流动资产的结构比例是否合理。

1. 盈利水平与风险

企业将大部分资金投资于流动资产，虽然能够减少企业的经营风险，但是会造成资金大量闲置或固定资产不足，降低企业生产能力，以致降低企业的资金利用效率，从而影响企业的经济效益；反之，若固定资产比重增加，虽然有利于提高资产利润率，但同时会导致经营风险的增加。企业选择何种资产结构，主要取决于企业对风险的态度。如果企业敢于冒险，就可能采取冒险的资产结构策略；如果企业倾向于保守，则宁愿选择保守的资产结构策略，而不会为追求较高的资产利润率去冒险。

2. 行业特点

不同的行业，因经济活动内容不同，技术装备水平也有差异，其资产结构也会有较大差异。一般来说，创造附加值低的企业，如商业企业，需要保持较高的资产流动性；而创造附加值高的企业，如工业企业，需要保持较高的固定资产比重。同一行业内部，各企业因生产特点、生产方式的差异较小，所以资产结构就比较接近，行业的平均资产结构比例应是各企业资产结构的主要参照标准。

3. 企业经营规模

企业经营规模对资产结构有重要影响。一般而言，规模较大的企业，固定资产比例相对高些，因其筹资能力强，流动资产比例相对低些。

企业在分析和评价目前资产结构合理性的基础上，必须对资产结构进行优化。资产结构优化必须以企业采取的资产结构策略所确定的标准为根据。资产结构优化的步骤一般是：首先，分析企业的盈利水平和风险程度，判断和评价企业目前的资产结构；其次，根据盈利水平与风险、行业特点、企业规模等评价标准，按照企业选择的资产结构策略确定符合本企业实际情况的资产结构比例的目标标准；最后，对现有的资产结构比例进行优化调整，调整时，既可以调整流动资产存量，也可以调整固定资产存量，还可以同时调整固定资产存量和流动资产存量，以达到确定的目标标准。

三、资本结构与内部治理模式分析

资本结构是指企业资产负债表右方“负债与所有者权益”的结构，既包括企业负债总规模与所有者权益规模的对比关系，也包括企业各类债务（短期、长期）占总负债的构成比例和所有者权益中各类股东的持股构成比例，以及所有者权益中各项目的构成比例。

（一）资本结构分析

不同的资本结构，其资金成本和财务风险是不相同的。资金成本是指企业为获取某类资本所要付出的代价，如向银行借款的利息费用、发行股票的发行费用和股利。财务风险是指企业由于筹措资本对资金的供应者承担义务而受到的压力，包括偿债能力和盈利能力等方面。一般而言，负债融资的资金成本较低，只需支付利息，且利息费用可以在税前支付，但财务风险较高，即不论企业经营状况如何，到期必须还本付息；而主权资本融资的财务风险较低，企业对投资者的投资可以在存续期间永久使用，股利的支付不是固定的，视企业经营状况而定，利润多就多分，利润少就少分，无利润还可以不分，但其资金成本较高，利润全归投资者所有，且股利不得从税前扣除。最佳的资本结构应是资金成本最低而财务风险最小的融资结构。事实上，这种资本结构是不存在的，低资金成本往往伴随着高财务风险，而低财务风险又与高资金成本相联系。企业应在资金成本与财务风险之间进行合理取舍，选择最适合自身生存和发展的资本结构。

实践中存在以下三种资本结构类型。

1. 保守型资本结构

保守型资本结构是指在资本结构中主要采取主权资本融资，且负债融资的结构中又以长期负债融资为主。在这种融资结构下，企业对流动负债的依赖性较低，从而减轻了短期偿债的压力，财务风险较低；与此同时，由于主权资本融资和长期负债融资的成本较高，又会增大企业的资金成本。可见，这是一种低财务风险、高资金成本的融资结构。

2. 适合型资本结构

这是一种中等财务风险和资金成本的融资结构。在这种结构下，主权资本融资与负债融资的比重主要根据资金的用途来确定，即用于长期资产的资金由主权资本融资和长期负债融资提供，而用于流动资产的资金主要由流动负债融资提供。另外，还应使主权资本融资与负债融资的比重保持在较为合理的水平上。

3. 风险型资本结构

风险型资本结构是指在资本结构中主要（甚至全部）采用负债融资，并且流动负债被大量长期资产所占用。显然，这是一种高财务风险、低资金成本的融资结构。从实践上看，只有特殊行业的企业在特定的条件下才会采用风险型资本结构。

（二）内部治理模式分析

企业内部治理模式即法人治理结构，主要包括谁参与治理、治理谁、怎样治理等问题。企业通过一定的治理手段，合理配置剩余索取权和控制权，以形成科学的自我约束机制和相互制衡机制，实现市场效率和资源配置效率。

企业治理结构应该是以资本为核心，以对资本的盈利分享为纽带，使出资者与经营者行为目标一致的机制。决定企业治理结构的核心要素是资本结构，主要是企业所有者权益内部的股东持股比例。

企业所有者权益内部的股东持股构成状况主要是指两个方面：一是在企业所有者权益的结构中，普通股与优先股的构成比例；二是在企业普通股的构成中，控制性股东、重大影响性股东和非重大影响性股东的构成状况。由于优先股股东一般没有表决权，因而在下面的讨论中，将主要针对第二种股东构成进行讨论。

按照企业股权持有者对企业的影响程度，一般可以将企业的股东分为控制性股东、重大影响性股东和非重大影响性股东三类。其中，控制性股东有权决定一个企业的财务和经营政策；重大影响性股东则对一个企业的财务和经营政策有参与决策的权利，但并不决定这些政策；而非重大影响性股东则对被持股企业的财务和经营政策几乎没有什么影响。

显然，控制性股东、重大影响性股东将决定企业未来的发展方向。因此，在对企业的资本结构进行分析时，必须关注企业的控制性股东、重大影响性股东的背景状况，明确谁在控制（和重大影响）某一特定企业、控制（和重大影响）某一特定企业的股东有没有能力将企业引向光明的未来等重大问题。

本章小结

资产负债表分析可以揭示报表数字之间的关系，并指出它们的变动趋势，为报表使用者提供更加全面的信息。资产负债表分析包括总括分析、具体项目分项和资本结构分析。

资产负债表总括分析主要是从结构、规模、结构优化等方面进行。通过资产负债表总括分析，报表使用者可以大致了解企业所拥有的资产状况、企业所负担的债务及所有者权益状况。从总体上考察企业的生产经营状况，就是要对一定时期生产经营状况的优劣做出总括评价，判断企业是处于高速发展、稳定成长或停滞徘徊状态，还是处于衰退、困难的境地，并且指明改进生产经营的方向，促使企业的生产经营经常处于良性循环的最佳状态。

资产负债表的具体项目分析是指对资产、负债和所有者权益的具体项目进行逐项分析，包括货币资金、应收账款、存货、长期股权投资、固定资产、无形资产、流动负债、长期借款和所有者权益的分析。

资本结构是指企业的全部资金来源中负债和所有者权益所占的比重及相互间的比例关系。资本结构分析主要是分析企业是否合理地组织了资金来源，使不同来源的资金保持一个最佳的比例关系。

案例

青岛啤酒股份有限公司资产负债表分析

一、有关资料

（一）资产负债表

青岛啤酒股份有限公司按照我国会计准则编制的资产负债表如表 2-9 所示。

表 2-9　资产负债表（账户式）

单位名称：青岛啤酒股份有限公司　　2020 年 12 月 31 日　　单位：元

项目	金额		项目	金额	
	期末数	年初数		期末数	年初数
流动资产：			流动负债：		
货币资金	18 466 880 608	15 301 983 408	短期借款	703 273 054	270 906 631
交易性金融资产	1 888 862 835	1 523 793 019	应付票据	149 491 592	220 825 323
应收票据	5 648 580	75 100 000	应付账款	2 222 601 042	2 167 178 181
应收账款	119 506 428	151 069 427	合同负债	6 567 320 256	5 970 644 849
预付款项	239 884 336	117 156 091	应付职工薪酬	1 906 199 446	1 458 665 786
其他应收款	73 893 587	86 269 436	应交税费	548 026 847	513 058 160
存货	3 281 033 526	3 181 769 333	其他应付款	3 074 878 208	2 424 857 501
其他流动资产	552 409 778	564 677 336	一年内到期的非流动负债	42 089 297	22 208 025
流动资产合计	24 628 119 678	21 001 818 050	其他流动负债	296 065 856	305 436 538
非流动资产：			流动负债合计	15 509 945 598	13 353 780 994
债权投资	0	0	非流动负债：		
长期股权投资	374 333 837	376 641 802	长期借款	0	209 180

续表

项目	金额		项目	金额	
	期末数	年初数		期末数	年初数
其他非流动金融资产	600 000	600 000	租赁负债	115 839 869	37 471 885
投资性房地产	27 183 434	36 504 682	长期应付款	462 046 060	372 579 660
固定资产	10 302 628 630	10 222 034 465	递延收益	2 899 626 024	2 519 926 935
在建工程	339 805 369	178 993 842	长期应付职工薪酬	991 111 582	931 008 557
使用权资产	168 329 047	66 970 435	递延所得税负债	167 564 536	184 035 480
无形资产	2 503 842 988	2 558 572 455	非流动负债合计	4 636 188 071	4 045 231 697
商誉	1 307 103 982	1 307 103 982	负债合计	20 146 133 669	17 399 012 691
长期待摊费用	86 258 334	35 255 388	所有者权益：		
递延所得税资产	1 718 307 625	1 455 035 532	股本	1 364 182 795	1 350 982 795
其他非流动资产	57 672 911	72 852 914	资本公积	3 675 291 623	3 444 317 455
非流动资产合计	16 886 066 157	16 310 565 497	减：库存股	−279 576 000	0
			其他综合收益	−19 851 339	−47 347 633
			盈余公积	1 400 704 380	1 400 704 380
			一般风险准备	260 344 554	234 715 680
			未分配利润	14 220 864 502	12 788 210 357
			归属于母公司股东权益合计	20 621 960 515	19 171 583 034
			少数股东权益	746 091 651	741 787 822
			股东权益合计	21 368 052 166	19 913 370 856
资产合计	41 514 185 835	37 312 383 547	负债及股东权益总计	41 514 185 835	37 312 383 547

（二）其他有关资料

1．公司基本情况

公司根据《股份有限公司规范意见》和《关于到香港上市的公司执行〈股份有限公司规范意见〉的补充规定》，以及其他中华人民共和国法律法规和有关行政规章的规定，经所在市人民政府批准，于2001年6月16日成立，领取营业执照，注册及实收资本为人民币9亿元。

公司发行的H股自2001年7月15日开始在香港联合交易所有限公司上市，而A

股则自2001年8月27日开始在上海证券交易所上市。

公司的主要经营范围包括制造及销售××牌系列啤酒产品以及与之相关的业务。

2. 公司披露的关于或有负债、费用和债务承担的信息

为保障子公司的生产经营，经董事会批准，本公司为下属子公司合计发放的委托贷款总金额约为人民币58 500 000元。

2020年度，本公司未向董事、受董事控制的法人及董事的关联人士提供贷款、准贷款，或就董事、受董事控制的法人及董事的关联人士的贷款提供担保。

二、财务比率分析

根据以上资料和信息，进行财务比率分析。

（一）流动比率

流动比率是流动资产与流动负债之比，该公司2020年流动比率计算如下：

流动比率＝流动资产÷流动负债＝24 628 119 678÷15 509 945 598＝1.58

现该公司的流动比率低于2，虽然略高于年初的比率1.57，但上升幅度过低，说明该公司的资产流动性低于平均水平。

（二）速动比率

速动比率是速动资产与流动负债之比。该公司2020年的速动比率计算如下：

速动比率＝速动资产÷流动负债＝［流动资产－（存货＋预付款项）］÷流动负债

＝（24 628 119 678－3 520 917 862）÷15 509 945 598＝1.36

一般而言，速动比率大于1，即表明公司资产的变现能力较高。

需要指出的是，该公司的流动比率和速动比率均较高，在反映其短期偿债能力强的同时，也表明公司可能利用货币性资产进行投资的力度不够。如果公司利用暂时多余的货币资金进行投资活动，将有可能改善公司的获利水平。

（三）流动资产构成比重

该公司2020年流动资产构成比重为59.32%，表明公司的流动资产和长期资产比例还是很均衡的（还应与公司利润相联系进行分析）。

（四）资产负债比率

该公司2020年的资产负债比率为48.53%。对于此类生产型企业，这样的比率一方面说明公司对债权人的资产保证程度较高，偿债能力较强；另一方面说明公司还有相当大的利用负债从事理财活动的潜力。从理财的角度看，公司应加大举债这一筹资方式的力度。在目前我国持续通货膨胀的条件下，公司进行适度规模的举债，将会获得一定的财务收益。

根据以上分析，我们可以初步认为，该公司2020年度具有较强的偿债能力与一定的获利能力，资产的流动性也保持在较为理想的水平。

复习题

1. 资产负债表的内容包括哪些？如何对其进行总括分析？
2. 什么是流动资产结构？对流动资产结构分析的目的是什么？如何分析？
3. 货币资金的特点是什么？对其进行分析时，应从哪几个方面进行？
4. 企业经营者在分析应收账款时会考虑哪些因素？
5. 说明在分析企业短期偿债能力时使用的各种指标及其特点。
6. 如何运用资产负债比率进行长期偿债能力分析？
7. 影响企业短期偿债能力的表外因素有哪些？
8. 评价企业财务状况的财务比率主要有哪些？各比率反映了企业财务状况的哪些方面？
9. 利用资产负债表对企业财务状况进行分析有何局限性？

练习题

1. 宝华公司 2020 年 12 月 31 日的资产负债表摘录如表 2-10 所示。补充资料：(1) 年末流动比率为 2；(2) 产权比率为 0.6；(3) 以销售额和年末存货计算的存货周转率为 12 次；(4) 以销售成本和年末存货计算的存货周转率为 10 次；(5) 本年毛利为 580 000 元。

表 2-10　宝华公司资产负债表　　单位：万元

资产	金额	负债及所有者权益	金额
货币资金	34	应付账款	(　)
应收账款净额	(　)	应交税费	36
存货	(　)	长期负债	(　)
固定资产净额	364	实收资本	320
无形资产净值	26	未分配利润	(　)
总计	568	总计	568

要求：计算表 2-10 中空缺的金额。

2. 某企业存货经济批量为 810 千克，30 天订货一次，订货提前期确定为 10 天，预计每天最大耗用量为 30 千克。

要求：计算该企业的保险库存和订货点。

3. 某企业某年度的流动资产是由现金、短期有价证券、应收账款和存货构成的，该企业的流动比率为 2，速动比率为 1，现金比率为 0.5，流动负债为 200 万元。

要求：计算存货和应收账款的数额。

4. 某公司拥有 100 万元的流动资产及 50 万元的流动负债。现有下列交易：

(1) 用 10 万元现金购买一台机器。

(2) 应收账款增加 10 万元，为避免现金短缺，公司借入银行短期借款 10 万元。

(3) 增发 20 万元的普通股，所得收入用于扩建生产线。

（4）公司提高应付账款来支付8万元的现金股利。

要求：分析上述交易对公司流动比率的影响。

5. 弘景公司2020年12月31日的资产负债表（简表）如表2-11所示。

表2-11 资产负债表

编制单位：弘景公司　　2020年12月31日　　单位：元

项目	金额		项目	金额	
	年初数	期末数		年初数	期末数
流动资产			流动负债		
货币资金	5 200	7 000	短期借款	16 000	10 000
应收账款	24 000	38 350	应付账款	6 000	4 000
存货	88 600	96 150	应付职工薪酬	20 000	28 000
流动资产合计	117 800	141 500	应交税费	12 000	14 000
非流动资产			其他应付款	2 800	3 000
固定资产	490 000	810 000	流动负债合计	56 800	59 000
在建工程	6 000	7 000	非流动负债		
无形资产	12 400	12 000	长期借款	40 000	380 000
商誉	1 180	6 090	非流动负债合计	40 000	380 000
递延所得税资产	500	150	负债合计	96 800	439 000
非流动资产合计	510 080	835 240	所有者权益		
			实收资本	500 000	500 000
			资本公积		
			盈余公积	14 000	26 000
			未分配利润	17 080	11 740
			所有者权益合计	531 080	537 740
资产总计	627 880	976 740	负债和所有者权益总计	627 880	976 740

要求：（1）计算2020年12月31日弘景公司的下列财务指标：流动比率、速动比率、现金比率、资产负债比率、所有者权益比率。

（2）对弘景公司的长期偿债能力做出评价。

第三章

利润表分析

引例

聚焦晨鸣纸业

山东晨鸣纸业集团股份有限公司（以下简称晨鸣纸业）是以造林、制浆、造纸为主业的大型企业集团，全国首家A、B、H三种股票上市公司，拥有武汉晨鸣、湛江晨鸣、江西晨鸣、吉林晨鸣等10多家生产子公司，总资产900多亿元，年纸品生产能力实现1 100多万吨，进入中国企业500强和世界纸业30强。

晨鸣纸业投资16.7亿元开工建设湛江晨鸣年产45万吨高级文化纸生产线，连同此前三个新增项目，晨鸣纸业共计划新增114.7亿元投资，以自筹资金及银行贷款来完成，预计建成后将增加销售收入103亿元、利润16.9亿元，湛江晨鸣为建设年产45万吨高级文化纸生产线采取了与浆线共用设施的策略，总投资仅为16亿元，远低于当年同类项目的投资成本。

2020年，湛江晨鸣完成机制纸产量577万吨，同比增长15.17%；销量561万吨，同比增长6.86%。实现营业收入人民币307.37亿元，同比增长1.12%；实现利润总额及归属于母公司所有者的净利润分别为人民币21.72亿元和人民币17.12亿元，同比增长6.04%和3.35%。

2021年是国家“十四五”战略规划开局之年，亦是挑战和机遇并存之年。这一年，晨鸣纸业将以“振兴民族造纸工业”为己任，持之以恒深化主业发展；坚持绿色、低碳、循环、可持续发展的总基调，将环保工程当作企业发展的“生命工程”来抓，全面推行清洁生产、节能减排和资源循环利用，履行社会责任，实现经济效益、社会效益和生态效益的“共赢”；坚持以科学发展为主题，以提质增效为中心，全面提升企业管理水平和运行质量；坚持浆纸一体化发展战略，重点建设中部地区的湖北黄冈生产基地，形成北有寿光、中有黄冈、南有湛江的三大生产基地格局，增强协同效应，努力开创企业高质量发展的新局面，夯实造纸龙头地位。

具有诱惑力的前景鼓动着投资者的热情，但是对该公司的追逐是否理性？以下几方面是这一问题的延伸，同时也是投资者重点关注的焦点：

- 企业收入、费用结构是否合理？
- 低成本扩张会不会影响企业自身的盈利能力和盈利水平？
- 企业的利润质量和盈利能力可否支撑其长期的发展？

本章将以晨鸣纸业为背景，探讨包含以上诸多问题在内的有关利润表的分析问题。

本章要点

- ◇ 利润表的内容和结构
- ◇ 收入项目的分析
- ◇ 成本费用项目的分析
- ◇ 利润项目及利润质量的分析
- ◇ 利润动态分析及企业盈利能力分析

思政目标

利润表是资金运动的动态反映，是企业一定时期经营成果的展示。利润表分析的核心理念是成本效益观念，即以最小的成本支出为社会创造最大的经济效益，体现了绿色发展理念。收入的确认要符合会计准则的要求；成本费用项目的分析要体现节约原则与合理性、合法性要求；利润质量的分析应符合社会的期待，不得有粉饰行为。

第一节 利润表概述

利润表是企业对外提供的主要会计报表之一，是反映企业一定时期经营成果的会计报表。通过对利润表的分析，可以从总体上了解企业的收入、成本和费用、净利润（或亏损）的实现及构成情况，了解企业经营水平和盈利能力状况，以及经营管理中存在的问题，借以判断企业的发展趋势。因此，无论是投资者、经营者还是债权人，都非常关注利润表的分析。

一、利润表的含义及作用

（一）利润表的含义

利润表也称损益表，是反映企业在一定期间（月度、季度、年度）内经营成果的会计报表。利润表是根据“收入－费用＝利润”的会计平衡公式和收入与费用相配比原则编制的。

企业在生产经营中不断地发生各种费用，同时取得各种收入，收入减去费用，剩余的部分就是企业的盈利。将取得的收入和发生的相关费用进行配比，就能得出企业的经营成果。企业如果经营不当，发生的生产经营费用超过取得的收入，就发生了亏损；反之，企业就能取得一定的利润。会计部门应定期（一般按月）核算企业的经营成果，并将核算结果编制成报表，这就是利润表。

（二）利润表的作用

利润表提供的会计信息与企业的财务收支和盈利水平密切相关。通过分析利润表，债权人、投资者及其他会计信息使用者可了解企业的获利能力、投资价值和偿债能力，了解企业未来现金流量的数额和时间等信息。

利润表的作用主要表现在以下几个方面。

1. 可以用来分析判断企业的经营成果和获利能力

利润是评价企业经营成果和获利能力的主要指标。获利能力是指企业运用所控制的资源（人力、物力）获取经营成果的能力，它可通过一些相对指标，如资产负债比率、净资产收益率、成本利润率、人均利润率等予以体现。通过利润表及资产负债表的相关指标，可以计算出企业的获利能力及经营成果。通过比较和分析同一企业不同时期、不同企业同一时期的收益情况，可以判断企业经营成果的优劣和获利能力的高低。

2. 可以用来分析预测企业未来的现金流动状况

利润表揭示了企业过去的利润来源及经营业绩的形成、获利水平等，同时也充分反映了收入、成本、费用和利润、损失之间的关系。因此，通过利润表可分析判断企业产品收入、成本、费用变化对利润的影响。企业的未来是在过去的基础上继续发展的，它们之间存在密切联系。把握过去即能可靠地预测企业未来的现金流量及其不确定性程度，正确地评估未来的投资价值。

3. 可以用来分析预测企业的偿债能力

企业的偿债能力不仅取决于资产的流动性及权益结构，还取决于企业获利能力的高低。如果企业获利能力不强，其资产的流动性和权益结构必然逐步恶化，最终将危及企业的偿债能力，陷入资不抵债困境。通过对不同时期、不同企业之间利润表有关信息的比较、分析，可以间接地识别、预测企业的偿债能力，尤其是长期偿债能力，并揭示偿债能力的变化趋势，报表信息使用者可据此进行决策。

4. 可以用来分析评价经营管理人员的业绩

利润是经营管理人员工作业绩的集中体现，也是其管理成功与否的重要标志。通过对不同时期、不同企业之间收入、成本、费用及利润的增减变动及其原因的分析，可识别、评价各职能部门和人员的业绩，以及他们的业绩与整个企业经营成果的关系，从而评价各管理部门及人员的功过得失，为人事调整、实施奖惩、改善经营管理提供依据。

5. 可为经营成果分配提供重要依据

现代企业是由不同利益集团组成的“结合体”。各种利益集团之所以提供资金、技术和人力资源，或参与企业的经营活动，其目的在于分享企业的经营成果——利润。可见，在一定的经济政策、法律规定和企业分配制度的前提下，利润的多少决定了各利害关系方，如国家、股东、管理人员和员工等的分享额。

二、利润表的内容及结构

关于利润表应包含哪些内容，在会计上有两种不同的观点，即本期营业观和全面收益观。本期营业观是指本期利润表只列示由本期营业活动产生的损益，即只反映本期经常性的业务收支项目，至于非经常性的项目则不列入本期利润，而是在净利润之后列示，或作为留存收益的调整。全面收益观则将经常性与非经常性的收支一并列出以便计算净损益。我国目前所编制的利润表实际上是这两种观念的结合，即利润包含当期经营收益和部分非经常项目的利得和损失。

（一）利润表的内容

1. 构成主营业务利润的各项要素

现行利润表中已无主营业务利润，但附注中仍有主营业务收入与主营业务成本，此处设置主营业务利润是为了更好分析。

构成主营业务利润的各项要素主要包括企业日常主要经营活动所产生的收入、成本、税金以及利润。主营业务利润是企业利润构成的主要部分，它产生于企业日常经营，具有长久性和可重复性。

2. 构成营业利润的各项要素

构成营业利润的各项要素主要包括主营业务收入、主营业务成本、其他业务收入、其他业务成本以及为取得经营利润而发生的销售费用、管理费用、财务费用。

3. 构成利润总额的各项要素

构成利润总额的各项要素主要包括营业利润、投资损益、营业外收支。

4. 构成净利润的各项要素

构成净利润的各项要素主要包括利润总额和本期计入损益的所得税费用。

（二）利润表的结构

为了把利润表的信息恰当地反映出来，便于报表使用者理解和使用，需要把列入利润表的各个项目按照一定的顺序进行排列，以形成相对稳定的结构。由于不同国家或地区对利润表所提供的信息要求不完全相同，因此利润表的结构也不完全相同。目前，常见的利润表结构主要有单步式和多步式两种。

1. 单步式利润表

单步式利润表将所有的收入和收益相加，然后减去所有的费用和损失，一步便可计算出本期净利润。单步式利润表一般分为收入和收益、费用和损失、净利润三部分。用收入和收益合计减去费用和损失合计，即可计算出净利润。

单步式利润表的主要优点，首先是结构简单，便于理解；其次是对收入和费用一视同仁，不分彼此先后，清楚表明各项收入和费用的同等重要性。但单步式利润表不能提供较为详细的分类利润信息，不利于前后期相应项目的比较和对利润各组成部分的结构分析。

2. 多步式利润表

多步式利润表将利润表中的内容做多项分类，通过多个步骤完成利润的计算过程，以提供有关形成最终净利润的中间信息。在多步式利润表中，通常分四步计算利润：

第一步，以营业收入为基础，减去营业成本，计算得出销售毛利。

第二步，以销售毛利为基础，减去税金及附加、期间费用（包括销售费用、管理费用和财务费用），减去研发费用，加上其他收益、投资收益等计算出营业利润。①

第三步，以营业利润为基础，加减营业外收支，计算出利润总额。

第四步，以利润总额为基础，减去所得税费用，计算出本期净利润。

多步式利润表可以提供比较详细的中间利润指标，便于对企业生产经营情况进行分析，有利于不同企业之间进行比较，以正确评价企业的经营业绩和获利能力，并预测企业今后的经营趋势和盈利能力。多步式利润表比单步式利润表能提供更为有用的信息，其结构更为科学，各个国家或地区使用较为普遍的是多步式利润表。目前，我国会计制度规定企业采用多步式利润表，其格式如表 3-1 所示。

表 3-1　2020 年度晨鸣纸业（母公司）利润表

编制单位：山东晨鸣纸业集团股份有限公司　　单位：元

项目	2020 年度	2019 年度
一、营业收入	8 510 073 793.88	6 914 154 801.19
减：营业成本	6 899 160 821.06	5 483 419 941.19
税金及附加	63 211 127.50	47 507 009.10

① 现行会计准则下，实际编制报表时将第一步和第二步合并，本章出于深入分析需要，分别进行计算。

续表

项目	2020 年度	2019 年度
销售费用	7 441 664.84	10 628 480.40
管理费用	322 407 985.30	367 847 081.04
研发费用	286 590 211.63	292 447 426.29
财务费用	501 171 122.74	1 437 070 384.94
加：其他收益	59 165 073.44	78 722 787.60
投资收益	348 093 079.09	1 352 470 766.36
公允价值变动收益	9 464 346.45	46 445 653.55
信用减值损失	42 369 727.64	−128 688 655.59
资产减值损失		−77 447 218.54
资产处置收益	40 134 455.47	−30 388 143.09
二、营业利润	929 317 542.90	516 349 668.52
加：营业外收入	5 225 205.90	11 140 162.55
减：营业外支出	1 891 387.34	19 138 740.53
三、利润总额	932 651 361.46	508 351 090.54
减：所得税费用	7 994 080.85	−122 850 888.03
四、净利润	924 657 280.61	631 201 978.57

三、利润表的局限性

利润表在企业盈利能力和发展能力的分析中作用巨大，但运用利润表分析时也存在着很多局限性，这是进行财务分析时必须予以特别注意的。具体而言，利润表的局限性表现在以下几个方面：

（1）不包括未实现利润和已实现未摊销费用。

在收入方面，由于有实现原则的影响，利润表只反映企业已实现的利润，而不包括未实现的利润，如以后销售商品和提供劳务的合同、分期收款销售商品等，而这部分往往又是报表使用者较为关注的内容。有些已支付尚未摊销的费用以及数额尚未确定的费用也未在利润表中反映，这会对利润产生影响。

（2）未考虑物价变动的影响。

现行会计利润的计算，只考虑了对原始投入货币资本的保全。在物价变动情况下，货币资本的保全并不能从实物形态或使用效能上保持资本的完整，因而可能造成虚盈实亏。长此下去，企业投资者投入的实物资本将受到逐步侵蚀，经营受到影响，这是很危险的。

（3）销售成本未反映现时实际价值。

资产计价以历史成本为基础，转入本期已销产品成本并不反映企业资产的真实价值，其利润由现时收入与历史成本对比计算得出，影响企业经营效果的真实性。

在分析利润表时，必须注意它的作用及存在的局限性，以便得出正确的结论，获得正确的会计信息。

第二节　收入的分析

一、收入项目的特点及构成

广义的收入包括营业收入、投资收益和营业外收入。狭义的收入仅指营业收入，即企业由于销售商品、提供劳务及他人使用本企业的资产所发生的或即将发生的经济利益的总流入，不包括为第三方或客户代收的款项。

收入具有以下特点：

(1) 收入从企业的日常活动中产生，而不是从偶发的交易或事项中产生。有些交易或事项也能为企业带来经济利益，但不属于企业的日常活动，其流入的经济利益是利得，而不是收入。例如出售固定资产，因固定资产是为使用而不是为出售而购入的，将固定资产出售并不是企业的经营目标，也不属于企业的日常活动，因此出售固定资产取得的收益不作为收入核算。

(2) 收入可能表现为企业资产的增加，如增加银行存款、应收账款等；也可能表现为企业负债的减少，如以商品或劳务抵偿债务；或者二者兼而有之，如商品销售的货款中部分抵偿债务，部分收取现金。这里所指的以商品或劳务抵债不包括债务重组中的以商品抵债。

(3) 收入能导致企业所有者权益的增加。如上所述，收入能增加资产或减少负债或二者兼而有之。根据“资产－负债＝所有者权益”的公式，企业取得收入一定能增加所有者权益。但收入扣除相关成本费用后的净额，则可能增加所有者权益，也可能减少所有者权益。这里仅指收入本身导致的所有者权益的增加，而不是指收入扣除相关成本费用后的毛利对所有者权益的影响。因此，我国会计准则将收入定义为“经济利益的总流入”。

(4) 收入只包括本企业经济利益的流入，不包括为第三方或客户代收的款项，如增值税、代收利息等。代收的款项，一方面增加企业的资产，另一方面增加企业的负债，因此不增加企业的所有者权益，也不属于企业的经济利益，不能作为本企业的收入。

根据收入的特征，收入主要包括主营业务收入和其他业务收入，他人使用本企业资产而产生的利益流入，如债权投资和股权投资产生的利息和股利收入也在此之列。但由于这部分收入是一种将费用扣除后的收益，因而对它的分析以及对营业外收入的分析直接放在利润的分析中介绍。

主营业务收入是指企业经营性经济业务产生的收入。对工业企业来说，主营业务收入是指销售产成品、自制半成品所取得的产品销售收入以及提供工业性劳务所产生的收入；对商品流通企业而言，主营业务收入则是指商品销售收入，包括自购自销商品的销售收入、进出口业务销售收入、接受其他单位委托代销商品的销售收入以及代购代销的手续费收入等。

其他业务收入是指各类企业除主营业务以外不独立核算的其他业务或附营业务所发生的收入。例如，工业企业的材料销售、技术转让、固定资产出租、包装物出租等业务取得的收入均属于其他业务收入范畴。

二、收入项目的分析

（一）收入的确认与计量分析

我国会计准则对收入的确认标准规定得比较原则化，比较注重交易的经济实质。例如，在商品销售的交易中，要求企业在确认收入时，判断商品所有权上的主要风险和报酬是否转移给买方，而并不注重表面上商品是否已经发出；要求企业判断商品的价款能否收回，而并不注重形式上是否已取得收取价款的权利等。这就要求企业针对不同交易的特点，分析交易的实质，正确判断每项交易中所有权上的主要风险和报酬实质上是否已转移、是否仍保留与所有权相关的继续管理权、是否仍对售出的商品实施控制、相关的经济利益能否流入企业、收入和相关成本能否可靠计量等重要条件，只有这些条件同时满足，才能确认收入，否则，即使已经发出商品（或即使已经收到价款），也不能确认收入。因此，在对收入的确认进行分析时，可重点分析本期收入与前期收入或后期收入的时间界限有无混淆的现象，采用完工百分比法、完成合同法的条件与估计方法是否合理，以及某些特殊情况如商品需要安装或检验、买主拥有退货权时的收入确认等。实践证明，这些方面正是会计造假的关键所在。

对收入的计量分析要注意销售退回、销售折扣与折让的计量是否准确。根据会计准则的规定，销售折扣与折让的计量比较简单，而销售折扣问题相对复杂一些，应作为分析的重点。分析时应根据销售折扣与现金折扣的特点，分别分析折扣的合理性以及对企业收入的影响。

（二）销售量与销售价格分析

企业营业收入的大小主要受销售量和销售价格的影响。因此，进行营业收入分析，应在分析收入总量变动的基础上，进一步确认销售量和销售价格对其的影响程度。分析的步骤如下。

1. 计算营业收入增长额和增长率

计算公式如下：

$$营业收入增长额=本期实际营业收入-基期营业收入$$

$$营业收入增长率=\frac{营业收入增长额}{基期营业收入}\times100\%$$

2. 计算销售量变动对收入的影响

计算公式如下：

销售量变动对营业收入的影响＝基期营业收入×销售量增长率

$$销售量增长率=\left(\frac{\sum 产品实际销售量\times 基期单价}{\sum 产品基期销售量\times 基期单价}-1\right)\times 100\%$$

3. 计算价格变动对收入的影响

计算公式如下：

价格变动对收入的影响＝营业收入增长额－销售量变动对营业收入的影响

通过销售量与销售价格对收入的影响分析，不仅可明确企业销售量及销售价格对收入的影响程度，而且可了解企业的竞争战略选择及效果。

（三）企业收入构成分析

对企业收入分析不仅要研究其总量，而且应分析其结构及变动情况，以了解企业的经营方向和会计政策选择。收入结构分析可主要从收入与利得、主营业务收入与其他收入、现销收入与赊销收入几方面进行。

1. 收入与利得分析

企业在会计期间内增加的除所有者投资以外的经济利益通常称为收益，收益包括收入和利得。收入是指企业在日常活动中形成的经济利益的总流入，包括主营业务收入、劳务收入、利息收入、使用费收入、股利收入等。日常活动是指企业为完成其经营目标而从事的所有活动，以及与之相关的其他活动。收入是企业主要的、经常性的业务收入，是企业赖以生存和发展的根本源泉。

利得是指除收入以外的其他收益，通常在偶发的经济业务中取得，属于那种不经过经营过程就能取得或不曾期望获得的收益，如企业接受捐赠或政府补助取得的资产、因其他企业违约收取的罚款、处理固定资产净损益、流动资产价值的变动。利得是西方国家普遍存在的一个会计要素，在我国以营业外收入为常见形式。利得是偶发性的收益，因此是不长久的，在分析时不能将这部分作为企业收入的主流加以关注。

2. 主营业务收入与其他收入分析

企业收入包括主营业务收入、其他业务收入、投资收入和营业外收入等。通过对主营业务收入与其他收入的构成情况进行分析，可以了解与判断企业的经营方针、方向及效果，进而可分析预测企业的持续发展能力。如果一个企业的主营业务收入所占比重较低或不断下降，其发展潜力和前景显然是值得怀疑的。

3. 现销收入与赊销收入分析

企业收入中的现销收入与赊销收入构成受企业的产品适销程度、企业竞争战略、会计政策选择等多个因素影响。通过对二者结构及变动情况的分析，可了解与掌握企业产品销售情况及战略选择，分析判断其合理性。当然，在市场经济条件下，赊销作为商业秘密，并不要求企业披露其赊销收入情况，所以，这种分析方法更适用于企业内部分析。

以下以晨鸣纸业（母公司）为例，分析其主营业务收入情况。晨鸣纸业（母公司）主营业务收入明细表如表 3-2 所示。

表 3-2 2020 年度晨鸣纸业（母公司）主营业务收入明细表

单位：元

收入项目	2020 年主营业务收入	2019 年主营业务收入	增长率
机制纸	26 799 197 492.54	25 911 568 864.47	3.43%
融资租赁	935 121 026.20	1 815 459 714.28	−48.49%
造纸化工用品	144 274 657.39	126 550 115.28	14.01%
电力及热力	195 367 954.91	143 725 243.14	35.93%
建筑材料	419 138 839.41	311 264 909.38	34.66%
其他	2 243 418 026.45	2 086 865 226.80	7.50%
合计	30 736 517 996.90	30 395 434 073.35	1.12%

从表 3-2 可以看出，2020 年晨鸣纸业（母公司）主营业务收入比 2019 年增长 1.12%，其中融资租赁收入下降 48.49%，电力及热力、建筑材料收入有较大幅度的增长，绝大多数主营业务收入呈现上升的趋势，最终影响公司收入整体变化情况。

我们在阅读上市公司会计报表时，应对企业收入的真实性进行判断。上市公司出于某种特定目的的考虑，有可能对企业的收入进行粉饰，从而误导投资者的决策。此时，报表分析者应结合报表附注提供的相关信息，从报表的内在联系入手，结合宏观层面的信息来分析收入真实与否。关于企业收入真实性的分析，我们将在第六章详细探讨。

第三节 成本费用的分析

一、成本费用项目的构成

成本费用是指企业在一定期间因生产销售商品、提供劳务或其他活动，所发生的资产的流出及其他消耗，或负债的发生。从经营成果确定的角度看，成本费用主要分为两大类。

（一）直接费用

直接费用是与主营业务收入的取得存在直接因果关系，基本上随主营业务收入的增加而等比例增加的费用，即主营业务成本。它主要是制造企业由产品生产成本直接转化而来的销售成本，以及商业企业由商品进货成本直接转化而来的销售成本，或因提供劳务或让渡资产使用权等日常活动而发生的实际成本。

（二）期间费用

期间费用是指企业主要经营活动中必定要发生，但与主营业务收入的取得并不存在明显的直接因果关系，而且无法或没有必要用系统的方法加以摊销的费用，如企业发生的销售费用、管理费用和财务费用等。这类费用作为某一会计期间的费用，直接与同一会计期间的收入配比。

1. 销售费用

销售费用是企业销售商品过程中发生的费用，包括运输费、装卸费、包装费、保险费、展览费和广告费，以及因销售本企业商品而专设的销售机构（含销售网点、售后服务网点等）的职工工资及福利费、类似工资性质的费用、业务费等经营费用。对商品流通企业来说，还包括在购买商品过程中发生的运输费、装卸费、包装费、保险费、运输途中的合理损耗和入库前的挑选整理费等。

2. 管理费用

管理费用是企业为组织和管理生产经营活动所发生的费用，包括企业的董事会和行政管理部门在企业的经营管理中发生的或者应由企业统一负担的公司经费（包括行政管理部门职工工资、修理费、物料消耗、低值易耗品摊销、办公费和差旅费等）、工会经费、待业保险费、劳动保险费、董事会费（包括董事会成员津贴、会议费和差旅费等）、聘请中介机构费、咨询费（含顾问费）、诉讼费、业务招待费、房产税、车船使用税、土地使用税、印花税、技术转让费、无形资产摊销、职工教育经费、研究与开发费、排污费、存货盘亏或盘盈（不包括应计入营业外支出的存货损失）、计提的坏账准备和存货跌价准备等。

3. 财务费用

财务费用是企业为筹集生产经营所需资金而发生的费用，包括利息支出（减利息收入）、汇兑损失（减汇兑收益）以及相关的手续费等。为购建固定资产专门借款所发生的借款费用，在固定资产达到预定可使用状态前按规定应予以资本化的部分，不包括在财务费用内。

二、成本费用项目的分析

成本费用是对主营业务成本和销售费用、管理费用及财务费用等各项期间费用的统称。从各项财务成果的分析可以看出，成本费用对财务成果有着十分重要的影响，降低成本费用是增加财务成果的关键或重要途径。因此，进行财务成果分析应在揭示财务成果完成情况的基础上，进一步对影响财务成果的基本因素——成本费用进行分析，以找出影响成本升降的原因，为降低成本费用、促进财务成果的增长指明方向。

（一）主营业务成本分析

主营业务成本分析包括全部销售成本分析和单位销售成本分析两部分。

1. 全部销售成本分析

全部销售成本分析是指根据产品生产、销售成本表的资料，对企业全部销售成本的本年度实际情况与上年度实际情况进行对比分析，从产品类别角度分析各类产品或各主要产品销售成本升降的幅度，以及对全部销售成本的影响程度。全部销售成本分析的一般步骤是：

第一，将本年度全部产品销售总成本与按本年度实际销售量计算的上年销售总成本进行对比，求出全部销售成本降低额和降低率。计算公式如下：

$$\text{全部销售成本降低额}=\text{本年实际销售总成本}-\text{按本年实际销售量计算的上年销售总成本}$$

$$\text{全部销售成本降低率}=\frac{\text{全部销售成本降低额}}{\text{按本年实际销售量计算的上年销售总成本}}\times 100\%$$

第二，计算主要产品和非主要产品的销售成本降低额和降低率，以及对全部销售成本降低率的影响。主要产品和非主要产品销售成本降低额和降低率的计算可用上式进行，只是产品的范围不同。计算它们对全部销售成本降低率影响的公式如下：

$$\text{主要产品销售成本降低额对全部销售成本降低率的影响}=\frac{\text{主要产品销售成本降低额}}{\text{按本年实际销售量计算的上年销售总成本}}\times 100\%$$

$$\text{非主要产品销售成本降低额对全部销售成本降低率的影响}=\frac{\text{非主要产品销售成本降低额}}{\text{按本年实际销售量计算的上年销售总成本}}\times 100\%$$

第三，计算各主要产品销售成本降低额和降低率，以及对全部销售成本降低率的影响。计算公式可采用上述全部销售成本降低额和降低率的计算公式，以及主要产品销售成本降低额对全部销售成本降低率影响的公式，只是计算的口径和范围不同。

通过以上三个步骤，不仅分析了全部销售成本的完成情况，而且从产品类别上找出了销售总成本增减变动的原因，为加强成本管理指明了方向。

下面以晨鸣纸业某业务分部产品销售成本资料（见表 3-3）为例，说明全部销售成本分析的方法。为计算方便，对有关数据进行了简化处理。

表 3-3　产品销售成本资料表

单位：千元

产品名称	计量单位	实际销售量	实际单位销售成本		实际销售总成本	
			2019 年	2020 年	2019 年	2020 年
主要产品					669 000	645 000
铜版纸	吨	50 000	5.2	5.0	260 000	250 000
机制纸	吨	30 000	4.3	4.1	129 000	123 000
纸浆	吨	80 000	3.5	3.4	280 000	272 000
非主要产品					90 000	84 000
热力	（千）吉焦	6 000	15.0	14.0	90 000	84 000
合计					759 000	729 000

根据表 3-3 的数据，按照全部产品销售成本分析的步骤，可对该分部全部销售成本分析如下：

第一步，计算全部销售成本降低额和降低率。

全部销售成本降低额＝729 000－759 000＝－30 000（千元）

全部销售成本降低率＝－30 000÷759 000×100％＝－3.95％

可见，该分部全部销售成本比上年有所下降，降低额为 30 000 千元，降低率为 3.95％。

第二步，确定主要产品和非主要产品成本变动情况及对全部销售成本的影响。

主要产品销售成本降低额＝645 000－669 000＝－24 000（千元）

主要产品销售成本降低率＝－24 000÷669 000×100％＝－3.59％

主要产品销售成本降低额对全部销售成本降低率的影响＝－24 000÷759 000×100％＝－3.16％

非主要产品销售成本降低额＝84 000－90 000＝－6 000（千元）

非主要产品销售成本降低率＝－6 000÷90 000×100％＝－6.67％

非主要产品销售成本降低额对全部销售成本降低率的影响＝－6 000÷759 000×100％＝－0.79％

从第二步骤的分析可以看出，该分部降低成本取得了显著的成效，不仅主要产品销售成本得到了很大的降低，而且非主要产品销售成本也有很大幅度的降低。其中，主要产品销售成本比上年降低了 3.59％，使全部销售成本降低了 3.16％；非主要产品销售成本比上年降低了 6.67％，使全部销售成本降低了 0.79％。两者共同作用，使全部销售成本下降了 3.59％。

第三步，沿着第二步分析的思路，进一步分析各个产品成本变动情况及对全部销售成本的影响。

铜版纸销售成本降低额＝250 000－260 000＝－10 000（千元）

铜版纸销售成本降低率＝－10 000÷260 000×100％＝－3.85％

铜版纸销售成本降低额对全部销售成本降低率的影响＝－10 000÷669 000×100％＝－1.49％

可见，与上年相比，该分部全部销售成本下降是由于本年度对所有产品销售成本进行了有效控制。如果在具体分析时，发现某一产品销售成本是上升的，则应抓住这一关键产品对其成本升降情况的影响进行进一步分析。

2. 单位销售成本分析

从上述产品全部销售成本分析可以看出，单位销售成本是影响和决定总成本的重要因素，因而深入分析单位销售成本尤为必要。进行单位销售成本分析，首先应明确单位销售成本与单位生产成本的关系。它们之间的关系可通过以下关系式反映出来：

$$某产品单位销售成本=\frac{该产品销售总成本}{该产品销售量}$$

某产品销售总成本＝期初结存成本＋本期生产总成本－期末结存成本

$$某产品单位生产成本=\frac{该产品本期生产总成本}{当期生产量}$$

可见，当期单位销售成本与单位生产成本的差异主要受期初和期末结存成本变动的影响。如果企业当期生产产品全部销售出去，或者产品单位销售成本采用后进先出法计算，则当期单位销售成本与当期单位生产成本可能是相同的，或差异较小。一般而言，对单位销售成本的分析可借助于主要产品单位生产成本表等资料，用单位生产成本分析来替代。下面以晨鸣纸业生产的铜版纸为例，对其单位销售成本进行分析。

铜版纸单位生产成本见表 3－4。

表 3－4　铜版纸单位生产成本表

单位：千元

成本项目	2019 年实际单位生产成本	2020 年实际单位生产成本
直接材料	4.45	4.30
直接人工	0.35	0.36
制造费用	0.40	0.34
产品单位生产成本	5.20	5.00

根据表 3－4 的资料，运用水平分析法对单位生产成本进行分析(见表 3－5)。

表 3－5　铜版纸单位生产成本分析表

单位：千元

成本项目	2019 年实际单位生产成本	2020 年实际单位生产成本	增减变动情况		项目变动对单位生产成本的影响(%)
			增减额	增减率(%)	
直接材料	4.45	4.30	－0.15	－3.37	－2.88
直接人工	0.35	0.36	0.01	2.86	0.19
制造费用	0.40	0.34	－0.06	－15.00	－1.16
合计	5.20	5.00	－0.20	－3.85	－3.85

从表 3－5 可以看出，2020 年铜版纸的单位生产成本比 2019 年下降了 0.2 千元，下降幅度为 3.85%。其主要原因在于直接材料和制造费用的下降，两者共同作用，促使本年实际单位生产成本降低了 0.21 千元。而由于工人工资水平的提高，直接人工单位成本上升了 2.86%，使得单位生产成本增加 0.01 千元。综合而言，企业在成本控制方面取得了显著的成就。当然，对人工成本的控制还存在着一定的空间，应进一步结合工人的工作效率和小时工资率的变动进行分析，以找出降低成本的有效途径。

(二) 各项费用分析

与财务成果直接相关的费用有销售费用、管理费用和财务费用等。对各项费用进行分析，可采用水平分析法和垂直分析法。运用水平分析法可将各费用项目的实际数与上期数或计划数进行对比，以揭示各项费用的完成情况及产生差异的原因；运用垂直分析法则可揭示各项费用的构成变动，说明费用构成变动的特点。

下面以晨鸣纸业某业务分部管理费用明细资料为例（见表 3－6），说明企业费用分析的方法。为计算和分析方便，这里对数据进行了适当的处理。

表 3－6　管理费用明细表

单位：千元

项目	2020 年	2019 年
工资及附加	320 742 683.51	336 234 528.59
福利费	64 686 363.40	51 837 962.58
折旧费	153 853 014.06	146 845 808.97

续表

项目	2020 年	2019 年
无形资产及长期费用摊销	44 383 804.21	48 927 936.41
停工损失费	94 624 006.41	146 340 924.01
修理费用及物料消耗	23 829 844.68	49 131 088.84
审计费	5 668 334.66	6 131 215.01
差旅费	16 069 151.86	23 656 024.87
业务招待费	87 331 837.47	101 735 867.20
排污费	9 862 736.52	8 621 732.91
保险费	29 822 263.59	27 737 182.97
办公费	3 759 121.11	13 277 878.29
其他	170 787 498.91	174 247 241.19
合计	1 025 420 660.39	1 134 725 391.84

根据表 3－6 的资料，运用水平分析法分析管理费用的完成情况，如表 3－7 所示。

表 3－7　管理费用分析表（水平分析法）

单位：千元

项目	2020 年	2019 年	增减变动情况	
			增减额	增减率
工资及附加	320 742 683.51	336 234 528.59	－15 491 845.08	－4.61%
福利费	64 686 363.40	51 837 962.58	12 848 400.82	24.79%
折旧费	153 853 014.06	146 845 808.97	7 007 205.09	4.77%
无形资产及长期费用摊销	44 383 804.21	48 927 936.41	－4 544 132.20	－9.29%
停工损失费	94 624 006.41	146 340 924.01	－51 716 917.60	－35.34%
修理费用及物料消耗	23 829 844.68	49 131 088.84	－25 301 244.16	－51.50%
审计费	5 668 334.66	6 131 215.01	－462 880.35	－7.55%
差旅费	16 069 151.86	23 656 024.87	－7 586 873.01	－32.07%
业务招待费	87 331 837.47	101 735 867.20	－14 404 029.73	－14.16%
排污费	9 862 736.52	8 621 732.91	1 241 003.61	14.39%
保险费	29 822 263.59	27 737 182.97	2 085 080.62	7.52%
办公费	3 759 121.11	13 277 878.29	－9 518 757.18	－71.69%
其他	170 787 498.91	174 247 241.19	－3 459 742.28	－1.99%
合计	1 025 420 660.39	1 134 725 391.84	－109 304 731.45	－9.63%

从表 3－7 可以看出，该业务分部 2020 年管理费用比 2019 年下降了约 1 亿元，下降率为 9.63%。管理费用下降的主要原因在于对办公费、修理费用及物料消耗的控制，该现象是一大亮点，管理层可以总结经验，在控制其他费用时借鉴。福利费的上涨是值得重点关注的，无论是绝对数还是相对数都比较大，可能是为了提高员工对公司的忠诚度。另外，排污费的上涨对纸业公司而言有其合理的原因和积极意义。

为了深入剖析管理费用变动情况及其合理性，还应进一步从费用构成方面进行分析（见表 3－8）。

表 3-8　管理费用分析表（垂直分析法）

项目	2020 年		2019 年	
	金额	结构比例	金额	结构比例
工资及附加	320 742 683.51	31.28%	336 234 528.59	29.63%
福利费	64 686 363.40	6.31%	51 837 962.58	4.57%
折旧费	153 853 014.06	15.00%	146 845 808.97	12.94%
无形资产及长期费用摊销	44 383 804.21	4.33%	48 927 936.41	4.31%
停工损失费	94 624 006.41	9.23%	146 340 924.01	12.90%
修理费用及物料消耗	23 829 844.68	2.32%	49 131 088.84	4.33%
审计费	5 668 334.66	0.55%	6 131 215.01	0.54%
差旅费	16 069 151.86	1.57%	23 656 024.87	2.08%
业务招待费	87 331 837.47	8.52%	101 735 867.20	8.97%
排污费	9 862 736.52	0.96%	8 621 732.91	0.76%
保险费	29 822 263.59	2.91%	27 737 182.97	2.44%
办公费	3 759 121.11	0.37%	13 277 878.29	1.17%
其他	170 787 498.91	16.66%	174 247 241.19	15.36%
合计	1 025 420 660.39	100.00%	1 134 725 391.84	100%

从表 3-8 可以看出，2020 年管理费用中的工资及附加、福利费所占的比重有所提高，停工损失费和办公费都有所下降，这与管理费用提高的速度成比例变化，有利于公司长远发展。

销售费用和财务费用的分析也可采用水平分析法和垂直分析法，在此不再赘述。

第四节　利润的分析

一、利润项目的分析

利润表的重点项目是主营业务利润、营业利润、利润总额和净利润。这几个利润项目的内涵及实际意义均不同，应分别进行分析。现行利润表中已无主营业务利润项目，但附注中仍需列示主营业务收入与主营业务成本。以下介绍主营业务利润是为了更好地分析利润的主要构成。

（一）主营业务利润

主营业务利润是企业主营业务收入扣除主营业务成本和主营业务税金及附加后的余额，是企业营业利润的重要组成部分。一个企业主营业务利润的大小与其是否有好的产品，以及主营业务规模、成本、费用控制程度紧密相关。如果主营业务利润很大，一般说明该企业产品具有一定的销货规模和市场占有率，主营业务业绩较突出。分析主营业务利润可以从影响主营业务利润的因素入手，从而确定各因素的影响程度。计算主营业务利润的基本公式如下：

$$\begin{aligned}\text{主营业务利润}&=\text{主营业务收入}-\text{主营业务成本}-\text{主营业务税金及附加}\\&=\sum\begin{matrix}\text{主营业务}\\\text{销售数量}\end{matrix}\times\left(\begin{matrix}\text{单位产品}\\\text{售价}\end{matrix}-\begin{matrix}\text{单位产品}\\\text{成本}\end{matrix}-\begin{matrix}\text{单位产品}\\\text{税金及附加}\end{matrix}\right)\\&=\sum(\text{主营业务数量}\times\text{单位产品利润})\end{aligned}$$

从上面的公式可以看出，影响主营业务利润总额的因素有销售数量、销售产品品种结构、单价、主营业务税金及附加、主营业务成本。这五项因素任何一项发生变动，都会影响主营业务利润。如果销售数量增加，单位主营业务利润高的主营业务越多，并且单位售价越高，成本、税金越低，那么实现的主营业务利润就越大；反之，实现的主营业务利润就越小。这五项因素变动有内在联系，有时销售单价下降，影响了单位产品利润，但降价能扩大销售数量，企业利润总额反而增加；有时销售数量扩大，会使产品成本下降，因为每件产品负担的固定费用减少了，从而使利润总额增加。下面对表 3-3 中的部分资料做进一步的补充（见表 3-9），并进行分析。

表 3-9　主营业务利润资料

单位：千元

产品名称	计量单位	销售数量		单价		单位税金		单位销售成本		单位营业利润	
		2019 年	2020 年	2019 年	2020 年	2019 年	2020 年	2019 年	2020 年	2019 年	2020 年
铜版纸	吨	45 000	50 000	6.5	6.3	0.22	0.22	5.2	5.0	1.08	1.08
机制纸	吨	20 000	30 000	5.8	5.5	0.26	0.24	4.3	4.1	1.24	1.16
纸浆	吨	60 000	80 000	5.2	5.3	0.29	0.32	3.5	3.4	1.41	1.58
合计		125 000	160 000								

（1）销售数量变动对利润的影响：

$$\begin{aligned}&\sum\left(\begin{matrix}\text{本年销售按上年}\\\text{销售结构计算的销售量}\end{matrix}-\text{上年销售量}\right)\times\text{上年单位营业利润}\\&=\left(160\ 000\times\frac{45\ 000}{125\ 000}-45\ 000\right)\times1.08+\left(160\ 000\times\frac{20\ 000}{125\ 000}-20\ 000\right)\times1.24\\&\quad+\left(160\ 000\times\frac{60\ 000}{125\ 000}-60\ 000\right)\times1.41\\&=44\ 240\ (\text{千元})\end{aligned}$$

（2）销售产品品种结构变动对利润的影响：

$$\begin{aligned}&\sum\left(\text{本年销售量}-\begin{matrix}\text{本年销售按上年销售}\\\text{结构计算的销售量}\end{matrix}\right)\times\text{上年单位营业利润}\\&=\left(50\ 000-160\ 000\times\frac{45\ 000}{125\ 000}\right)\times1.08+\left(30\ 000-160\ 000\times\frac{20\ 000}{125\ 000}\right)\times1.24\\&\quad+\left(80\ 000-160\ 000\times\frac{60\ 000}{125\ 000}\right)\times1.41\\&=1\ 760\ (\text{千元})\end{aligned}$$

(3) 销售价格变动对利润的影响：

$\sum$（本年销售单价－上年销售单价）×本年销售量

＝(6.3－6.5) ×50 000＋ (5.5－5.8) ×30 000＋ (5.3－5.2) ×80 000

＝－11 000（千元）

(4) 主营业务成本变动对利润的影响：

$\sum$（上年单位销售成本－本年单位销售成本）×本年销售量

＝(5.2－5) ×50 000＋ (4.3－4.1) ×30 000＋ (3.5－3.4) ×80 000

＝24 000（千元）

(5) 营业税金及附加变动对利润的影响：

$\sum$（上年单位税金－本年单位税金）×本年销售量

＝(0.22－0.22) ×50 000＋ (0.26－0.24) ×30 000＋ (0.29－0.32) ×80 000

＝－1 800（千元）

通过分析可以看出，2020 年实现利润 21 520 万元，与 2019 年的利润（15 800 万元）相比有很大的增长，增长额为 5 720 万元，增幅达到 36.2%。通过分析各因素的影响，可以看出销售数量的增加对本年业绩的贡献最大，增加利润 4 424 万元；单位成本的下降为本年利润贡献了 2 400 万元；销售产品品种结构的变化使利润增加 176 万元；而销售价格的下降，以及单位税金的提高分别使本年利润减少 1 100 万元和 180 万元。五项因素共同作用，促使本年利润上升 5 720 万元。

(二) 营业利润

营业利润是企业利润的主要来源。它是指企业在销售商品、提供劳务等日常活动中所产生的利润。其内容为主营业务利润和其他业务利润扣除期间费用之后的余额，包括营业收入和营业成本。其中，营业收入包括主营业务收入和其他业务收入，营业成本包括主营业务成本、其他业务成本、销售费用、管理费用、财务费用等。

主营业务利润等于主营业务收入减去主营业务成本和主营业务应负担的流转税后的差额，通常也称为毛利。其他业务利润是其他业务收入减去其他业务支出后的差额。

企业营业利润的多少代表了企业的总体经营管理水平和效果。

通常，营业利润越多的企业，效益越好。具体分析如下。

1. 营业利润额较大

当企业营业利润额较大时，通常认为该企业经营管理水平和效果较好。

(1) 营业利润包括了其他业务利润，所以对于实行多元化经营的企业来说，多种经营业务开展得较好时，其他业务利润会弥补主营业务利润低的缺陷；如果企业其他业务利润长期高于主营业务利润，企业应适当考虑产业结构调整问题。

(2) 应注意其他业务利润的用途，是用来发展主营业务，还是用于非生产经营性消费（如购买小汽车、高档装修）。如果是前者，企业的盈利能力会越来越强；如果是后者，则会使企业缺乏长远盈利能力。

（3）应关注投资收益的来源，如果是产业性投资收益，则企业具有可持续发展的潜力。

2. 营业利润额较小

当企业营业利润额较小时，应着重分析主营业务利润的大小、多种经营的发展情况和期间费用的多少。如果企业主营业务利润和其他业务利润均较多，但其期间费用较高，或者说投资收益出现较大亏损，也会使营业利润较少，这就要重点分析销售费用、管理费用和财务费用三项费用的构成情况，找出三项费用居高的原因，严格进行控制和管理，通过降低费用提高营业利润。

将 2020 年晨鸣纸业（母公司）营业成本资料做进一步补充（见表 3-10），结合主营业务收入明细表（见表 3-2）和利润表（见表 3-1）进行分析，我们可以看出：与 2019 年相比，2020 年晨鸣纸业的主营业务利润呈增长态势，主营业务收入也在增加。不可否认的是，主营业务成本比主营业务收入出现了更大幅度的增加，其中建筑材料的成本增长率（见表 3-10）达到了 40.91%，公司应寻找其原因，采取相应的控制活动。

表 3-10　晨鸣纸业（母公司）主营业务成本明细表

单位：元

收入项目	2020 年主营业务成本	2019 年主营业务成本	增长率
机制纸	21 227 455 753.49	20 423 499 344.65	3.94%
融资租赁	127 620 095.42	119 934 602.87	6.41%
造纸化工用品	124 475 985.43	112 807 283.45	10.34%
电力及热力	130 435 496.35	114 507 240.78	13.91%
建筑材料	358 729 667.72	254 581 603.21	40.91%
其他	1 676 877 187.80	1 724 939 674.42	−2.79%
合计	23 645 594 186.21	22 750 269 749.38	3.94%

（三）利润总额和净利润

企业的利润总额由营业利润和非营业利润组成。净利润为利润总额减去所得税费用后的余额。

在正常情况下，企业的非营业利润较少，所得税费用也是相对稳定的，因此，只要营业利润较大，利润总额和净利润也会较大。在分析时要注意盈利的质量高低，即盈利是否具有可持续性。

二、利润质量的分析

一般来说，企业的净利润高表示企业盈利能力强，企业的发展前景看好。但正如前面对利润项目的分析中指出的，利润还存在着结构问题，而盈利的结构是否合理，决定着企业的发展前景。因此，进行利润的质量分析对决策有着十分重要的现实意义。

（一）利润结构质量的分析

利润结构类型示意见表 3－11。

表 3－11 利润结构类型示意

<table>
<tr><th>项目</th><th colspan="6">A</th><th colspan="6">B</th></tr>
<tr><td>主营业务利润</td><td colspan="6">盈利</td><td colspan="6">亏损</td></tr>
<tr><td>营业利润</td><td colspan="3">盈利</td><td colspan="3">亏损</td><td colspan="3">盈利</td><td colspan="3">亏损</td></tr>
<tr><td>利润总额</td><td colspan="2">盈利</td><td>亏损</td><td colspan="2">盈利</td><td>亏损</td><td colspan="2">盈利</td><td>亏损</td><td colspan="2">盈利</td><td>亏损</td></tr>
<tr><td>净利润</td><td>盈利</td><td>亏损</td><td>亏损</td><td>盈利</td><td>亏损</td><td>亏损</td><td>盈利</td><td>亏损</td><td>亏损</td><td>盈利</td><td>亏损</td><td>亏损</td></tr>
<tr><td>类别编号</td><td>A1</td><td>A2</td><td>A3</td><td>A4</td><td>A5</td><td>A6</td><td>B1</td><td>B2</td><td>B3</td><td>B4</td><td>B5</td><td>B6</td></tr>
</table>

A1、A2、A3 为正常企业的经营状况。其中，A1 的利润质量最高。主营业务实现的盈利不仅可以弥补各项期间费用，还可向国家上缴所得税，并最终形成可供企业发展或向股东分红的净利润，保证了企业具有可持续发展的能力，是企业利润结构的理想状态。A2 产生亏损的原因在于应税所得与会计收益出现了巨大的差额，当“应税所得>会计收益÷所得税税率”时，便会出现这种状况。究其原因无外乎两种：暂时性差异和永久性差异。暂时性差异可随着时间的推移逐步消失，它对净利润的影响只是暂时的。如果 A2 产生亏损是暂时性差异造成的，尽管出现亏损，也可视同为 A1 来理解。若是由于永久性差异造成的，如自制的产品用于自营工程项目、支付各种赞助费、发生和计提过多的业务招待费及坏账准备等，则应对具体原因进行具体分析。一般来说，A2 的亏损状况是暂时现象，但要注意限制各种赞助费和业务招待费的开支。A3 的出现，表明企业发生了投资损失或出现过多的营业外支出，如处置固定资产和无形资产发生的净损失。若因为投资损失，则应分析撤回投资的可行性，确保企业主营业务的发展。

A4、A5、A6 表明企业毛利率偏低、投资收益少，不足以弥补各项期间费用。其中，A6 是因毛利率低而产生亏损的代表。A4 出现的盈利主要是投资收益和营业外收入形成的，投资收益的出现，说明企业过去的投资决策是正确的，以后还可继续在一段时期内享受这种正确决策带来的红利；营业外收入为 A4 盈利现象做出了巨大的贡献，但这种盈利只是暂时的，进行财务分析时，可视同为 A6 考虑。A5 的出现，说明本期存在着应税所得大于会计收益的现象，无论是何种差异造成的，均可视同为 A6 看待。

B1、B2、B3 的共同点在于主营业务利润为负，而营业利润为正。这种现象的出现，表明企业其他业务突出或企业拥有巨大的存量现金，或者拥有较多的对外投资，能够产生足够的其他业务收益、利息收入或投资收益来弥补主营业务的不足。作为管理者，要考虑产业结构的调整，或寻求好的项目，以此来形成企业利润新的增长点。B1、B2 拥有一定的营业外收入，而 B3 则要考虑减少营业外支出的金额。

B4、B5、B6 表明企业要考虑进行深层次的变革或转产，否则会面临破产的危险。

B4 出现盈利，是由于营业外收入过多，其利润质量不高，而 B6 则显示企业陷入危机之中。

从晨鸣纸业的利润表（见表 3-1）可以看出：该公司的利润质量非常高，不仅主营业务实现利润，其他业务和对外投资均取得了较好的效益，尤其是投资收益占公司营业利润的 37.46%，显示其对外投资的成功，说明该公司在经营发展过程中已具备较为充足的资金和丰富的经验，但公司在未来的发展中应着力提高主营业务的利润水平，降低期间费用。

（二）利润内涵质量的分析

前面对利润的结构质量进行了简单的分析，它有助于我们在分析时把握大的方向。但是，形成利润的因素有很多，除进行宏观层面的分析外，还应进行微观分析，即对利润的内涵进行分析。

1. 利润质量低下的表现

由于企业经营管理、产品市场需求等方面的原因，或者报表的编制者出于各种目的对利润表进行人为粉饰等，利润的质量或利润表的信息质量可能并不高，其主要表现在以下几个方面：

（1）无形资产、长期待摊费用非正常上升。这种不正常上升，可能是企业因当前发生的费用及损失无能力吸收而暂放入这些项内，将实亏转化为潜亏。

（2）一次性的收入突升，如利用资产重组、非货币性资产置换、股权投资转让、非生产性资产与企业建筑性销售所得调节盈余，企业可能用这些手段调节企业利润。

（3）期间费用中广告费用占销售收入额的比率相对下降，这样可以提高当期利润，但从长期看对企业不利。

（4）对各项准备金不提或少提，改变折旧计提方法或折旧提取不足等，借以提高当期利润。企业计提八项减值准备的幅度取决于企业对资产贬值程度的主观认识。企业过低的各项准备，往往虚增利润，给未来的经营成果带来很大的负面影响。

（5）归入税收费用的递延税款增加，没有资金支持的应付职工薪酬、应付福利费上升，暗示企业支付工资能力降低，现金流向可能存在问题。

（6）毛利率下降，说明企业可能因市场竞争激烈，降低了产品价格，或是成本失去了控制，有上升趋势，或者企业产品组合发生了变化，对企业利润产生影响。

（7）存货周转率变低，可能是企业销售能力差或产品有问题不能满足市场需要，或者库存产品材料有问题，或者生产存在问题。

（8）会计政策、会计估计在一个比较自由的问题上运用方式发生了变化，它可能是企业经营状况发生变化的信号，也可能仅仅是为了创造更高的利润。

（9）应收账款增长与过去的经验不相一致，为了实现销售目标，可以运用信贷销售创造销售和利润，将以后实现的销售提前。商业性应付账款展期或延长正常商业信用期间，企业大量的货款不能及时回收，产生挂账、呆账和坏账的风险加大，业绩“躺”在应收账款上，利润的质量不佳。

(10) 企业的业绩过分依赖非主营业务。有些企业为了维持一定的利润水平，通过非主营业务实现的利润来弥补主营业务利润和投资收益的不足，如出售投资和固定资产以增加利润。这种方法可以使企业短期内维持表面的繁荣，但会影响企业的长期发展战略。

2. 利润质量的因素分析

在分析利润的质量时，可以将影响利润质量的个别因素单独列示或剔除出来，之后再对企业的利润进行分析。这些因素包括以下几点：

(1) 不良资产。不良资产是指长期待摊费用等虚拟资产和高龄应收账款、存货跌价和积压损失、投资损失、固定资产损失等可能产生潜亏的资产项目。如果不良资产的总额接近或超过净资产，或者不良资产的增加额（增加幅度）超过净利润的增加额（增加幅度），说明企业当期利润有“水分”。

(2) 关联交易。将来自关联企业的营业收入和利润予以剔除，分析企业的盈利能力在多大程度上依赖于关联企业。如果主要依赖于关联企业，就应特别关注关联交易的定价政策，分析企业是否以不等价交换的方式与关联企业进行交易以调节盈余。当然，有的集团总公司只管生产，而子公司专门从事销售，这是例外情况，分析时要区别对待，不能一概而论。

(3) 异常利润。

将其他业务利润、投资收益、营业外收入从企业利润总额中扣除，以分析评价企业利润来源的主要渠道及稳定性。分析中要特别注意投资收益、营业外收入等一次性的偶然收入。

第五节 利润表的综合分析

一、利润动态分析

利润动态分析实际上就是对多个时期的数据进行对比，分析有关指标的运动轨迹，据此预测其发展趋势。利润动态分析根据对比的时期不同可以分为对比分析和趋势分析。

(一) 对比分析

下面以晨鸣纸业为例说明对比分析的方法。根据表 3-1 提供的资料，以 2020 年作为报告期、2019 年作为基期，通过计算，可以得到晨鸣纸业 2020 年度利润表各项目增减变动情况及其百分比，如表 3-12 所示。

表 3-12　晨鸣纸业 2020 年度利润表各项目增减变动情况及其百分比

单位：元

项目	2020 年度	2019 年度	增长额	增长率
一、营业收入	8 510 073 793.88	6 914 154 801.19	1 595 918 992.69	23.08%
减：营业成本	6 899 160 821.06	5 483 419 941.19	1 415 740 879.87	25.82%
税金及附加	63 211 127.50	47 507 009.10	15 704 118.40	33.06%
销售费用	7 441 664.84	10 628 480.40	−3 186 815.56	−29.98%
管理费用	322 407 985.30	367 847 081.04	−45 439 095.74	−12.35%
研发费用	286 590 211.63	292 447 426.29	−5 857 214.66	−2.00%
财务费用	501 171 122.74	1 437 070 384.94	−935 899 262.20	−65.13%
加：其他收益	59 165 073.44	78 722 787.60	−19 557 714.16	−24.84%
投资收益	348 093 079.09	1 352 470 766.36	−1 004 377 687.27	−74.26%
公允价值变动收益	9 464 346.45	46 445 653.55	−36 981 307.10	−79.62%
信用减值损失	42 369 727.64	−128 688 655.59	171 058 383.23	−132.92%
资产减值损失		−77 447 218.54	77 447 218.54	−100.00%
资产处置收益	40 134 455.47	−30 388 143.09	70 522 598.56	−232.07%
二、营业利润	929 317 542.90	516 349 668.52	412 967 874.38	79.98%
加：营业外收入	5 225 205.90	11 140 162.55	−5 914 956.65	−53.10%
减：营业外支出	1 891 387.34	19 138 740.53	−17 247 353.19	−90.12%
三、利润总额	932 651 361.46	508 351 090.54	424 300 270.92	83.47%
减：所得税费用	7 994 080.85	−122 850 888.03	130 844 968.88	−106.51%
四、净利润	924 657 280.61	631 201 978.57	293 455 302.04	46.49%

从表 3-12 中可以看出，该公司 2020 年营业收入较 2019 年增长了 23.08%，营业成本也同步增长，增长率为 25.82%，最终净利润增加额为 2.93 亿元，增长率达 46.49%，究其原因是公司当年的期间费用都呈下降趋势，说明公司有一定的成本优势。但投资收益及金融资产收益均下降，说明公司应加强对金融资产的管理。

当然，如果仔细剖析该公司的各项利润指标，我们会发现，晨鸣纸业无论是在主营业务领域还是在对外投资领域，均取得一定的收获，利润质量高，盈利能力强，虽然市场环境不利，但该公司不仅保存了实力，而且实现了 9 亿多元的净利润，为今后的发展奠定了坚实的基础。

（二）趋势分析

进行趋势分析所需时间长度至少应是 3 年，一般以 5 年为宜。比较计算各年相同项目的增减差异和变化幅度时，既可以采用环比方法（各年均与相邻的前一年对比），也可以采用定基方法（各年都直接与基年对比）。

一般来说，较好的趋势走向往往表明企业可能正处于成长期，逐渐走向成熟期；反之，则可能正从成熟期迈向衰退期。如果趋势走向不定，企业首先要寻找自身原因，如是否因为计划不周、决策失误、规章制度不健全或执行不严、管理控制和监督不力等导致损失、浪费、成本费用上升、坐失销售良机；其次还应从外部环境角度加以分析，如市场需求发生变化、国家宏观政策调整或产品本身的生命周期等原因。在对原因进行全面分析的基础上，寻找解决问题的方法。

二、企业盈利能力分析

利润表为我们提供了企业盈利过程和结果的财务信息，会计报表使用者都非常重视和关心这类信息，这类信息对分析企业的盈利能力极为重要。

（一）主营业务盈利能力的分析

1. 主营业务收入利润率

主营业务收入利润率是指企业利润[①]与主营业务收入的百分比。其计算公式如下：

$$主营业务收入利润率=\frac{利润}{主营业务收入}\times 100\%$$

从利润表来看，企业的利润可以分为三个层次：营业利润、利润总额、净利润。其中，利润总额和净利润包含着非主营业务利润因素，所以更能直接反映主营业务盈利能力的指标是主营业务利润率和营业利润率。由于商品销售业务是企业的主要经营活动，因此，主营业务利润水平的高低对企业总体盈利能力有着重要影响。通过对主营业务收入利润率的分析，可以发现企业经营理财状况的稳定性，发现企业面临的危险或可能出现的转机。

将上述公式中的利润改为主营业务利润、营业利润和净利润，便可得到如下计算公式：

$$主营业务利润率=\frac{主营业务利润}{主营业务收入}\times 100\%$$

$$营业利润率=\frac{营业利润}{主营业务收入}\times 100\%$$

$$主营业务收入净利率=\frac{净利润}{主营业务收入}\times 100\%$$

仍以晨鸣纸业为例。晨鸣纸业某子公司的利润分析表如表 3－13 所示。

表 3－13　利润分析表

单位：元

项目	2019 年	2020 年
主营业务收入	7 803 739 278.88	7 725 612 244.79
主营业务利润	1 426 910 230.81	1 417 111 201.31
营业利润	797 387 980.98	700 576 748.45
利润总额	950 751 879.06	861 723 567.12
净利润	856 054 254.12	816 640 510.85
主营业务利润率（%）	18.28	18.34
营业利润率（%）	10.22	9.07
主营业务收入利润率（%）	12.18	11.15
主营业务收入净利率（%）	10.97	10.57

① 该指标中的企业利润一般指利润总额。

从以上分析可以看出，晨鸣纸业的主营业务利润率得到了提高，从 2019 年的 18.28%上升到 2020 年的 18.34%。进一步分析可以看出，取得的成就主要来自公司内部挖潜降低了主营业务成本，虽然主营业务收入下降，但是其成本也降低了。营业利润率、主营业务收入利润率和主营业务收入净利率均有一定程度的下降，这反映了公司在期间费用的控制方面还存在着巨大的空间，这也是今后管理层应重点关注的事项。

2. 成本利润率

成本利润率是指利润与成本的比率。其计算公式如下：

$$成本利润率=\frac{利润}{成本}\times 100\%$$

同利润一样，成本也可以分为几个层次，所以成本利润率也可以按以下方式计算：

（1）主营业务成本利润率。

利用主营业务成本利润率可以分析主营业务成本对主营业务利润的影响。其计算公式如下：

$$主营业务成本利润率=\frac{主营业务利润}{主营业务成本}\times 100\%$$

（2）成本费用利润率。

利用成本费用利润率可以分析成本费用对营业利润的影响。成本费用包括主营业务成本、其他业务支出、销售费用、管理费用、财务费用。其计算公式如下：

$$成本费用利润率=\frac{营业利润}{成本费用总额}\times 100\%$$

（3）税前成本利润率。

税前成本利润率反映税前成本对利润总额的影响。税前成本由成本费用和营业外支出构成。其计算公式如下：

$$税前成本利润率=\frac{利润总额}{税前成本}\times 100\%$$

（4）税后成本净利率。

税后成本净利率反映企业税后成本对净利润的影响。税后成本由税前成本和所得税费用构成。其计算公式如下：

$$税后成本净利率=\frac{净利润}{税后成本}\times 100\%$$

将成本与利润的关系分为以上四个层次，符合收益与成本匹配的原则，有助于揭示企业各项成本的使用效果。在以上成本利润率中，主营业务成本利润率最具代表性，它反映了企业主要成本的利用效果，是企业加强成本管理的关键指标。

以晨鸣纸业为例说明成本利润率的分析。晨鸣纸业某子公司成本指标如表 3－14 所示。

表 3-14　成本指标计算汇总表

单位：元

项目	2019 年	2020 年
主营业务利润	1 426 910 230.81	1 417 111 201.31
营业利润	797 387 980.98	700 576 748.45
利润总额	950 751 879.06	861 723 567.12
净利润	856 054 254.12	816 640 510.85
主营业务成本	6 376 829 048.07	6 308 501 043.48
成本费用额	8 492 087 470.37	8 505 256 962.40
税前成本	8 518 589 791.32	8 550 531 339.75
税后成本	8 613 287 416.26	8 595 614 396.02
主营业务成本利润率（%）	22.38	22.46
成本费用利润率（%）	9.39	8.24
税前成本利润率（%）	11.16	10.08
税后成本净利率（%）	9.94	9.50

从表 3-14 的计算结果可知，晨鸣纸业 2020 年主营业务成本利润率指标比 2019 年有所上升，主要是由于主营业务成本降低幅度较大。税后成本净利率略有降低，这主要是成本费用利润率下降造成的，这说明公司在控制费用开支方面还需要做更多的努力，特别是期间费用的管理。

（二）资产盈利能力的分析

资产利润率指标是企业一定时期内的利润与资产平均额之比，反映的是企业投资与利润产出的关系。资产利润率可以分为总资产利润率和各种具体资产利润率两大类指标。

1. 总资产利润率指标

总资产利润率指标主要包括总资产净利率、资产息税前利润率和资产利润率。

（1）总资产净利率。

该指标是企业的净利润与总资产平均额的比率，它全面反映了企业资产的运营能力和盈利水平。其计算公式如下：

$$总资产净利率=\frac{净利润}{总资产平均额}\times 100\%$$

$$=\frac{净利润}{(期初资产总额+期末资产总额)\div 2}\times 100\%$$

一般来说，该指标越大，说明企业资产运作能力越强，资产周转速度越快，资产的盈利水平越高。但如果总资产净利率太高，说明企业可能存在一定的财务风险。分析时应注意，总资产净利率还会受企业经营规模等的影响，企业经营范围的扩大和投资的增加都会引起总资产净利率的改变。如果企业总资产净利率连续几年持续下降，则应具体分析原因。

影响总资产净利率的因素较多，主要影响因素有企业产品盈利能力和企业资产结构。企业产品盈利能力是提高总资产净利率的基础，主营业务净利率提高，企业资产的净利率才有可能提高；而企业资产结构的调整也有助于提高企业总资产净利率，因为企业的资产有生产经营用资产、非生产经营用资产、不良资产、闲置资产等，而只有生产经营用资产才会给企业形成盈利。

以晨鸣纸业为例说明总资产净利率的分析。晨鸣纸业（某子公司 2019 年、2020 年）年末资产总额可以从资产负债表中直接得到，带入公式，可以得到 2019 年和 2020 年的总资产净利率分别为 3.19%和 2.64%。该公司总资产净利率有很大的下滑。究其原因，不外乎资产规模不断扩大，但企业净利润有很大程度的下降。

（2）资产息税前利润率。

其计算公式为：

$$资产息税前利润率=\frac{息税前利润}{总资产平均额}\times 100\%$$

$$=\frac{净利润+所得税+利息费用}{总资产平均额}\times 100\%$$

不同时期和不同企业的资本结构不同，负债成本高低随负债程度而不同，负债高则成本大，负债低则成本小，而负债成本是要通过企业利润来弥补的。所以，资产息税前利润率采用了息税前利润来计算，能更真实地反映企业实际的盈利能力，更适合于企业不同时期的比较和与其他企业的比较。

（3）资产利润率。

其计算公式为：

$$资产利润率=\frac{利润总额}{总资产平均额}\times 100\%$$

采用利润总额计算的资产利润率能反映企业在缴纳所得税之前的实际利润状况，与总资产净利率相比，能反映所得税对企业最终盈利水平的影响。

2. 具体资产利润率指标

对各类资产盈利能力进行分析，即将企业盈利与资产构成中的流动资产、固定资产等相比较，观察企业各项资产的盈利水平。

（1）流动资产利润率。

流动资产利润率是企业一定时期的利润总额与流动资产平均额之间的比率，它是反映流动资产利用效果的一个综合性指标。其计算公式如下：

$$流动资产利润率=\frac{利润总额}{流动资产平均额}\times 100\%$$

一般来讲，该指标越大，说明流动资产利用水平越高，流动资产周转越快。由于不同行业的流动资产占用状况不同，在分析该指标时，一方面应与该企业的历史水平比较，另一方面应与同行业的平均水平和先进水平比较，了解企业流动资产利用水平的高低。

以晨鸣纸业为例说明流动资产利润率的计算。晨鸣纸业 2018 年、2019 年和 2020 年流动资产的年末数分别为 32 209 891 486.78 元、28 089 708 791.62 元和 20 075 415 225.86 元。该公司 2019 年和 2020 年流动资产利润率分别如下：

$$2019\text{年流动资产利润率}=\frac{508\ 351\ 090.54}{(32\ 209\ 891\ 486.78+28\ 089\ 708\ 791.62)\div 2}\times 100\%=1.69\%$$

$$2020\text{年流动资产利润率}=\frac{932\ 651\ 361.46}{(28\ 089\ 708\ 791.62+20\ 075\ 415\ 225.86)\div 2}\times 100\%=3.87\%$$

（2）固定资产利润率。

固定资产利润率是企业一定时期利润总额与固定资产平均额之间的比率，是反映固定资产综合利用水平和盈利能力的重要指标。其计算公式如下：

$$\text{固定资产利润率}=\frac{\text{利润总额}}{\text{固定资产平均额}}\times 100\%$$

固定资产平均额有原值和净值之分，从企业总资产组成角度分析，用固定资产净值更好。

一般来讲，该指标越大，说明企业固定资产的利用水平越高，固定资产盈利能力越强，固定资产周转越快。由于不同行业、不同时期的固定资产占用水平不同，在分析该指标时，既应与本企业的历史水平比较，又应与同行业的平均水平和先进水平比较，全面了解企业固定资产利用水平的高低。

以晨鸣纸业为例说明固定资产利润率的计算。晨鸣纸业 2018 年、2019 年和 2020 年固定资产净值年末数分别为 2 103 164 588.93 元、3 901 007 932.88 元和 3 984 339 880.51 元。该公司 2019 年和 2020 年固定资产利润率分别如下：

$$2019\text{年固定资产利润率}=\frac{508\ 351\ 090.54}{(2\ 103\ 164\ 588.93+3\ 901\ 007\ 932.88)\div 2}\times 100\%=16.93\%$$

$$2020\text{年固定资产利润率}=\frac{932\ 651\ 361.46}{(3\ 901\ 007\ 932.88+3\ 984\ 339\ 880.51)\div 2}\times 100\%=23.66\%$$

（三）企业净资产盈利能力分析

企业净资产也称为企业所有者权益，是企业总资产减去负债后的余额，它是归企业所有者拥有的资产。

1. 股东权益利润率

股东权益利润率，即企业净利润与股东权益平均额的比率。该指标体现了企业投资者拥有的权益获得净利润的能力，反映了投入资本及其积累与报酬的关系，是评价企业资本经营效率的重要指标，在上市公司业绩综合排序中列为第一。另外，在我国上市公司配股资格规定中，1999 年以前规定上市公司股东权益利润率（即净资产收益率）必须达到 10%才具有配股资格，由于社会平均利润率下降，1999 年以后该比率调整为 6%。股东权益利润率的计算公式如下：

$$\text{股东权益利润率}=\frac{\text{净利润}}{\text{股东权益平均额}}\times 100\%$$

一般来讲，股东权益利润率越高，企业资本运营效果越好，投资者和债权人利益保障程度越大。如果企业股东权益利润率能在一段较长时期内保持持续增长，说明企业的资本盈利能力稳定上升。若为上市公司，则公司的股票价格一般都会上涨，公司价值会增大。提高企业股东权益利润率最直接的方法是增加负债资本，因为当企业投资利润率大于负债利率时，增加负债就能提高股东权益利润率，但这时企业的财务风险也将上升。所以，只有当企业股东权益利润率上升而企业财务风险没有较大幅度增大时，才能说明企业财务状况良好。

2. 普通股权益利润率

股东权益利润率包括普通股权益利润率和优先股权益利润率。在普通股股东和优先股股东中，普通股股东才是企业的最终所有者，他们对普通股权益盈利能力相当关注。因此，在企业既发行了普通股又发行了优先股的情况下，应进一步分析普通股的盈利能力。普通股权益利润率的计算公式如下：

$$普通股权益利润率=\frac{净利润-优先股股利}{普通股股东权益}\times 100\%$$

3. 普通股每股收益

普通股的盈利能力除了用普通股权益利润率表示外，还可以用反映普通股每股盈利能力的普通股每股收益来表示。普通股每股收益的计算公式如下：

$$普通股每股收益=\frac{净利润-优先股股利}{对外分配的普通股股数}$$

一般来说，每股收益越大，说明企业的盈利能力越强，企业经营状况和财务状况越好，企业发放较高股利的可能性越大，企业股票价格上升的可能性越大。每股收益是反映上市公司盈利能力最重要的财务指标，在分析时可以将本企业不同时期每股收益相比较，了解该企业盈利能力的变化趋势；也可以将本企业每股收益同其他企业每股收益相比较，评价企业相对的盈利能力。

以晨鸣纸业为例说明净资产盈利能力的分析。从财务报表及相关数据我们可以知道，晨鸣纸业某子公司的股东权益利润率 2019 年为 11.35%，2020 年为 8.21%；2019 年普通股每股收益为 0.56 元，2020 年普通股每股收益为 0.6 元。虽然股东权益利润率下滑，但是普通股每股收益有所上升，在宏观经济增长下滑的背景下，这一成绩已经值得称道了。

值得一提的是，如果企业在本会计年度发行新股或分派股票股利，则公式中的分母普通股股数应按发行时间的加权平均数来计算。其计算公式如下：

$$普通股平均股数=年初股数+新增股数\times\frac{新增股数的时间（月）}{12}$$

或者：

$$\begin{array}{c}平均发行在外\\普通股股数\end{array}=\sum\frac{发行在外普通股股数\times 发行在外月份数}{12}$$

如果企业发行了有可能转换为普通股的优先股或可转换债券等，当这些可转换证券在一定条件下行使其转换权后，就会增加企业的普通股股数，同时导致普通股每股收益下降。所以，在进行每股收益分析时，应充分考虑实际存在的稀释因素，计算预期摊薄后的每股收益，并将其与原来的每股收益进行比较分析。

在计算每股收益（摊薄）前，由于在转化为普通股股票后，债券的利息和优先股的股息均不需要再支付，所以应首先调整可分配给普通股股东的净利润，其次应调整对外发行的普通股股数。

对每股收益进行分析应注意以下几个问题：

第一，每股收益不反映股票包含的风险。例如，假设晨鸣纸业主要经营各类纸品的生产和销售，在下一年里该公司转换了行业，如经营房地产或者生产汽车，此时公司的经营风险增加，尽管每股收益可能不变甚至提高，但这一指标并没有反映风险增加的情况。另外，利用每股收益揭示企业盈利能力也有缺陷，主要原因是每股收益受总股本的牵制过大，不能揭示基于资产使用效率的盈利能力。所以，目前我国上市公司每股收益指标的计算要求扣除非经常性损益。

第二，股票是一个“份额”概念，不同股票的每一股在经济上不等量，它们所含有的净资产和市价不同，即换取每股收益的投入量不相同，这限制了每股收益的企业间比较。

第三，每股收益多，不一定意味着多分红，还要看企业的股利分配政策。

本章小结

利润表是反映企业在一定期间经营成果的会计报表。它可以用来分析判断企业的经营成果和获利能力，预测企业未来的现金流动状况和偿债能力，以及评价经营管理人员的业绩，为经营成果分配提供重要依据。

利润表结构有单步式和多步式两种。我国主要使用多步式利润表，多步式利润表可以提供营业收入、营业成本、营业利润、利润总额和净利润等分类信息。但利润表也有一定的局限性，它没有包括未实现利润和已实现未摊销费用，也未考虑物价变动的影响。

收入项目的分析应从收入的确认与计量、销售量和销售价格以及收入的构成等方面进行，而费用的分析则可从组成项目逐项分析，既可采用水平分析法，也可运用垂直分析法。利润的分析应注意结构质量和内涵质量分析。

利润表的综合分析包括利润动态分析和盈利能力分析。前者包含对比分析和趋势分析，后者通过反映主营业务盈利能力、资产盈利能力和净资产盈利能力等方面的指标来开展。

案例

康美药业大骗局：白马非马

康美药业，曾经是市场相当看好的白马股。从 2018 年公司的券商研究报告就能看出公司广受各大券商医药组厚爱，更是一度市值超过千亿元，成为恒瑞医药之下的“医药第二股”。公司中药含片一枝独秀，多条业务齐头并进，是行业的龙头。公司年收入数百亿元，净利润数十亿元，在A股四千多家上市公司中，足以排进前300名。康美药业的“优异表现”也获得了市场投资机构的喜爱。作为“大白马”，众多公募、私募对康美药业可谓青睐有加。不过在这繁花似锦之际，也有不和谐的声音。从2018年5月开始，市场中就有声音质疑康美药业财务数据的真实性，认为公司高现金、高存货、高质押的情况很不正常。

2018年年底，证监会发现上市公司康美药业涉嫌财务造假，随即立案调查。2019年5月17日，证监会通报康美药业案调查进展，确定康美药业披露的2016年至2018年度财务报告存在重大虚假。2019年8月16日，证监会发布《证监会对康美药业等作出处罚及禁入告知》，正式通告了康美药业虚增营业收入、货币资金和固定资产等不法行径，属于有预谋、有组织，长期、系统实施财务造假行为。同日深夜，康美药业发布关于收到中国证监会《行政处罚及市场禁入事先告知书》的公告。康美药业财务造假涉案金额巨大，是我国迄今为止规模最大的财务造假案，对我国上市公司信息披露制度和政府监管、追责体系的强化与完善影响深远。

康美药业财务造假是有预谋的长期行为，其财务造假行为必然会留下痕迹，那么哪些地方可以识别出康美药业财务造假的迹象，以便提前预警呢？

（1）存贷双高。存贷双高问题是康美药业最受公众质疑的地方之一。存贷双高是指一家公司同时拥有高额的银行存款和银行贷款金额，公司一方面需要支付高额的贷款利息，另一方面银行账户上却拥有大量的可用资金。资金利用率低，是对公司资金的巨大浪费，与正常的公司经营逻辑不符。根据康美药业2018年半年报，公司的货币资金余额为399亿元，同时各种有息负债高达347亿元，占公司净资产的比例分别为119%和104%。在利息支出方面，康美药业2018年上半年净利润为25.92亿元，利息支出高达8亿元，占比31%。公司2017年净利润为40.95亿元，利息支出为12.18亿元，占比30%。存贷双高和高额利息支出现象已持续多年，其必要性与合理性让人怀疑。

（2）经营现金流不足。康美药业另外一个令人诟病的问题就是公司的净现金流量远低于公司的净利润，经营活动产生的现金流量不足。净现比是评价经营活动现金流量的常用指标，净现比＝经营活动现金流量净额÷净利润，反映了企业赚1元钱的利润，会给企业带来多少现金的流入，通常来说，企业的净现比会大于1。反观康美药业财务报表调整前的财务数据，康美药业从2010年至2018年上半年，净利润总额为201.08亿元，而累计产生的经营活动现金流量净额却仅有94.65亿元，净现比为47.1%，即公司每取得1元的净利润，产生的现金流入只有0.47元，远低于正常水平。当然，整个中药行业的经营现金流量普遍较低，但与同行业其他主要的医药企业相比，康美药业的净现比仍处于末端，作为行业领军企业，康美药业经营活动现金流量不足的现象让人难以理解。

（3）毛利率异常。在一个竞争充分、开放的市场中，企业能获取的利润率会与行业特征相符。无视经济波动，与市场变化关联性不大，持续稳定的毛利率、超额毛利率、较高毛利率或是极低毛利率的出现，需要引起我们的警觉。根据康美药业财务报表未调整前的2018年半年报，公司2018年上半年实现营业收入48.03亿元，毛利率高达26%，虽然整个中药行业毛利率都比较高，但康美药业连续多年毛利率都超过24%，远超常规行业的毛利率水平，让人惊叹的同时也让人疑虑。

（4）大股东股权质押比例过高。股权质押是企业融资的方式之一，公司股东将持有的公司股票抵押给金融机构以获得资金。但是如果公司大股东质押股份的比例过高，会形成较大的风险，比如当公司股价低于股票质押价格时，公司可能会遭遇平仓，拉低股价。康美实业作为康美药业的最大股东，其所持有的康美药业91.91%的股权已经质押，股权质押比例如此之高，需引起投资者的注意。

康美药业财务造假的内幕于2019年8月16日最终被揭开，投资者的怀疑被证实。根据证监会发布的《证监会对康美药业等作出处罚及禁入告知》可知，康美药业2016—2018年度、半年度财务报告中累计虚增营业收入291.28亿元、多计利息收入5.1亿元，虚增营业利润41.01亿元；2016年1月至2018年6月，康美药业累计虚增货币资金超过886.80亿元；2018年度财务报告中，康美药业虚增固定资产11.89亿元，虚增在建工程4.01亿元，虚增投资性房地产20.15亿元；同时，公司还未按规定披露控股股东及其关联方非经营性占用资金的关联交易情况，属于有预谋、有组织，长期、系统实施财务造假行为，造假金额巨大，影响恶劣，为我国上市公司监管和财务造假预防敲响警钟。

复习题

1. 利润表的作用是什么？如何编制？
2. 利润表的局限性表现在哪些方面？在进行财务报表分析时，应怎样克服局限性？
3. 收入分析的思路是什么？收入的构成分析应从哪些方面进行？
4. 费用的分析方法有哪些？比较费用的水平分析法和垂直分析法的侧重点。
5. 利润的动态分析方法有哪几种？
6. 反映企业盈利能力的指标有哪些？应如何运用这些指标来进行分析？

练习题

1. 某企业销售费用明细资料如表3-15所示。

表3-15　销售费用明细资料

单位：千元

项目	2019年	2020年
工资	100	120
运输费	220	225

续表

项目	2019 年	2020 年
包装费	56	50
销货佣金	12	33
广告费	110	142
展览费	20	30
人员差旅费	94	158
仓储费	65	51
其他	114	93
销售费用合计	791	902
营业额合计	11 315	12 468

要求：应用水平分析法和垂直分析法，计算销售费用各项目构成比率；结合营业额分析 2020 年销售费用上涨是否合理，并说明以后销售费用控制的重点。

2. 上海某上市公司 2019 年和 2020 年的利润资料如表 3－16 所示。

表 3－16　利润表

单位：元

项目	2019 年	2020 年
一、营业收入	413 199 155.20	429 187 002.65
减：营业成本	368 589 841.61	390 592 357.66
税金及附加	5 022 608.23	5 926 315.32
销售费用	8 620 594.03	79 711 526.14
管理费用	122 634 673.12	48 679 883.37
财务费用	112 858 931.28	84 603 849.29
资产减值损失	206 117 504.97	－27 401 199.32
加：公允价值变动收益	—	—
投资收益	－545 074 048.41	315 738 025.34
其中：对联营企业和合营企业的投资收益	－155 828 033.74	11 941 742.48
二、营业利润	－955 719 046.45	162 812 295.53
加：营业外收入	2 376 475.85	10 193 244.46
减：营业外支出	2 150 021.01	2 571 590.99
其中：非流动资产处置损失	958 092.30	339 133.69
三、利润总额	－955 492 591.61	170 433 949.00
减：所得税费用	—	—
四、净利润	－955 492 591.61	170 433 949.00

要求：(1) 分析该公司利润的增减变动趋势。

(2) 分析这两年的利润结构，说明哪一年的利润组成较为合理。

(3) 分析这两年的利润质量，说明该公司是否具有投资价值。

第四章

现金流量表分析

引例

聚焦深圳市盐田港集团

深圳市盐田港集团成立于1985年，利用深圳经济特区的政策优势，实施高度市场化的港口发展模式，经过创业、合资建港、快速发展等发展阶段，已成长为一个以港口码头建设投资、临港产业为主业，总资产202亿元、国有净资产132亿元的大型企业集团。2020年，公司实现营业收入53 118万元，同比下降10.48%，主要是受新型冠状病毒肺炎疫情影响，惠盐高速公司、黄石新港公司业务量同比下降，公司及下属企业对符合条件的民营租户免除部分租金，导致收入同比减少，实现归属于母公司的净利润39 173万元，同比增长8.99%。

“十四五”期间，公司将通过充分挖掘粤港澳大湾区、长江经济带、海南自由贸易港等国家区域战略的港口发展机会，在港口主业、港口物流与供应链、数字化发展、港口与海洋产业、资本运作等方面创新发展，推动港口产业横向多元化、临港产业纵向多元化的发展，加快港口业务的集约化经营，实现内涵式发展与外延式发展并行，将公司打造为具有品牌影响力的国际一流的现代港口运营商、国内领先的港产城综合服务运营商。

深圳市盐田港集团的“十四五”计划涉及领域众多、耗资巨大，集团的投资人与债权人必定关注以下问题：

- 集团是否可以提供足够的现金来支持这一庞大的战略布局？
- 战略实施中，集团的现金支付能力和盈利能力是否会受到影响？
- 战略布局完成后，可否形成新的经济增长点？

本章将以深圳市盐田港集团为背景，探讨包含以上问题在内的有关现金流量表分析的问题。

本章要点

◇ 现金流量表的作用、内容和格式
◇ 现金流量项目分析
◇ 现金流量结构分析
◇ 现金流量定基与环比趋势分析
◇ 现金流量各种比率分析

思政目标

资金运动在企业经营过程中，无时不在、无处不在。企业经营活动、投资活动和筹资活动中的现金流动，是企业资金运动的主要内容。分析现金流量表时，唯有抓住经营、投资和筹资三大活动现金收支的主要矛盾，剖析矛盾的主要方面，坚守准则，客观公正，才能做好现金流量项目分析、结构分析、趋势分析和比率分析，为投资者和债权人决策提供必要信息。借助于案例分析，学生可掌握现金流量表分析的风险点，明确经营管理中存在的问题，形成正确的价值观念。

第一节　现金流量表概述

现代企业之所以非常关注现金流量，是因为它关系到企业的生与死、存与亡。而现金流量表正是反映现金及现金等价物的流入和流出情况的财务报表。通过对现金流量表的分析，可以了解现金流量的构成、发展趋势，抓住现金流量管理的重点，为决策服务。

一、现金流量表的作用

现金流量表是综合反映企业在一定会计期间内现金流入和流出及增减变动情况的报表。这里的“现金”是一种广义的现金，包括企业的现金和现金等价物。其中，现金是指企业库存现金以及可以随时用于支付的存款；现金等价物是指企业持有的期限短（3个月以内）、流动性强、易于转换为已知金额现金、价值变动风险很小的投资。

我们知道，在市场经济条件下，企业的现金流转情况在很大程度上影响着企业的生存和发展。企业现金充裕，就可以及时购入必要的材料物资和固定资产，及时支付工资、偿还债务、支付股利和利息；反之，企业的正常生产经营则会受到影响，甚至引发企业的生存危机。在实际工作中，有些企业利润表上反映的是盈利，却没有现金支付能力，偿还不了到期的债务；而有些企业利润表上反映的是亏损，却现金充足，不仅能经营运作，甚至能对外投资。这是因为利润表是按权责发生制编制的，而现金流量表是按收付实现制编制的。现金管理已经成为企业财务管理的一个重要方面，受到企业管理人员、投资者、债权人以及政府监管部门的关注。

具体而言，现金流量表的作用有以下三个方面：

（1）有助于评价企业的支付能力、偿债能力和运营能力。

通过现金流量表，并配合资产负债表和利润表，将现金与流动负债进行比较，可计算出现金比率；将现金流量净额与发行在外的普通股加权平均股数进行比较，可计算出每股现金流量；将经营活动现金流量净额与净利润进行比较，可计算出盈利现金比率。通过这些指标，可以了解企业的现金能否偿还到期债务、支付股利和进行必要的固定资产投资，了解企业现金流转效率和效果等，从而便于投资者做出投资决策、债权人做出信贷决策。

（2）有助于预测企业未来现金流量。

评价过去是为了预测未来。通过现金流量表所反映的企业过去一定期间的现金流量以及其他生产经营指标，可以了解企业现金的来源和用途是否合理、经营活动产生的现金流量有多少、企业在多大程度上依赖于外部资金，从而预测企业未来现金流量，为企业编制现金流量计划、组织现金调度、合理节约使用现金创造条件，为投资者和债权人评价企业的未来现金流量、做出决策提供必要信息。

（3）有助于分析企业收益质量及影响现金净流量的因素。

利润表中列示的净利润指标，反映了企业一定期间的经营成果，这是体现企业经营业绩的最重要的一个指标。但是，利润表是按照权责发生制原则编制的，它不能反映企业经营活动产生了多少现金，并且没有反映投资活动和筹资活动对企业财务状况的影响。通过编制现金流量表，可以掌握企业经营活动、投资活动和筹资活动产生的现金流量，将经营活动产生的现金流量与净利润相比较，就可以从现金流量的角度了解净利润的质量，并进一步判断哪些因素影响现金流入，从而为分析和判断企业的财务前景提供信息。

二、企业现金流转模式分析及现金流量表的内容

（一）企业现金流转模式分析

企业现金流量的来源不同，也有不同的用途，如工业企业可通过销售产品、提供劳务收到现金，通过向银行借款收到现金等；为生产产品购买原材料、固定资产需要支付现金，职工工资也需要用现金进行支付等。图 4－1 揭示了企业现金的不同来源和去向。

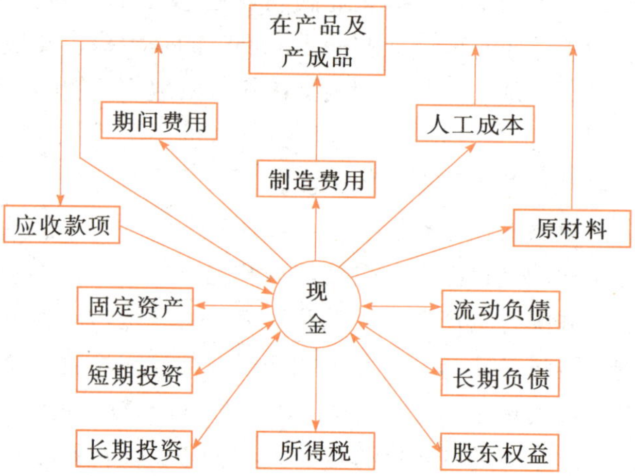

图 4－1　现金流转模式示意图

图 4－1 的上半部分显示的是经营活动现金流转状况：企业以现金购买原材料，支付工人工资和其他各项费用，通过将产品销售出去，取得现金和索取现金的权利。下半部分揭示投资活动与筹资活动现金流转状况。左下部分反映企业投资活动，右下部分为企业筹资结构，箭头均为双向的，既有开展投资（或偿还债务、支付股利）而支付现金，又有出售投资（或进行筹资）而收到现金。从图 4－1 我们可以看出，企业现金流入来源主要是顾客、股东和债权人；现金流出主要包括生产经营过程的成本费用支出、投资支出，以及偿还借款、支付股息和税金等。现金流入与流出之间具有高度的相关性，倘若现金流入不定，必将连带影响现金流出，甚至使整个企业陷于瘫痪的地步。例如，企业如果销货困难，生产产品无法转换为应收款项或现金，则购买原料发生的应付账款无力偿还，工人工资及其他费用将无力支付，资金流转严重不畅。

现金流入与流出的差额可用现金净流量表示，现金净流量既可能是正数，也可能是负数。如果是正数，则为净流入；如果是负数，则为净流出。一般来说，现金流入大于流出反映了企业现金流量的积极现象和趋势。现金流量信息能够表明企业经营状况是否良好、资金是否紧缺以及企业偿付能力大小，从而为投资者、债权人、企业管理者等提供决策信息。

（二）现金流量表的内容

现金流转模式示意图向我们揭示了现金流量的三个分类，即经营活动产生的现金流量、投资活动产生的现金流量和筹资活动产生的现金流量，这三个部分构成了现金流量表的主要内容。

1. 经营活动产生的现金流量

经营活动是指企业投资活动和筹资活动以外的所有交易和事项。从经营活动的定义可以看出，经营活动的范围很广，包括了除投资活动和筹资活动以外的所有交易和事项。各类企业经营活动的范围因其行业特点的不同而异，对于工商企业而言，经营活动主要包括销售商品、提供劳务、购买商品、接受劳务、支付税费等。

经营活动产生的现金流入项目主要有：销售商品、提供劳务收到的现金；收到的税费返还；收到的其他与经营活动有关的现金。经营活动产生的现金流出项目主要有：购买商品、接受劳务支付的现金；支付给职工以及为职工支付的现金；支付的各项税费；支付的其他与经营活动有关的现金。

各类企业由于行业特点不同，对经营活动的认定存在一定差异，在编制现金流量表时，应根据企业的实际情况对现金流量进行合理的归类。

2. 投资活动产生的现金流量

投资活动是指企业长期资产的购建和不包括在现金等价物范围内的投资及其处置活动。其中，长期资产是指固定资产、无形资产、在建工程、其他资产等持有期限在一年或一个营业周期以上的资产。

需要注意的是，这里所讲的投资活动，既包括实物资产投资，又包括金融资产投资，它与投资准则所讲的“投资”是两个不同的概念。“投资”是指企业为通过分配来增加财富或为谋求其他利益，而将资产让渡给其他单位所获得的另一项资产。购建固定资产不是“投资”，但属于投资活动。

这里之所以将“包括在现金等价物范围内的投资”排除在外，是因为已经将包括在现金等价物范围内的投资视同现金。

投资活动产生的现金流入项目主要有：收回投资所收到的现金；取得投资收益所收到的现金；处置固定资产、无形资产和其他长期资产所收回的现金净额；收到的其他与投资活动有关的现金。投资活动产生的现金流出项目主要有：购建固定资产、无形资产和其他长期资产所支付的现金；投资所支付的现金；支付的其他与投资活动有关的现金。

3. 筹资活动产生的现金流量

筹资活动是指导致企业资本及债务规模和构成发生变化的活动。这里所说的资本，既包括实收资本（股本），又包括资本溢价（股本溢价）；这里所说的债务，是指对外举债，包括向银行借款、发行债券以及偿还债务等。应付账款、应付票据等商业应付款属于经营活动，不属于筹资活动。

筹资活动产生的现金流入项目主要有：吸收投资所收到的现金；取得借款所收到的现金；收到的其他与筹资活动有关的现金。筹资活动产生的现金流出项目主要有：偿还债务所支付的现金；分配股利、利润或偿付利息所支付的现金；支付的其他与筹资活动有关的现金。

三、现金流量表的格式

（一）格式

根据企业经济活动的性质，现金流量通常可分为经营活动现金流量、投资活动现金流量、筹资活动现金流量以及特殊项目的现金流量。现金流量根据现金的流向，可分为现金流入量、现金流出量以及现金净流量。现金流量表的格式有两种：一种是按全部现金流入量和流出量归类，最后用总流入量减总流出量，得出企业现金净流量；另一种是按经营活动现金流量、投资活动现金流量、筹资活动现金流量和特殊项目的现金流量分别归集其流入量、流出量和净流量，最后得出企业现金净流量。我国会计准则规定现金流量表采用后一种格式。

现金流量表的基本结构分为三部分：表首、基本部分、补充资料。

1. 表首

该部分标明企业名称、现金流量的会计期间、货币单位和报表编号。

2. 基本部分

基本部分介绍各种活动的现金流量及净流量。

3. 补充资料

补充资料包括将净利润调节为经营活动现金净流量；不涉及现金收支的投资和筹资活动；现金和现金等价物的净增减情况。

现金流量表的具体格式如表 4-1 所示。

表 4-1　现金流量表

编制单位：深圳市盐田港（集团）股份有限公司　　　　单位：元

项目	2018 年	2019 年	2020 年
一、经营活动产生的现金流量			
销售商品、提供劳务收到的现金	405 330 000.00	635 380 000.00	562 750 000.00
收到的税费返还	0	7 380 000.00	23 910 000.00
收到的其他与经营活动有关的现金	33 300 000.00	52 690 000.00	95 830 000.00
经营活动现金流入小计	438 630 000.00	695 450 000.00	682 490 000.00
购买商品、接受劳务支付的现金	107 060 000.00	186 060 000.00	190 800 000.00
支付给职工以及为职工支付的现金	103 680 000.00	134 560 000.00	123 180 000.00
支付的各项税费	54 700 000.00	56 890 000.00	46 400 000.00
支付的其他与经营活动有关的现金	72 470 000.00	58 420 000.00	48 770 000.00
经营活动现金流出小计	337 910 000.00	435 930 000.00	409 150 000.00
经营活动产生的现金流量净额	100 720 000.00	259 520 000.00	273 340 000.00
二、投资活动产生的现金流量			
收回投资所收到的现金	959 850 000.00	1 315 670 000.00	780 000 000.00
取得投资收益所收到的现金	342 770 000.00	377 490 000.00	410 130 000.00
处置固定资产、无形资产和其他长期资产所收回的现金净额	20 000.00	50 000.00	1 370 000.00
收到的其他与投资活动有关的现金	8 240 000.00	0	0
投资活动现金流入小计	1 310 880 000.00	1 693 210 000.00	1 191 500 000.00
购建固定资产、无形资产和其他长期资产所支付的现金	965 400 000.00	619 890 000.00	706 400 000.00
投资所支付的现金	907 030 000.00	1 302 030 000.00	1 650 530 000.00
支付的其他与投资活动有关的现金	0	0	0
投资活动现金流出小计	1 872 430 000.00	1 921 920 000.00	2 356 930 000.00
投资活动产生的现金流量净额	−561 550 000.00	−228 710 000.00	−1 165 430 000.00

续表

项目	2018年	2019年	2020年
三、筹资活动产生的现金流量			
吸收投资收到的现金	179 950 000.00	12 500 000.00	1 367 390 000.00
其中：子公司吸收少数股东投资收到的现金	179 950 000.00	12 500 000.00	183 130 000.00
取得借款收到的现金	319 980 000.00	117 420 000.00	2 077 160 000.00
收到的其他与筹资活动有关的现金	0	13 950 000.00	0
筹资活动现金流入小计	499 930 000.00	143 870 000.00	3 444 550 000.00
偿还债务支付的现金	2 100 000.00	6 890 000.00	1 790 330 000.00
分配股利、利润或偿付利息所支付的现金	125 780 000.00	148 920 000.00	125 180 000.00
支付的其他与筹资活动有关的现金	0	400 000.00	1 210 000.00
筹资活动现金流出小计	127 880 000.00	156 210 000.00	1 916 720 000.00
筹资活动产生的现金流量净额	372 050 000.00	−12 340 000.00	1 527 830 000.00
四、汇率变动对现金及现金等价物的影响			
汇率变动对现金及现金等价物的影响	0	0	−10 000.00
五、现金及现金等价物净增加额			
现金及现金等价物净增加额	−88 760 000.00	18 470 000.00	635 740 000.00
加：期初现金及现金等价物余额	864 530 000.00	775 770 000.00	794 240 000.00
六、期末现金及现金等价物余额	775 770 000.00	794 240 000.00	1 429 980 000.00

表4-1中各类活动产生的现金流量以及它们之间的结构关系如下：

各类活动产生的现金流量净额＝现金流入小计－现金流出小计

现金及现金等价物净增加额＝经营活动产生的现金流量净额＋投资活动产生的现金流量净额＋筹资活动产生的现金流量净额±汇率变动对现金的影响额

(二) 正表与补充资料的钩稽关系问题

正表中的“经营活动产生的现金流量净额”与补充资料中的“经营活动产生的现金流量净额”应当一致。正表中的“现金及现金等价物净增加额”与补充资料中的“现金及现金等价物净增加额”应当一致。

第二节 现金流量项目分析

现金流量项目分析是按现金流量的项目或类别，分析识别各类业务活动的现金流入与流出状况是否正常，有无异常现象，并在此基础上进一步分析其产生原因的一种方法。具体而言，就是对经营活动、投资活动和筹资活动产生的现金流量进行分析。

一、经营活动现金流量分析

经营活动现金流量是企业经营活动中发生的现金流入和流出，其净流量是企业现金的首要来源，与净利润相比，经营活动现金流量能够更确切地反映企业的经营业绩。由于净利润是按权责发生制原则计算出来的，如果应收款项金额过多，且长期难以回收，净利润也就只是账面盈利而已，没有任何实际价值。而经营活动现金流量则不同，当流量为正时，金额越多，说明资金越充足，企业有越多的资金用于扩大经营规模或偿还负债；反之，若企业的经营活动现金流量长期为负，必然难以支付日常开支，财务危机也将接踵而至。可见，充足稳定的经营活动现金是企业生存发展的基本保证。

从深圳市盐田港集团的现金流量表（见表 4－1）可以看出，该集团 2020 年的经营活动现金流量净额为 27 334 万元，其中经营活动现金流入为 68 249 万元，现金流出为 40 915 万元。经营活动现金净流量占经营活动现金流入量的 40%，说明其经营活动获取现金的能力较强，可以为集团的其他各项活动提供有力支持。

补充资料中的经营活动现金流量是采用间接法编制的，它从净利润出发，通过逆向调节，得到经营活动现金净流量。补充资料与正表一起，从不同角度来剖析经营活动现金流量的组成。一般来说，间接法下的经营活动现金流量由两部分构成：营运资本支出前的现金流量和营运资本项目（应收账款、存货、应付账款）对现金流量的影响。企业在营运资本中投入的现金与企业的有关政策和经营状况是相关的，如赊销政策决定应收账款水平，支付政策决定应付账款水平，销售政策决定存货水平。分析时应结合企业所在行业特点、自身发展战略等来评价营运资本管理状况及对现金流量的影响。

二、投资活动现金流量分析

投资活动现金流量反映企业资本性支出中的现金数额，分析的重点是购置或处置固定资产发生的现金流入和流出数额。根据固定资产投资规模和性质，可以了解企业未来的经营方向和获利潜力，揭示企业未来经营方式和经营战略的发展变化。同时，还应分析投资方向与企业的战略目标是否一致，了解所投资金是来自内部积累还是外部融资。如果处置固定资产的收入大于购置固定资产的支出，则表明企业可能正在缩小生产经营规模，或正在退出该行业，应进一步分析是由于企业自身的原因（如某系列产品萎缩）还是行业的原因（如该行业出现衰落趋势），以便对企业的未来进行预测。

从深圳市盐田港集团的现金流量表（见表 4－1）可以看出，该集团 2020 年投资活动现金流量净额为－116 542 万元，其中投资活动现金流入为 11 915 万元，现金流出为 235 693 万元。此表还反映出投资活动所产生的现金流出远大于现金流入，导致投资活动现金流量净额为负值，存在诸多隐患。

三、筹资活动现金流量分析

根据筹资活动现金流量，可以了解企业的融资能力和融资政策，分析融资组合和融资方式是否合理。融资组合和融资方式直接关系到资金成本的高低和风险大小。例如债务融资，在通货膨胀时企业以贬值的货币偿还债务会使企业获得额外利益。但债务融资的风险较大，在经济衰退期尤其如此。如果企业经营活动现金流量不稳定或正在下降，问题就更严重。

表 4-1 表明，深圳市盐田港集团的筹资是以债务筹资为主的，从 2018 年到 2020 年，借款金额分别为 31 998 万元、11 742 万元和 207 716 万元，占全部筹资的比例分别为 64%、81%和 60%。从该集团的现金流量表可以看出，扣除归还的本息后，2018 年到 2020 年筹资活动的现金流量呈上升趋势，且上升金额较大。

四、非现金活动流量分析

非现金活动是指不涉及现金收支的活动，包括用实物资产对外投资、用实物资产和投资偿还债务、债务转为资本、优先股转为普通股、融资租入固定资产，以及资产的非现金交换等。通过分析，可以了解资产负债表中有关项目变动的原因，分析企业的经营策略，判断企业未来的发展趋势。

除以上几个方面的分析外，将企业现金净流量与现金股利和净利润结合起来进行分析，还可以了解企业的股利政策。因为支付股利不仅需要有利润，还要有充足的现金，选择将现金留在企业还是分给股东，与企业的经营状况和发展战略有关。通常，处于快速成长期的企业不愿意支付现金股利，而更愿意把现金留在企业内部，用于扩大再生产，加速企业的发展。将企业现金净流量与投资规模结合起来，还可以了解企业的投资策略。因为投资不仅需要有利润，更要有足够的现金，没有足够的现金，企业只能望“利”兴叹。深圳盐田港的三期工程启动之后，亟须巨额资金，若以总的现金净流量而言，该公司难以承担，如果不能从其他方面筹措到足够的资金，对这一好的投资项目也只好放弃。当然盐田港还有很多自身优势，该公司经营活动现金流量一直较为稳健，仅此就可受到众多银行的青睐，而“上市公司”这一“壳”资源又为公司增添不少魅力，若从增资扩股和举债两方面融资，则所需巨额资金的问题应能迎刃而解。

根据以上几个方面的分析，我们将不同项目的现金流量，根据其净值为正还是为负进行排列组合，可以发现在不同的组合下，其产生的背景和结果是不同的，所要采取的措施也是不同的。具体分析情况如表 4-2 所示。

表 4-2 现金流量项目组合分析表

现金流量方向			分析影响结果
经营活动	投资活动	筹资活动	
+	+	+	企业筹资能力强，经营与投资收益良好，是一种较为理想的状态。此时应警惕资金的浪费，把握好投资机会。

续表

现金流量方向			分析影响结果
经营活动	投资活动	筹资活动	
+	+	-	企业进入成熟期。在这个阶段，产品销售市场稳定，已进入投资回收期，经营及投资进入良性循环，财务状况稳定安全，但有很多外部资金需要偿还，以保持企业良好的融资信誉。
+	-	+	这是企业高速发展扩张时期的表现。这时产品的市场占有率高，销售呈现快速上升趋势，造成经营活动中大量货币资金的回笼。当然为了扩大市场份额，企业仍需要大量追加投资，仅靠经营活动现金流量净额远不能满足投资需要，必须筹集必要的外部资金作为补充。
+	-	-	企业经营状况良好，可在偿还债务的同时继续投资，但应密切关注经营状况的变化，防止由于经营状况恶化而导致财务状况恶化。
-	+	+	企业靠借债维持经营活动所需资金，财务状况可能恶化。投资活动现金流入增加是一个亮点，但要分析是来源于投资收益还是投资收回。如是后者，企业面临的形势会更加严峻。
-	+	-	企业衰退时期的症状：市场萎缩，产品销售的市场占有率下降，经营活动现金流入小于流出，同时企业为了应付债务，不得不大规模收回投资以弥补现金的不足。如果投资活动现金流量来源于投资收益还好，如果来源于投资的回收，则企业将会面临更深层次的危机。
-	-	+	有两种情况：(1) 企业处于初创阶段，需要投入大量资金形成生产能力，开拓市场，其资金来源只有举债、融资等筹资活动。(2) 企业处于衰退阶段，靠借债维持日常生产经营活动，如渡不过难关，其前景将非常黯淡。
-	-	-	这种情况往往发生在盲目扩张后的企业中。由于市场预测失误等原因，经营活动现金流出大于流入，投资效益低下，造成亏损，使投入扩张的大量资金难以收回，财务状况异常危险。

注：“+”表示现金流入量大于现金流出量，“-”表示现金流出量大于现金流入量。

第三节　现金流量结构分析

现金流量结构分析的目的在于揭示现金流入量和现金流出量的结构情况，从而抓住企业现金流量管理的重点。一般而言，现金流量结构分析主要借助于现金流量比率来进行。

一、现金流量结构比率

现金流量结构比率是单项活动的现金流量与各单项活动现金流量之和的比率，说明企业现金总流量的构成情况。其计算公式如下：

$$现金流量结构比率=\frac{单项活动现金流量}{各单项活动现金流量之和}$$

该指标反映企业在三项活动中所产生的现金流量占三项活动现金流量总量的比率，即经营活动现金流量占全部现金流量的比率、投资活动现金流量占全部现金流量的比率、筹资活动现金流量占全部现金流量的比率。其中，经营活动现金流量占全部现金流量的比率，从本质上说明了企业自身运作内部经济资源创造现金的能力，报表使用者可以通过这一比率评价企业自身经营创造现金的能力。该比率越高，说明企业的财务基础越稳固，企业持续经营及获利能力的稳定程度越高，收益质量越好。

二、现金流入结构分析

现金流入结构分析分为现金总流入结构分析和各项活动现金流入内部结构分析。

（一）现金总流入结构分析

现金总流入结构比率是指各单项活动现金流入量与总现金流入量的比值，用公式表示如下：

$$现金总流入结构比率=\frac{单项活动现金流入量}{各单项活动现金流入量之和}$$

例如，2020 年深圳市盐田港集团的现金总流入结构比率为：

$$\begin{aligned}\begin{matrix}经营活动现金流入\\占现金总流入之比\end{matrix}&=\frac{经营活动现金流入量}{各单项活动现金流入量之和}\times100\%\\&=\frac{682\ 490\ 000.00}{5\ 318\ 540\ 000.00}\times100\%=12.83\%\end{aligned}$$

$$\begin{aligned}\begin{matrix}投资活动现金流入\\占现金总流入之比\end{matrix}&=\frac{投资活动现金流入量}{各单项活动现金流入量之和}\times100\%\\&=\frac{1\ 191\ 500\ 000.00}{5\ 318\ 540\ 000.00}\times100\%=22.40\%\end{aligned}$$

$$\begin{aligned}\begin{matrix}筹资活动现金流入\\占现金总流入之比\end{matrix}&=\frac{筹资活动现金流入量}{各单项活动现金流入量之和}\times100\%\\&=\frac{3\ 444\ 550\ 000.00}{5\ 318\ 540\ 000.00}\times100\%=64.76\%\end{aligned}$$

可见，该集团经营、投资和筹资活动现金流入结构分布不均衡，筹资活动现金流入相对较多，占 64.76%，说明集团从筹资活动中获取现金的能力较强。

（二）各项活动现金流入内部结构分析

各项活动现金流入内部结构比率是指各单项活动现金流入的不同组成部分与该项活动现金流入量的比值，用公式表示如下：

$$\begin{matrix}单项现金\\流入结构比率\end{matrix}=\frac{某单项活动不同部分现金流入量}{该单项活动现金流入量}$$

下面以深圳市盐田港集团 2020 年经营活动现金流入状况为例来说明这一公式的应用：

$$\frac{\text{销售商品、提供劳务收到的现金}}{\text{占经营活动现金流入之比}}=\frac{562\ 750\ 000.00}{682\ 490\ 000.00}\times100\%=82.46\%$$

$$\frac{\text{收到的其他与经营活动有关的}}{\text{现金占经营活动现金流入之比}}=\frac{95\ 830\ 000.00}{682\ 490\ 000.00}\times100\%=14.04\%$$

从上面的计算可知，经营活动现金流入的绝大部分是由销售商品、提供劳务创造的，属于正常的经营活动现金流入。

三、现金流出结构分析

现金流出结构分析分为现金总流出结构分析和单项活动现金流出内部结构分析。

（一）现金总流出结构分析

现金总流出结构比率是指各单项活动现金流出量与总现金流出量的比值，用公式表示如下：

$$\text{现金总流出结构比率}=\frac{\text{各单项活动现金流出量}}{\text{各单项活动现金流出量之和}}$$

例如，2020 年深圳市盐田港集团的现金总流出结构比率为：

$$\begin{aligned}\frac{\text{经营活动现金流出}}{\text{占现金总流出之比}}&=\frac{\text{经营活动现金流出量}}{\text{各单项活动现金流出量之和}}\times100\%\\&=\frac{409\ 150\ 000.00}{4\ 682\ 800\ 000.00}\times100\%\\&=8.74\%\end{aligned}$$

$$\begin{aligned}\frac{\text{投资活动现金流出}}{\text{占现金总流出之比}}&=\frac{\text{投资活动现金流出量}}{\text{各单项活动现金流出量之和}}\times100\%\\&=\frac{2\ 356\ 930\ 000.00}{4\ 682\ 800\ 000.00}\times100\%\\&=50.33\%\end{aligned}$$

$$\begin{aligned}\frac{\text{筹资活动现金流出}}{\text{占现金总流出之比}}&=\frac{\text{筹资活动现金流出量}}{\text{各单项活动现金流出量之和}}\times100\%\\&=\frac{1\ 916\ 720\ 000.00}{4\ 682\ 800\ 000.00}\times100\%\\&=40.93\%\end{aligned}$$

可见，该集团经营活动支出的现金所占的比例较小，为 8.74%，与其现金流入所占的比例 12.83%比较，可看出经营活动对该集团现金流量的贡献非常大，而且这部分贡献具有可持续性。投资活动现金支出占 50.33%，表明该集团投资活动比较健康。40.93%的筹资活动现金流出比率，表明筹资活动现金流出占集团现金流出比例较高。

（二）单项活动现金流出内部结构分析

单项活动现金流出内部结构比率是指单项活动现金流出的不同组成部分与该项活动现金流出量的比值，用公式表示如下：

$$\text{单项活动现金流出结构比率}=\frac{\text{某单项活动不同部分现金流出量}}{\text{该单项活动现金流出量}}$$

例如，深圳市盐田港集团 2020 年经营活动现金流出结构比率可以计算如下：

$$\text{购买商品、接收劳务支付的现金占经营活动现金流出之比}=\frac{190\ 800\ 000.00}{409\ 150\ 000.00}\times 100\%=46.63\%$$

$$\text{支付给职工以及为职工支付的现金占经营活动现金流出之比}=\frac{123\ 180\ 000.00}{409\ 150\ 000.00}\times 100\%=30.11\%$$

$$\text{支付的各项税费占经营活动现金流出之比}=\frac{46\ 400\ 000.00}{409\ 150\ 000.00}\times 100\%=11.34\%$$

$$\text{支付的其他与经营活动有关的现金占经营活动现金流出之比}=\frac{48\ 770\ 000.00}{409\ 150\ 000.00}\times 100\%=11.92\%$$

从上面的计算可知，该集团用于职工工资开支的现金流出占经营活动现金流出的 30.11%，比例较大，这是由于当地工资水平较高，该比率在正常范围之内。

四、现金流入流出比分析

现金流入流出比分析，即分析流入占流出的比例（流入/流出）。

2020 年深圳市盐田港集团经营活动现金流入流出比是 1.67，表明集团 1 元的现金流出可换回 1.67 元的现金流入，比例较高。经营活动现金流入远大于现金流出，说明其经营活动现金获得能力较强。一般而言，该比值越大越好。

投资活动现金流入流出比为 0.51，表明集团投资机会较少，投资数额少，而现金流入则是对以前年度投资的回收。一般来说，集团处在发展扩张期时该比值小，而处于衰退期或缺少投资机会时该比值大。

筹资活动现金流入流出比为 1.80，表明还款小于借款，这是对以前债务的清偿。该比值如果小于 1，说明借款小于还款。

如果将现金流入和现金流出结构与历史比较和同业比较，可以得出更加有意义的信息。

从以上分析可以看出，对于一个健康的正在成长的企业来说，经营活动现金流量净额应是正数，投资活动现金流量净额应是负数，筹资活动现金流量净额应是正负相间的。

第四节 现金流量趋势分析

会计报表反映的是企业过去的财务状况和经营成果，但人们阅读会计报表并不会仅仅满足于了解过去的情况，更重要的是根据过去的数据预测企业未来的发展趋势。现金流量的趋势分析是一种比较重要的分析方法。

现金流量的趋势分析是通过对不同时期的现金流量表进行观察，比较有关项目的变化情况，分析其变动的原因，并在此基础上预测其发展趋势的一种分析方法。采用变动趋势的原理观察连续数期的会计报表，比仅分析单一会计期间的报表能了解更多的信息，有利于掌握变化趋势，对企业未来发展进行预测。

进行趋势分析，可采用定基法和环比法计算各个项目的百分比，分析和观测其变化规律，揭示现金流量的发展变化趋势，以更好地运用资金。

一、定基法

定基法是选一个年度为基期，以基期金额为100，其余各年均以基期的金额为基数，计算出各自的百分比，以百分比进行比较分析，观察发展趋势。采用定基法必须选择好基期，如果基期选择不当，会降低这种方法的使用效果。

将深圳市盐田港集团的现金流量表以2018年为基期，采用定基法进行重新整理，可得到表4-3。

表4-3 现金流量趋势分析表（定基法）

项目	2018年	2019年	2020年
一、经营活动产生的现金流量			
销售商品、提供劳务收到的现金	100.00	156.76	138.84
收到的税费返还	100.00	0	0
收到的其他与经营活动有关的现金	100.00	158.23	287.78
经营活动现金流入小计	100.00	158.55	155.60
购买商品、接受劳务支付的现金	100.00	173.79	178.22
支付给职工以及为职工支付的现金	100.00	129.78	118.81
支付的各项税费	100.00	104.00	84.83
支付的其他与经营活动有关的现金	100.00	80.61	67.30
经营活动现金流出小计	100.00	129.01	121.09
经营活动产生的现金流量净额	100.00	257.66	271.39
二、投资活动产生的现金流量			
收回投资所收到的现金	100.00	137.07	81.26
取得投资收益所收到的现金	100.00	110.13	119.65
处置固定资产、无形资产和其他长期资产所收回的现金净额	100.00	250.00	6 850.00

续表

项目	2018年	2019年	2020年
收到的其他与投资活动有关的现金	100.00	0	0
投资活动现金流入小计	100.00	129.16	90.89
购建固定资产、无形资产和其他长期资产所支付的现金	100.00	64.21	73.17
投资所支付的现金	100.00	143.55	181.97
支付的其他与投资活动有关的现金	100.0	—	—
投资活动现金流出小计	100.00	102.64	125.87
投资活动产生的现金流量净额	100.00	40.73	207.54
三、筹资活动产生的现金流量			
吸收投资收到的现金	100.00	6.95	759.87
其中：子公司吸收少数股东投资收到的现金	100.00	6.95	101.77
取得借款收到的现金	100.00	36.70	649.15
收到其他与筹资活动有关的现金	100.00	0	0
筹资活动现金流入小计	100.00	28.78	689.01
偿还债务支付的现金	100.00	328.10	85 253.81
分配股利、利润或偿付利息所支付的现金	100.00	118.40	99.52
支付的其他与筹资活动有关的现金	100.00	0	0
筹资活动现金流出小计	100.00	122.15	1 498.84
筹资活动产生的现金流量净额	100.00	−3.32	410.65
四、汇率变动对现金及现金等价物的影响			
汇率变动对现金及现金等价物的影响	100.00	0	0
五、现金及现金等价物净增加额			
现金及现金等价物净增加额	100.00	−20.81	−716.26
加：期初现金及现金等价物余额	100.00	89.73	91.87
六、期末现金及现金等价物余额	100.00	102.38	184.33

从表4－3可以看出，深圳市盐田港集团经营活动现金流入呈逐步上升的趋势，反映集团的规模逐渐扩大，与此同时现金流出逐步上升，从而导致经营活动现金净流量变化不大；投资在2019年收回的金额大幅上升，2020年有所下降，而投资支出一直呈上升趋势；筹资活动的现金流入在2019年大幅下降，2020年又大幅上升，而筹资活动的现金流出则一直呈上升趋势。

二、环比法

环比法是各年均以上一年度为基数，分别计算出各年的百分比，以百分比进行比较分析，观察发展趋势。仍以深圳市盐田港集团的现金流量表为例，将该表的数据采用环比法进行重新整理，可得到表4－4。

表4－4　现金流量趋势分析表（环比法）

单元：元

项目	2018年	2019年	2020年
一、经营活动产生的现金流量			
销售商品、提供劳务收到的现金	100.00	156.76	88.57
收到的税费返还	100.00	0	323.98

续表

项目	2018 年	2019 年	2020 年
收到的其他与经营活动有关的现金	100.00	158.23	181.88
经营活动现金流入小计	100.00	158.55	98.14
购买商品、接受劳务支付的现金	100.00	173.79	102.55
支付给职工以及为职工支付的现金	100.00	129.78	91.54
支付的各项税费	100.00	104.00	81.56
支付的其他与经营活动有关的现金	100.00	80.61	83.48
经营活动现金流出小计	100.00	129.01	93.86
经营活动产生的现金流量净额	100.00	257.66	105.33
二、投资活动产生的现金流量			
收回投资所收到的现金	100.00	137.07	59.29
取得投资收益所收到的现金	100.00	110.13	108.65
处置固定资产、无形资产和其他长期资产所收回的现金净额	100.00	250.00	2 740.00
收到的其他与投资活动有关的现金	100.00	0	0
投资活动现金流入小计	100.00	129.16	70.37
购建固定资产、无形资产和其他长期资产所支付的现金	100.00	64.21	113.96
投资所支付的现金	100.00	143.55	126.77
支付的其他与投资活动有关的现金	100.00	—	—
投资活动现金流出小计	100.00	102.64	122.63
投资活动产生的现金流量净额	100.00	40.73	509.56
三、筹资活动产生的现金流量			
吸收投资收到的现金	100.00	6.95	10 939.12
其中：子公司吸收少数股东投资收到的现金	100.00	6.95	1 465.04
取得借款收到的现金	100.00	36.70	1 769.00
收到其他与筹资活动有关的现金	100.00	0	0
筹资活动现金流入小计	100.00	28.78	2 394.22
偿还债务支付的现金	100.00	328.10	25 984.47
分配股利、利润或偿付利息所支付的现金	100.00	118.40	84.06
支付的其他与筹资活动有关的现金	100.00	0	302.50
筹资活动现金流出小计	100.00	122.15	1 227.01
筹资活动产生的现金流量净额	100.00	−3.32	−12 381.12
四、汇率变动对现金及现金等价物的影响			
汇率变动对现金及现金等价物的影响	100.00	0	0
五、现金及现金等价物净增加额			
现金及现金等价物净增加额	100.00	−20.81	3 442.07
加：期初现金及现金等价物余额	100.00	89.73	102.38
六、期末现金及现金等价物余额	100.00	102.38	180.05

环比法与定基法的分析原理基本一致，但采用环比法进行趋势分析，是以上一年为基础来进行的，其分析的结果和定基法的分析结果有所差别。如用环比法分析经营现金流量，可以看出，深圳盐田港现金流入和流出 2020 年已呈现下降趋势，用定基法进行分析，仍然是下降趋势，只是下降的势头正在减弱。因此，两种方法应结合起来进行分析。

第五节　现金流量比率分析

现金流量比率分析，即将现金流量表中的某项财务指标与其他报表相关项目指标相对比，从而分析判断企业的经营业绩、财务状况与社会贡献等，并从中分析判断报表的真实程度。

一、与经营有关的比率分析

（一）现金销售比率

现金销售比率是现金流量表中销售商品、提供劳务收到的现金与销售收入总额（主营业务收入）之比。该比率说明企业的销售收入中有多少收回了现金。其计算公式如下：

$$现金销售比率=\frac{销售商品、提供劳务收到的现金}{主营业务收入}$$

该指标反映企业销售质量的高低，与企业的赊销政策有关。如果企业有虚假收入，则会使该指标过低。

（二）销售现金流量率

销售现金流量率是现金流量表中经营活动产生的现金流量净额与当期利润表中主营业务收入之比。该比率说明企业在某一会计期间每实现 1 元营业收入能获得多少现金净流量。其计算公式如下：

$$销售现金流量率=\frac{经营活动产生的现金流量净额}{当期主营业务收入}$$

（三）资本购买准备率

资本购买准备率是现金流量表中经营活动产生的现金流量净额与购置固定资产支出的现金之比。其计算公式如下：

$$资本购买准备率=\frac{经营活动产生的现金流量净额}{购置固定资产支出的现金}$$

该指标可以反映来自企业内部的现金对内部投资需要的保证程度，通过该指标可了解企业内部扩大再生产的能力。该指标高，说明企业进行投资后，还有多余的现金用于其他支付。

（四）现金流量充足率

现金流量充足率是经营活动产生的现金流量净额与长期负债偿还额、资本支出额、股利支付额之和之比。该指标可综合反映企业的持续经营和获利能力。其计算公式如下：

$$现金流量充足率=\frac{经营活动产生的现金流量净额}{长期负债偿还额+资本支出额+股利支付额}$$

该指标大于或接近1，说明企业的收益质量较高，持续经营能力强；该指标小于1，说明企业的收益质量较差。但是该指标并非越高越好，若该指标显著大于1，说明企业有大量的闲置资金找不到合适的投资方向，这会影响企业未来的获利能力。

（五）现金股利支付率

现金股利支付率是经营活动产生的现金流量净额与现金股利之比，反映企业支付股利的能力。其计算公式如下：

$$现金股利支付率=\frac{经营活动产生的现金流量净额}{现金股利}$$

该指标可以反映经营活动产生的现金流量能否满足企业支付股利的需要。通过该指标可以了解企业支付的现金股利是用多余现金还是依靠外部融资来支付的，分析企业在支付股利后，是否保留了足够的现金来维持未来的经营活动。如果企业的经营现金流量不足以支付股利，那么股利政策的持续性就应当受到怀疑。

（六）现金利息支付率

现金利息支付率是经营活动产生的现金流量净额与利息费用之比，它反映企业支付利息的能力。其计算公式如下：

$$现金利息支付率=\frac{经营活动产生的现金流量净额}{利息费用}$$

如果该指标小于1，说明企业必须依靠处置长期资产或从外部融资来解决利息的偿还问题，这是企业财务状况不健康的表现。

（七）经营现金满足内部需要比率

经营现金满足内部需要比率是经营活动产生的现金流量净额与购置固定资产支出、现金股利、财务费用之和之比。其计算公式如下：

$$\begin{matrix}经营现金满足\\内部需要比率\end{matrix}=\frac{经营活动产生的现金流量净额}{购置固定资产支出+现金股利+财务费用}$$

该指标反映企业经营活动产生的现金流量满足内部需要的能力。虽然企业从外部筹资是正常的，但是如果企业长期依靠外部融资来维持经营活动所需的现金和支付利息费用，则无论如何都是不正常的。如果是这样，债权人可能会认为风险过大而拒绝提供信贷，这时企业就很容易陷入财务困境。一般来说，企业正常经营活动产生的现金流量应当能够满足其对营运资本的追加投入、支付股利和利息费用。

（八）资本支出比率

资本支出比率是经营活动产生的现金流量净额与资本性支出之比。该指标反映企业本期经营活动产生的现金流量净额是否足以支付资本性支出所需要的现金。其计算公式如下：

$$资本支出比率=\frac{经营活动产生的现金流量净额}{资本性支出}$$

资本性支出包括购置固定资产、无形资产和其他长期资产的支出。资本支出比率越高，说明企业利用自身盈余扩大生产规模、创造未来现金流量或利润的能力越强，收益质量越高。如果该比率小于1，说明企业资本性投资所需要的现金除来自经营活动外，一部分或大部分要依靠外部筹资取得，企业的财务风险加大，经营及获利的持续性和财务稳定性降低，企业收益的质量较差。

二、与偿债有关的比率分析

（一）到期债务偿付率

到期债务偿付率是经营活动产生的现金流量净额与当年到期的债务总额之比，该比率说明企业偿债能力的大小。其计算公式如下：

$$到期债务偿付率=\frac{经营活动产生的现金流量净额}{当年到期的债务总额}$$

该指标能够反映企业在某一会计期间每1元到期的负债有多少经营活动现金流量净额来补充。经营活动产生的现金流量净额是偿还企业债务的真正来源。因此，该指标越高，说明企业偿还到期债务的能力越强。该指标克服了流动比率和速动比率只能反映企业在某一时点上的偿债能力的缺陷，因此具有广泛的适用性。

（二）现金比率

现金比率是现金及现金等价物的期末余额与流动负债之比，该比率反映企业偿债能力的大小。其计算公式如下：

$$现金比率=\frac{现金及现金等价物的期末余额}{流动负债}$$

现金比率是所有偿债指标，如资产负债率、流动比率、速动比率中最直接的一个指标，它能准确真实地反映出现金及现金等价物对流动负债的担保程度。当该指标大于或等于1时，说明企业即期债务可以得到顺利偿还，比率越高，担保程度越高。

（三）现金负债总额比率

现金负债总额比率是经营活动产生的现金流量净额与全部负债之比，该比率说明企业偿债能力的大小。其计算公式如下：

$$现金负债总额比率=\frac{经营活动产生的现金流量净额}{全部负债}$$

该指标反映企业在某一会计期间每 1 元负债有多少经营活动现金流量净额来偿还。该比率越高，说明企业偿还债务的能力越强。

（四）债务偿还期

债务偿还期是负债总额与经营活动产生的现金流量净额之比，它用来说明负债的偿还期限。其计算公式如下：

$$债务偿还期=\frac{负债总额}{经营活动产生的现金流量净额}$$

该指标说明在目前经营活动创造现金的水平下，企业需要多长时间才能偿还其所有债务。

三、与盈利有关的比率分析

（一）盈利现金比率

盈利现金比率是经营活动产生的现金流量净额与利润总额之比，它说明每 1 元的利润有多少现金净流量作保障。该指标是评价收益质量的指标中最综合的一个，对于防范人为操纵利润而导致信息使用者决策失误具有重要作用，因为虚计的账面利润不能带来相应的现金流入。其计算公式如下：

$$盈利现金比率=\frac{经营活动产生的现金流量净额}{利润总额}$$

该比率较高，说明利润的收现能力较强，企业有足够的现金保证经营周转的顺畅进行，企业的持续经营能力和获利的稳定性较强，利润质量较高；反之，说明企业利润的收现能力较差，收益质量不高，企业可能因现金不足而面临困境。具体运用时，应从利润总额中扣除投资收益、筹资费用和营业外收支净额，以确保指标口径的一致性。

（二）经营现金流量净利率

经营现金流量净利率是现金流量表补充资料中的“净利润”与“经营活动产生的现金流量净额”之比，反映企业年度内每 1 元经营活动现金流量带来多少净利润，用来衡量经营活动产生的现金净流量的获利能力。其计算公式如下：

$$经营现金流量净利率=\frac{净利润}{经营活动产生的现金流量净额}$$

该指标是以权责发生制原则计算的净利润与以收付实现制原则计算的经营活动产生的现金流量净额之比，可评价企业经营质量的优劣。如果企业有虚假利润等，则据此很容易判别出来。

（三）经营现金流出净利率

经营现金流出净利率是净利润与经营活动现金流出总额之比，它说明报告期内每 1 元经营活动现金流出所“产生”的净利润。其计算公式如下：

$$经营现金流出净利率=\frac{净利润}{经营活动现金流出总额}$$

该指标反映企业经营活动现金投入产出率的高低，比率越高，说明企业投入产出能力越好。

（四）现金流量净利率

现金流量净利率是净利润与现金及现金等价物净增加额之比，它说明企业经营质量的优劣。其计算公式如下：

$$现金流量净利率=\frac{净利润}{现金及现金等价物净增加额}$$

该指标反映企业每实现 1 元的现金净流量所获得的净利润额，比率越高，说明企业经营的效果越好。

（五）折旧、摊销影响比率

折旧、摊销影响比率是固定资产折旧额加无形资产摊销额与经营活动产生的现金流量净额之比，它说明企业收益质量的优劣。其计算公式如下：

$$折旧、摊销影响比率=\frac{固定资产折旧额+无形资产摊销额}{经营活动产生的现金流量净额}$$

该指标较高，说明企业在计算净利润时采用了较为稳健的会计政策，会计收益能较为真实可靠地反映企业实际盈利状况，同时表明企业固定资产和无形资产的价值得到足够的补偿，有利于企业更新设备和引进新技术、新工艺，维持企业的发展后劲，企业收益质量好；反之，该指标较低，说明企业对收益的计量采取比较乐观的态度，可能虚计收益，而且表明企业可能无法保全生产能力，影响获利的可靠性，企业收益质量低。

（六）投资收益收现比率

投资收益收现比率是取得投资收益所收到的现金与利润表中的投资收益之比，它说明企业投资收益的质量。其计算公式如下：

$$投资收益收现比率=\frac{取得投资收益所收到的现金}{投资收益}$$

该指标如果接近于 1，说明投资收益的收现能力强，收益质量高；反之，说明投资收益中有一部分未收回，投资收益的质量差。

四、与资本有关的比率分析

（一）自有资本金现金流量比率

自有资本金现金流量比率是经营活动产生的现金流量净额与自有资本金总额之比，它说明企业以自有资本金创造经营现金的能力。其计算公式如下：

$$自有资本金现金流量比率=\frac{经营活动产生的现金流量净额}{自有资本金总额}$$

式中，自有资本金总额为资产负债表中“所有者权益”项目的期末金额，它反映了投资者投入资本及积累进行经营创造现金的能力。自有资本金现金流量比率越高，说明资本回报能力越强。

（二）每股经营现金流量

每股经营现金流量是经营活动产生的现金流量净额与股份总数之比，它说明每股在报告期内所产生的经营现金流量。其计算公式如下：

$$每股经营现金流量=\frac{经营活动产生的现金流量净额}{股份总数}$$

与每股收益相比，每股经营现金流量排除了会计政策和税收对净利润的影响，能够更客观地反映股东可能获得的报酬。经营活动产生的现金流量净额是现金股利的主要来源，所以该指标是反映支付股利能力的指标，比率越高，说明支付股利的能力越强。

（三）现金流量现金股利比率

现金流量现金股利比率是经营活动产生的现金流量净额与现金股利总额之比，它用以评价企业支付股利的能力。其计算公式如下：

$$现金流量现金股利比率=\frac{经营活动产生的现金流量净额}{现金股利总额}$$

该指标衡量企业使用经营活动产生的现金流量净额支付现金股利的能力，比率越高，说明企业支付现金股利的保障越大。非股份制企业可用“经营活动现金流量净额分配利润比率”反映其支付投资利润的能力。

五、与社会贡献有关的比率分析

（一）纳税贡献率

纳税贡献率是实际缴纳的各种税金与平均净资产之比，它说明企业对社会贡献的大小。其计算公式如下：

$$纳税贡献率=\frac{实际缴纳的各种税金}{平均净资产}$$

该指标反映了企业当期支付的各种税金与平均净资产的比率关系，用以衡量企业运用全部净资产为国家、为社会创造或支付价值的能力。纳税贡献率越高，说明企业对社会的贡献越大。

（二）就业贡献率

就业贡献率是支付给职工以及为职工支付的现金与平均净资产之比，它反映企业为社会就业做贡献的能力。其计算公式如下：

$$就业贡献率=\frac{支付给职工以及为职工支付的现金}{平均净资产}$$

该指标反映企业为保障职工就业而支付的现金与资产的比率关系，用以衡量企业运用全部净资产为社会公众提供就业机会的能力。一般来说，就业贡献率越高，说明企业为社会提供就业机会的能力越强。

（三）社会积累率

社会积累率是企业上缴的各项财政收入与企业社会贡献总额之比。其计算公式如下：

$$社会积累率=\frac{上缴的财政收入总额}{企业社会贡献总额}$$

式中，上缴的财政收入总额包括企业依法向财政缴纳的各种税金，如增值税、所得税、城建税及其他各种税金等。社会积累率越高，说明企业对社会的贡献越大。

深圳市盐田港集团 2020 年现金流量指标计算汇总表如表 4-5 所示。

表 4-5　现金流量指标计算汇总表

类别	计算公式
与经营有关的比率	$现金销售比率=\frac{销售商品、提供劳务收到的现金}{主营业务收入}=\frac{562\ 750\ 000.00}{18\ 296\ 195.86}=30.76$
	$销售现金流量率=\frac{经营活动产生的现金流量净额}{当期主营业务收入}=\frac{273\ 340\ 000.00}{18\ 296\ 195.86}=14.94$
	$资本购买准备率=\frac{经营活动产生的现金流量净额}{购置固定资产支出的现金}=\frac{273\ 340\ 000.00}{706\ 400\ 000.00}=0.39$
	$现金流量充足率=\frac{经营活动产生的现金流量净额}{长期负债偿还额+资本支出额+股利支付额}=\frac{273\ 340\ 000.00}{1\ 790\ 330\ 000.00+706\ 400\ 000.00+125\ 180\ 000.00}=0.10$
	$经营现金满足内部需要比率=\frac{经营活动产生的现金流量净额}{购置固定资产支出+现金股利+财务费用}=\frac{273\ 340\ 000.00}{706\ 400\ 000.00+125\ 180\ 000.00+57\ 030\ 000.00}=0.31$

续表

类别	计算公式
与偿债有关的比率	现金比率 $=\frac{\text{现金及现金等价物的期末余额}}{\text{流动负债}}=\frac{1\ 429\ 990\ 000.00}{1\ 157\ 670\ 000.00}=1.23$
	现金负债总额比率 $=\frac{\text{经营活动产生的现金流量净额}}{\text{全部负债}}=\frac{273\ 340\ 000.00}{3\ 267\ 070\ 000.00}=0.08$
	债务偿还期 $=\frac{\text{负债总额}}{\text{经营活动产生的现金流量净额}}=\frac{3\ 267\ 070\ 000.00}{273\ 340\ 000.00}=11.95$
与盈利有关的比率	盈利现金比率 $=\frac{\text{经营活动产生的现金流量净额}}{\text{利润总额}}=\frac{273\ 340\ 000.00}{420\ 420\ 000.00}=0.65$
	经营现金流量净利率 $=\frac{\text{净利润}}{\text{经营活动产生的现金流量净额}}=\frac{383\ 230\ 000.00}{273\ 340\ 000.00}=1.40$
	经营现金流出净利率 $=\frac{\text{净利润}}{\text{经营活动现金流出总额}}=\frac{383\ 230\ 000.00}{409\ 150\ 000.00}=0.94$
	现金流量净利率 $=\frac{\text{净利润}}{\text{现金及现金等价物净增加额}}=\frac{383\ 230\ 000.00}{635\ 750\ 000.00}=0.60$
与资本有关的比率	自有资本金现金流量比率 $=\frac{\text{经营活动产生的现金流量净额}}{\text{自有资本金总额}}=\frac{273\ 340\ 000.00}{9\ 843\ 170\ 000.00}=0.03$
	每股经营现金流量 $=\frac{\text{经营活动产生的现金流量净额}}{\text{股份总数}}=\frac{273\ 340\ 000.00}{2\ 249\ 000\ 000.00}=0.12$
与社会贡献有关的比率	纳税贡献率 $=\frac{\text{实际缴纳的各种税金}}{\text{平均净资产}}=\frac{42\ 290\ 000.00}{(13\ 110\ 240\ 000.00+11\ 017\ 210\ 000.00)\div 2}=0.004$
	就业贡献率 $=\frac{\text{支付给职工以及为职工支付的现金}}{\text{平均净资产}}=\frac{123\ 180\ 000.00}{(13\ 110\ 240\ 000.00+11\ 017\ 210\ 000.00)\div 2}=0.010$

本章小结

现金流量表反映的内容是企业经营活动、投资活动和筹资活动产生的现金流量。通过对现金流量表的分析，有助于了解企业的偿债能力和运营能力，预测企业未来现金流量，为投资者和债权人决策提供必要信息。

现金流量表分析的方法有很多，主要包括现金流量项目分析、现金流量结构分析、现金流量趋势分析和现金流量比率分析。现金流量项目分析是按现金流量的项目或类别，分析各类业务活动的现金流入与流出状况及产生的原因。现金流量结构分析主要借助于现金流量比率来分析现金总流量的构成。现金流量趋势分析是通过对不同时期的现金流量表进行观察，比较有关项目的变化情况，分析其变动的原因，并在此基础上预测其发展趋势。定基法和环比法是进行趋势分析的两种基本的技术方法。现金流量比率分析是将现金流量表中的某项财务指标与其他报表相关项目指标相对比，从而分析判断企业的经营业绩、财务状况与社会贡献等，并从中分析判断报表的真实程度。

案例

天津海运为何不具备持续投资价值

长期以来，我国上市公司出于盈余管理甚至财务欺诈的动机，在年报中刻意操纵利润指标的行为已司空见惯。操纵年报中利润指标一般通过利得和损失以及非经常性损益来实现，而这些损益与现金流量没有相关性。投资者更应该关注一个公司资产和负债未来的现金流入和流出情况，即未来的获利能力，而不应该过于重视越来越波动、越来越虚化的利润指标。本文打破投资者重视年报、依赖利润指标分析决策的误区，选取天津海运这家上市公司 2014 年第三季度报表的现金流量典型案例给予解析，以期提高投资者正确解读上市公司财务报表、合理判断其投资价值的能力。

天津海运 2014 年第三季度报表显示，当季现金及现金等价物净增加额为 4.04 亿元，其由经营活动产生的现金流量净额为－19.53 百万元，投资活动产生的现金流量净额为－10.91 百万元和筹资活动产生的现金流量净额为 4.34 亿元组成。经营活动现金流入、流出量分别为 2.94 亿元和 3.14 亿元，投资活动现金流入、流出量分别为 0 元和 10.91 百万元，筹资活动现金流入、流出量分别为 4.68 亿元和 34.01 百万元。实现净利润 3.55 百万元，营业利润 897 327 元，资本性支出 10.91 百万元（全部为固定资产、无形资产和其他长期资产），偿还债务本息付现 24.01 百万元。

一、现金流量分析

1. 从公司现金流量结构来看

在全部现金流入量中，经营活动流入现金占 38.58%，投资活动流入现金占 0%，筹资活动流入现金占 61.42%。由此可以看出公司现金流入的主要来源为筹资活动和经营活动。在全部现金流出量中，经营活动流出现金占 87.48%，投资活动流出现金占 3.04%，筹资活动流出现金占 9.48%。可见，公司的现金流出主要在经营活动方面，其经营活动、投资活动占用流出现金相对较少。公司现金流入流出比为：经营活动 0.94，说明经营活动出入失衡；投资活动 0，说明未能形成投资回流；筹资活动 13.76，说明企业融资获现能力很强。综合现金流出与现金流入量和流入流出比例分析，可以发现该公司的现金流入主要来自筹资活动所得，一部分筹集资金用在了经营活动，而经营活动却产生了负的现金流，其余部分未能流入实体投资领域，财务风险巨大。

2. 从公司盈利质量来看

公司盈利现金比率（经营现金净流量/营业利润）为 21.76，经营现金净流量为负，说明公司盈利 1 元就会造成 21.76 元现金流出。可见，公司的盈利质量非常差。公司再投资比率（经营现金净流量/资本性支出）为－1.79，说明经营活动不能为扩大再生产提供任何支持。

3. 从公司筹资与支付能力来看

强制性现金支付比率〔现金流入总额/（经营现金流出量＋偿还债务本息付现）〕

为2.25，说明公司创造的现金流入量足以支付必要的经营和债务本息支出，表明公司的筹资能力、企业支付能力较强。

二、综合分析结论

天津海运2014年第三季度报表显示营业利润和利润总额分别为897 327元和3.49百万元，利润总额的74.29%是由营业外收支构成的，说明具有很大的偶然因素。现金流量整体结构不合理，公司获现能力很强，但主要由筹资获得，形成的闲置资金投放在固定资产、无形资产和其他长期资产的比例微乎其微，此外，无实体资产依托且无对称经营获现能力对冲风险，敞口很大。公司偿债能力很强，但全部依靠借款，经营活动不能形成任何支撑，财务风险化解依赖以债养债，因此要提防其资金链断裂的潜在风险。公司当下的盈利质量很差，发展前景不明朗，不具备持续投资的价值。

复习题

1. 现金在企业内部是如何流转的？哪些是双向流动的？哪些是单向流动的？
2. 现金流量表是由哪几部分组成的？内部构成在什么状态下较为理想？
3. 分析不同的现金流量组合的内涵，说明什么组合较为理想。
4. 现金流入结构和流出结构分析的思路是什么？
5. 现金流量趋势分析的方法有哪些？各有什么优点？
6. 现金流量比率分析的指标有哪些？各自分析的侧重点在哪里？

练习题

1. 某宝石电子玻璃股份有限公司2019年和2020年的现金流量如表4-6所示。

表4-6　现金流量表

单位：元

项目	2019年	2020年
一、经营活动产生的现金流量		
销售商品、提供劳务收到的现金	145 957 568	213 360 320
收到的税费返还	0	0
收到的其他与经营活动有关的现金	68 019 696	24 856 992
经营活动现金流入小计	213 977 264	238 217 312
购买商品、接受劳务支付的现金	95 896 536	130 967 832
支付给职工以及为职工支付的现金	37 657 128	36 432 988
支付的各项税费	14 016 867	14 348 115
支付的其他与经营活动有关的现金	149 874 336	79 331 352
经营活动现金流出小计	297 444 867	261 080 287
经营活动产生的现金流量净额	−83 467 603	−22 862 975

续表

项目	2019年	2020年
二、投资活动产生的现金流量		
收回投资收到的现金	127 019 720	55 209 708
取得投资收益所收到的现金	34 833 432	47 547 280
处置固定资产、无形资产和其他长期资产收回的现金净额	2 252 150	89 730
收到的其他与投资活动有关的现金	18 552 268	0
投资活动现金流入小计	182 657 570	102 846 718
购建固定资产、无形资产和其他长期资产支付的现金	55 548 688	28 760 338
投资支付的现金	0	0
支付的其他与投资活动有关的现金	0	0
投资行动现金流出小计	55 548 688	28 760 338
投资活动产生的现金流量净额	127 108 882	74 086 380
三、筹资活动产生的现金流量		
吸收投资收到的现金	0	0
取得借款收到的现金	0	0
收到的其他与筹资活动有关的现金	0	0
筹资活动现金流入小计	0	0
偿还债务支付的现金	71 658 904	0
分配股利、利润或偿付利息支付的现金	0	0
支付的其他与筹资活动有关的现金	0	0
筹资活动现金流出小计	71 658 904	0
筹资活动产生的现金流量净额	−71 658 904	0
四、汇率变动对现金及现金等价物的影响	0	0
五、现金及现金等价物净增加额	−28 017 625	51 223 405

要求：(1) 分析该公司现金流量结构是否合理，简要说明理由。

(2) 判断该公司处于一个什么样的发展时期。

(3) 预测该公司未来现金流量发展趋势。

(4) 分析该公司现金流量质量如何，以及有无发放股利的可能。

2. 在上题的基础上，补充该公司资产负债表和利润表中的相关资料，如表 4-7 所示。

表 4-7　资产负债表和利润表相关资料

单位：元

项目	2019年	2020年
流动资产	428 983 744	402 603 744
长期投资	735 099 968	738 820 928
固定资产	208 193 792	218 588 656
无形资产及其他资产	106 200 544	85 553 848
其他长期资产	60 000 032	59 999 928

续表

项目	2019 年	2020 年
资产总计	1 538 478 080	1 505 567 104
流动负债	991 322 880	928 111 680
长期负债	0	0
股东权益	547 155 200	577 455 424
负债及股东权益总计	1 538 478 080	1 505 567 104
主营业务收入	62 388 164	53 621 716
主营业务利润	24 380 360	21 720 916
营业利润	−6 548 173	1 283 957
利润总额	51 326 152	35 201 640
净利润	39 390 980	29 198 154

要求：计算与经营能力、偿债能力、盈利能力有关的现金流量指标。

第五章

合并会计报表概述及分析

引例

聚焦新兴际华

新兴际华集团有限公司，前身为新兴铸管集团，由解放军原总后勤部生产部及所辖军需企事业单位整编重组脱钩而来。1996 年改制为国有独资有限公司，1997 年在深交所上市。该公司作为国务院国资委监管中央企业，是集资产管理、资本运营和生产经营于一体的大型国有独资公司、世界 500 强企业，集团总部坐落于北京 CBD 财富金融中心。

经过几十年的发展，公司生产基地分布于全国各大区域和“一带一路”沿线国家，销售网络覆盖亚洲、欧洲、非洲、美洲，产品出口世界 120 多个国家和地区。其铸管产品国内市场和出口市场具有显著优势。公司形成了战略布局优势、销售终端优势、生产成本优势、品牌价值优势、科技创新优势和企业文化优势六大核心竞争力。公司的联合信用综合评定长期为 AAA 级别，蝉联冶金企业“竞争力极强 A+”评级，蝉联“亚洲品牌 500 强”。

2020 年，行业整体经历了突如其来的新型冠状病毒肺炎疫情和跌宕起伏的市场形势，生产组织、产品销售、物流运输都受到较大影响，在国家稳定经济、加大基建投资、减税降费、复工复产等一系列宏观政策支持下，公司的生产经营逐步恢复正常，二、三季度全国粗钢产量连创历史新高。国内需求拉动矿石价格大幅上涨，因淘汰落后产能政策逐步落实，焦炭供应持续紧张，连续 14 轮提涨，焦煤、喷煤、废钢等原燃料价格同步上涨，这些都加大了钢铁企业成本控制的压力，影响产品盈利能力。报告期内，公司管理层在董事会的领导下，一手抓疫情防控、一手抓生产经营，率先实现全面复工复产，产供销运快速联动，在开拓市场、产销联动、提质增效、科技创新、重点专项、安全环保等方面保持良好局面，实现了生产经营稳中有进。

2020 年，公司完成铸管、管件及铸件产量 295.55 万吨，同比增加 22.82%；完成钢材产量 545.21 万吨，同比增加 5.42%；完成钢格板产量 6.40 万吨，同比增加 0.90%。

公司以科技创新和优化资本布局为新动能，加强创新引领作用，优化资本在空间区域及产业链、供应链上的布局，在战略布局、科技创新、客户服务、精细化管控和品牌信誉等方面形成了独特的竞争能力。

面对该公司勃勃的雄心，投资者和债权人十分关注下列问题：

- 该公司的整体筹资能力和经营实力如何？
- 集团内部有无通过内部交易提高营业额的嫌疑？
- 公司的利润是否属于真实的利润，而非关联交易的结果？
- 集团公司与母公司获取现金的能力怎样？在集团中，母公司的地位如何？

本章将探讨包含以上诸问题在内的有关合并会计报表分析的问题。

本章要点

◇ 合并会计报表的含义

◇ 合并会计报表的特点

◇ 合并会计报表的编制方法

◇ 合并会计报表的格式、内容与分析

思政目标

马克思主义唯物辩证法告诉我们，整体和部分是相互区别又相互联系、相互依存又相互影响的。合并会计报表是以企业集团为整体，反映其所控制的资产、承担的负债、实现的收入及发生的费用等信息，是通过将母公司和各子公司的财务会计数据抵销与合并而成。合并会计报表离不开母公司和各子公司的会计数据，但对整体的反映要优于母公司和子公司的财务报表。会计报表合并过程中要特别注重少数股东权益的保护；合并资产负债表的分析也要注重横向趋势分析和纵向结构分析，体现时空之间的辩证关系；合并利润表分析的核心理念仍然是成本效益观念，体现绿色发展的理念；合并现金流量表分析还要注重分析现金收入与支出这对矛盾的主要方面。

第一节　合并会计报表概述

一、合并会计报表的含义

合并会计报表又称合并财务报表，是以母公司和子公司组成的企业集团为一会计主体，以母公司和子公司单独编制的个别会计报表为基础，由母公司编制的综合反映企业集团财务状况、经营成果及现金流量的会计报表。合并会计报表最早出现于美国。第一次世界大战时期，美国在税法中强制规定母子公司合并纳税，使得大部分控股公司都开始编制合并会计报表。1940 年，美国证券交易委员会规定，证券上市公司必须编制和提供合并会计报表，使编报合并会计报表成为证券上市公司的法定义务。由此，编报合并会计报表的企业越来越多。受美国企业编报合并会计报表的影响，一些发达资本主义国家在第二次世界大战后也逐步开始重视合并会计报表的作用。英国于 1948 年规定，企业在拥有子公司时必须在提供个别会计报表的基础上，公开企业集团会计报表（即合并会计报表）。法国证券交易委员会于 1971 年要求公开发行债券的公司、股票上市公司以及所有公营企业编制合并会计报表。德国于 1965 年要求企业编制集团会计报表。日本从 1977 年开始，要求公司编制和公布合并会计报表，并制定和发布了合并会计报表准则及规则。为协调各国合并会计报表的编制，国际会计准则委员会早在 20 世纪 70 年代中期，就开始制定和发布合并会计报表方面的准则。

随着我国企业体制改革的深入，一些股份制企业开始公开发行股票，并在上海、深圳证券交易所上市交易，或到中国香港、纽约等证券市场上市交易。为了满足海内外证券上市的需要，这些股份制企业均已对外编报合并会计报表。中国证券监督管理委员会为规范上市公司会计信息的披露，规定上市公司必须披露其合并会计报表。为满足我国企业集团发展的需要，规范我国上市公司合并会计报表的编报，财政部于 1995 年年初发布了《合并会计报表暂行规定》。

二、合并会计报表的内容

合并会计报表主要包括合并资产负债表、合并利润表、合并所有者权益变动表、合并现金流量表和合并会计报表附注。与企业个别会计报表一样，这些合并会计报表分别从不同的方面反映企业集团这一会计主体的经营情况，构成一个完整的合并会计报表体系。

（一）合并资产负债表

合并资产负债表是反映母公司和子公司所形成的企业集团在某一特定日期的财务状

况的会计报表。合并资产负债表以母公司和纳入合并范围的子公司的个别资产负债表为基础，抵销企业集团内部经济业务对个别资产负债表的影响，合并各项目的数额编制。

（二）合并利润表

合并利润表是反映母公司和子公司所形成的企业集团在一定会计期间内经营成果的会计报表。合并利润表以母公司和纳入合并范围的子公司的个别利润表为基础，抵销内部销售业务对个别利润表的影响，合并各项目的数额编制。

（三）合并所有者权益变动表

合并所有者权益变动表是反映母公司和子公司所形成的企业集团所有者权益的各组成部分当期的增减变动情况的财务报表。合并所有者权益变动表应当以母公司和子公司的所有者权益变动表为基础，在抵销母公司与子公司、子公司与子公司之间发生的内部交易对合并所有者权益变动表的影响后，由母公司合并编制。合并所有者权益变动表也可以根据合并资产负债表和合并利润表进行编制。

（四）合并现金流量表

合并现金流量表是反映母公司和子公司所形成的企业集团在一定会计期间现金流入量、流出量以及现金净流量增减变动情况的会计报表。合并现金流量表是以合并资产负债表、合并利润表以及其他影响企业集团一定会计期间现金流入、流出的资料为依据编制的。

三、合并会计报表的作用

合并会计报表的作用主要表现在以下两个方面：

（1）合并会计报表能够对外提供反映由母子公司组成的企业集团整体经营情况的会计信息。

在控股经营的情况下，母公司和子公司都是独立的法人实体，分别编报自身的会计报表，分别反映企业本身的生产经营情况，这些会计报表并不能够有效地提供反映整个企业集团的会计信息。因此，要了解整体经营情况，就需要将控股公司与被控股子公司的会计报表进行合并，通过编制合并会计报表提供反映企业集团整体经营情况的会计信息，以满足企业集团管理当局强化对被控股企业管理的需要。

（2）合并会计报表有利于避免一些企业集团利用内部控股关系人为粉饰会计报表情况的发生。

控股公司的发展带来了一系列新的问题。一些控股公司出于避税考虑，利用对子公司的控制关系，运用内部转移价格等手段转移利润，如低价向子公司提供原材料、高价收购子公司产品等。还有一些控股公司通过高价对企业集团内的其他企业销售产品、低价购买其他企业的原材料等，转移亏损。通过编制合并会计报表，可以将企业集团内部交易所产生的收入及利润予以抵销，使会计报表反映企业集团客观真实的财务和经营情况，有利于防止和避免控股公司人为操纵利润、粉饰会计报表现象的发生。

四、合并会计报表的特点

合并会计报表是以整个企业集团为一会计主体，以组成企业集团的母公司和子公司的个别会计报表（指企业单独编制的会计报表，为了与合并会计报表相区别，称其为个别会计报表）为基础，抵销内部交易或事项对个别会计报表的影响后编制而成的。与个别会计报表相比，它具有如下特点：

（1）合并会计报表反映的是母公司和子公司所组成的企业集团整体的财务状况和经营成果，反映的对象是由若干个法人组成的会计主体，是经济意义上的会计主体，而不是法律意义上的主体。个别会计报表反映的则是单个企业法人的财务状况和经营成果，反映的对象是企业法人。对于由母公司和若干个子公司组成的企业集团来说，母公司和子公司编制的个别会计报表分别反映母公司本身和子公司本身各自的财务状况和经营成果，而合并会计报表则反映母公司和子公司组成的集团这一会计主体综合的财务状况和经营成果。

（2）合并会计报表由企业集团中对其他企业有控制权的控股公司或母公司编制。也就是说，并不是企业集团中所有企业都必须编制合并会计报表，更不是社会上所有企业都需要编制合并会计报表。与此不同，个别会计报表由独立的法人企业编制，所有企业都需要编制个别会计报表。

（3）合并会计报表以个别会计报表为基础编制。企业编制个别会计报表，从设置账簿、审核原始凭证、编制记账凭证、登记会计账簿到编制会计报表，有一套完整的会计核算方法体系。合并会计报表是以纳入合并范围的企业的个别会计报表为基础，根据其他有关资料，抵销有关会计事项对个别会计报表的影响而编制的，它并不需要在现行会计核算方法体系之外单独设置一套账簿体系。

（4）合并会计报表的编制有其独特的方法。个别会计报表有其自身固有的一套编制方法和程序。合并会计报表是在对纳入合并范围的个别会计报表的数据进行加总的基础上，通过编制抵销分录将企业集团内部的经济业务对个别会计报表的影响予以抵销，然后合并会计报表各项目的数额编制的。

合并会计报表不同于汇总会计报表。汇总会计报表主要是指由行政管理部门根据所属企业报送的会计报表，对其各项目进行加总编制的会计报表。合并会计报表与其相比，首先是编制目的不同。编制汇总会计报表的目的主要是满足有关行政管理部门或国家了解掌握整个行业或整个部门所属企业的财务经营情况的需要；编制合并会计报表则主要是满足公司的所有者、债权人以及其他有关方面了解企业集团整体财务状况和经营成果的需要。其次，两者确定编报范围的依据不同。汇总会计报表的编报范围主要是以企业的财务隶属关系作为确定的依据，即以企业是否归其管理、是否是其下属企业作为确定编报范围的依据，凡属于企业的下属企业，在财务上归其管理的，则包括在汇总会计报表的编报范围之内；合并会计报表则是以母公司对另一企业的控制关系作为确定编报范围（即合并范围）的依据，凡是通过投资关系或协议能够对其实施有效控制的企业，则属于合并会计报表的编报范围。最后，两者所采用的编制方法不同。汇总会计报表主要采用简单加总方法编制；

合并会计报表则必须在抵销内部投资、内部交易、内部债权债务等内部会计事项对个别会计报表的影响后编制。

五、合并会计报表编制的基本方法

合并会计报表按其编制的时间不同，可以分为合并时的合并会计报表和合并后的合并会计报表两种。与此相适应，编制合并会计报表有不同的处理方法。

（一）股权取得日合并会计报表的编制

顾名思义，股权取得日合并会计报表是指母公司在取得子公司控制性股权时，为了反映整个企业集团合并日财务状况而编制的会计报表。在股权取得日，除发生母公司对子公司的投资业务外，尚未发生其他集团内部往来业务，因此，股权取得日的合并会计报表仅有合并资产负债表，而且其编制方法相对简单。股权取得日合并会计报表的编制方法包括购买法、权益结合法和新主体法，下面对这几种方法进行简要介绍。

1. 购买法

母公司以现金、票据或其他形式购买子公司发行在外的股票来取得子公司全部或一部分的净资产及控制权时，一般采用购买法。根据现行《企业会计准则》的规定，非同一控制下取得子公司，母公司编制购买日的合并资产负债表时，因企业合并取得的子公司各项可辨认资产、负债及或有负债应当以公允价值在合并报表中列示，母公司合并成本大于取得的子公司可辨认净资产公允价值份额的差额，作为合并商誉在合并资产负债表中列示。

例 5-1 2020 年 1 月 1 日，H 公司取得 S 公司的股票，当时 S 公司的盈余公积为 1 000 万元。根据 H 公司和 S 公司 2020 年 12 月 31 日的资产负债表（见表 5-1、表 5-2）编制 2020 年 12 月 31 日的合并资产负债表（设 H 公司尚未对 S 公司新增利润进行处理）。

表 5-1 H 公司资产负债表

时间：2020 年 12 月 31 日　　单位：万元

项目	金额
资产	
货币资金	100
应收账款	100
存货	500
长期投资——对 S 公司，3 000 股	5 000
固定资产	2 000
资产总计	7 700
所有者权益	
股本，每股 1 万元	5 000
盈余公积	2 700
负债与所有者权益总计	7 700

表 5-2 S公司资产负债表

时间：2020年12月31日　　单位：万元

项目	金额
资产	
货币资金	1 700
应收账款	300
存货	700
固定资产	1 800
资产总计	4 500
所有者权益	
股本，每股1万元	3 000
盈余公积	1 500
负债与所有者权益总计	4 500

在编制合并资产负债表时，首先应确认商誉。此例中，合并产生的商誉计算如表5-3所示。

表 5-3 合并产生的商誉

单位：万元

项目	金额
H公司的投资成本	5 000
取得的净资产	
在S公司取得的股票	3 000
取得的盈余公积	1 000
合并产生的商誉	1 000

按照前面的编制程序，合并资产负债表的编制结果见表5-4。

表 5-4 合并资产负债表

时间：2020年12月31日　　单位：万元

项目	金额
资产	
货币资金	1 800
应收账款	400
存货	1 200
固定资产	3 800
合并产生的商誉	1 000
资产总计	8 200
所有者权益	
股本（母公司）	5 000
盈余公积	3 200
负债与所有者权益总计	8 200

对上述合并资产负债表，有下列各项需要说明：

(1) 将集团内所有公司的固定资产和流动资产直接相加，成为合并资产负债表相应项目的金额。

（2）合并资产负债表中的股本仅为母公司股本。

（3）合并资产负债表的盈余公积为母公司的盈余公积与子公司受资后新增的盈余公积中属于集团的部分（即 1 500 万元－1 000 万元）。

（4）母公司（H 公司）对子公司的长期投资，一部分与子公司当日所有者权益中属于母公司所有的部分（本例为 100%）抵销，如果有差额即为商誉。本例中，商誉作为一项资产保留在合并会计报表中。对于合并中产生的商誉的处理主要有两种方法：第一，将其金额与集团的资本公积抵销；第二，首先作为一项资产，在合并会计报表中出现，然后在估计的有效期间内从集团合并后的利润（盈余公积、未分配利润）中予以分期注销。

2. 权益结合法

当母公司用自己的普通股去交换对方几乎全部的普通股，将它变成自己的子公司时，一般采用权益结合法。在这种情况下，母公司通过增发自己的普通股来换取子公司全部股票或换取数额在要求比例以上的股票以实现双方股权的结合，这种处理方法只是双方拥有权的一种联合，而不存在任何意义上的买卖关系。母公司通过发行股票给子公司原来的股东，取得子公司的控股权，而子公司原来的股东则成为母公司的新股东，所以在权益结合法下，母公司的投资额只以子公司净资产账面价值为基础，不考虑各项资产的当时市价，合并会计报表时只要将它们各自的资产、负债合并列示在一张表中就可以了。

从会计角度看，采用权益结合法时，因母公司无须支付现金或其他资源，所以两公司的资产、负债、收入、费用等的合并，只需以其账面金额为基准；但如果采用购买法，由于发生了买卖交易行为，就应以子公司各项资产、负债的公允市价作为编制合并会计报表的基础。所以，采用不同的会计处理方法所编制出来的合并会计报表，结果是不一样的。企业合并时应按规定选择编制方法。

下面举例说明采用权益结合法与购买法编制合并会计报表的差异。

假定 H 公司用发行 H 公司股票的方法购买 S 公司的全部股本，H 公司和 S 公司的股票每股的现行价值均为 3 元，H 公司发行 800 万股股票以交换 S 公司的 800 万股股票。

合并前两公司的概括资产负债表如表 5－5、表 5－6 所示。

表 5－5　H 公司资产负债表

单位：万元

净资产	1 600	所有者权益	
		普通股，每股 1 元	1 000
		未分配利润	600
	1 600		1 600

表 5－6　S 公司资产负债表

单位：万元

净资产	1 200	所有者权益	
		普通股，每股 1 元	800
		未分配利润	400
	1 200		1 200

在购买法下，股票交换价值为 2 400 万元（800 万股，每股 3 元）。

股票发行后，购买法下的 H 公司的资产负债表如表 5－7 所示。

表 5－7　H 公司股票发行后的资产负债表（购买法）

单位：万元

净资产（无变化）	1 600	所有者权益	
长期投资——S 公司	2 400	普通股，每股 1 元	1 800
		股本溢价（2×800）	1 600
		未分配利润	600
	4 000		4 000

编制的合并资产负债表如表 5－8 所示。

表 5－8　合并资产负债表（购买法）

单位：万元

净资产（1 600＋1 200）	2 800	所有者权益	
商誉（2 400－1 200）	1 200	普通股，每股 1 元	1 800
		股本溢价（2×800）	1 600
		未分配利润	600
	4 000		4 000

在编制合并资产负债表时，对子公司的投资成本如果超过所提取的净资产价值，将会产生合并商誉。在会计上，一般准则要求在合并会计报表中将子公司的净资产按股权取得日的公允市价列示，而不是按子公司的账面净资产列示。我们在本书的举例中一直未讨论这个问题，主要出于两方面的考虑：一是简化举例，说明基本原理；二是根据我们了解的资料，在一些会计水准较高的国家，编制合并会计报表也未使用被并购企业净资产的公允市价，而是使用净资产的账面净值。

但是，如果采用权益结合法，合并资产负债表将会有很大的不同。在权益结合法下，用以交换其他股票而发行的股票的计价，不是按照现行价值而是按照它们的面值。比如，H 公司发行的 800 万股，应以每股 1 元计价，而不是每股 3 元。相应地，在 S 公司的投资将以“成本”800 万元列示。

在权益结合法下，股票交换的价值将以 800 万元记载，如表 5－9 所示。

表 5－9　H 公司股票发行后的资产负债表（权益结合法）

单位：万元

净资产（无变化）	1 600	所有者权益	
长期投资——S 公司	800	普通股，每股 1 元	1 800
		未分配利润	600
	2 400		2 400

采用权益结合法编制的合并资产负债表如表 5－10 所示。从表 5－10 可以看出，这两家公司在结合前的未分配利润仍列为未分配利润，而两家公司的净资产按照它们的历史成本列示。两家公司各自的成果进行简单的加计，无股票溢价发生。在权益结合法下，不需要在报表中计入子公司资产的公允市价。这一方法不会导致

折旧费用增加。

表 5－10　合并资产负债表（权益结合法）

单位：万元

净资产（1 600+1 200）	2 800	所有者权益	
		普通股，每股 1 元	1 800
		股本溢价	
		未分配利润	1 000
	2 800		2 800

3. 新主体法

新主体法基于这样的假设：企业通过控股合并产生了一个新的主体，即合并主体，而参与合并的各主体均已消亡，因此应当为新的会计主体建立新的会计基础。对参与合并的母公司和子公司的资产、负债，都应按合并日的公允市价反映于合并资产负债表中，合并前双方的留存利润都不应转入新的会计主体，因此在合并日的合并留存利润为零。这种方法将参与合并的母公司与子公司置于同等重要的地位，而不仅仅是着眼于母公司股东的需要。显然，这种方法是以主体理论为依据的。但它将母公司的净资产重新估价，这一做法又有别于编制合并会计报表的主体理论。

上述三种方法中，购买法是国际上广泛运用的一种方法，权益结合法只在少数国家的会计实务中运用，并受到许多严格条件的限制，而新主体法则是一种纯理论方法，尚未得到实务界的认可。编制合并会计报表是一个比较复杂的问题，以上只是简单说明编制合并会计报表的基本方法，作为报表阅读者，一般不需要掌握报表的编制，故此不予展开详述。

（二）股权取得日后合并会计报表的编制

股权取得日后的合并会计报表是指母公司在取得对子公司的控股权以后，于每一会计期末编制的合并会计报表。由于企业集团内部各成员企业都是法律主体和会计主体，因此其内部发生的经济业务都反映在它们各自的个别会计报表中。这样，反映在个别会计报表中的有关资产、负债、股东权益、收入、费用等项目，在汇总数中就含有重复计算的部分，而编制合并会计报表，正是要通过特定的程序和方法，对这些重复的项目予以抵销，以提供反映集团真实财务状况、获利能力和现金流量的信息。

1. 编制合并会计报表的方法和程序

合并会计报表的编制是一项极为复杂的工作，不仅涉及母公司会计业务和会计报表，而且涉及纳入合并范围的子公司的会计业务和会计报表。为了使合并会计报表的编制工作有条不紊地进行，必须遵循一定的方法和程序。合并会计报表编制的方法和程序如下：

（1）编制合并工作底稿。

合并工作底稿的作用是为合并会计报表的编制提供基础。在合并工作底稿中，对母公司和纳入合并范围的子公司的个别会计报表各项目的数额进行汇总和抵销处理，最终计算得出合并会计报表各项目的合并数。合并工作底稿的格式如表 5－11 所示。

表 5-11　合并工作底稿

项目	母公司	子公司	抵销分录		少数股权	合并数
			借方	贷方		

（2）将各项数据输入合并工作底稿。

将母公司、纳入合并范围的子公司的个别资产负债表、利润表及利润分配表各项目的数据输入合并工作底稿，并在合并工作底稿中对母公司和子公司个别会计报表各项目的数据进行加总，计算得出个别资产负债表、个别利润表及个别利润分配表各项目合计数额。

（3）编制抵销分录。

将母公司与子公司、子公司与子公司之间发生的经济业务对个别会计报表有关项目的影响进行抵销处理。编制抵销分录进行抵销处理是合并会计报表编制的关键和主要内容，其目的在于将个别会计报表各项目的加总数据中重复的因素予以抵销。

（4）计算合并会计报表各项目的合并数额。

在母公司和纳入合并范围的子公司的个别会计报表各项目加总数额的基础上，分别计算合并会计报表中资产类项目、负债类项目、股东权益类项目、收入类项目和成本、费用类项目等的合并数。其计算方法如下：

1）资产类各项目。

资产类各项目的合并数根据项目加总的数额，加上该项目抵销分录的借方发生额，减去该项目抵销分录的贷方发生额计算确定。

2）负债类各项目和股东权益类各项目。

负债类各项目和股东权益类各项目的合并数根据该项目加总的数额，减去该项目抵销分录的借方发生额，加上该项目抵销分录的贷方发生额计算确定。对于合并非全资子公司资产负债表中的少数股东权益的数额，则视同抵销分录的借方发生额处理。

3）收入类各项目。

收入类各项目的合并数根据该项目加总的数额，减去该项目抵销分录的借方发生额，加上该项目抵销分录的贷方发生额计算确定。

4）有关成本、费用类各项目和有关利润分配的各项目。

有关成本、费用类各项目和有关利润分配的各项目的合并数根据该项目加总的数额，加上该项目抵销分录的借方发生额，减去该项目抵销分录的贷方发生额计算确定。

（5）填列合并会计报表。

根据合并工作底稿中计算出的资产、负债、股东权益、收入、成本、费用类各项目的合并数，填列正式的合并会计报表。

2. 集团内部往来事项的抵销

（1）母公司长期股权投资与子公司股东权益项目的抵销。

母公司对子公司进行的长期股权投资，一方面在母公司资产负债表上表现为“长期股权投资”项目的增加，另一方面则表现为“库存现金”等其他有关资产项目的减少。子公司接受投资时，在子公司资产负债表上表现为“库存现金”等有关资产项目的增加和“股东权益”项目的增加。但从企业集团的角度看，这种投资实际上是把母公司的资金转付给被投资企业——子公司，并未引起整个集团股东权益的增减。因此，编制合并会计报表时，应当将母公司对子公司的长期股权投资项目与子公司的股东权益项目做抵销处理。

1）全资子公司的抵销处理。

当子公司为全资子公司时，采用权益法处理，母公司对子公司的长期股权投资额与子公司的股东权益金额通常是一致的。此时，应将母公司对子公司的长期股权投资额即“长期股权投资”项目与子公司的股东权益即“股本”与“留存收益”项目全额抵销。

例 5-2 母公司甲企业拥有一家全资子公司乙企业，乙企业的全部股东权益为甲企业所拥有。在母公司的资产负债表中，其对该子公司的长期投资额为 100 000 元，在子公司的资产负债表中表现为普通股 80 000 元、留存收益20 000 元。甲企业在编制合并资产负债表时应做如下抵销分录：

借：股本——普通股	80 000	
留存收益	20 000	
贷：长期股权投资——子公司		100 000

2）非全资子公司的抵销处理。

当子公司为非全资子公司时，母公司仅拥有子公司的“多数股权”，其投资额与子公司的股东权益金额通常是不一致的。此时，应将母公司对子公司的长期股权投资额与子公司的股东权益中为母公司所拥有的数额进行抵销。至于子公司股东权益中不属于母公司的份额，在合并资产负债表中应作为“少数股权”。

例 5-3 承例 5-2，假定母公司甲企业拥有子公司乙企业 80%的股份，在母公司资产负债表中表现为对该子公司的长期股权投资额 80 000 元，子公司股东权益 100 000 元中还有 20 000 元为其他投资者所拥有，即少数股权为20 000元。母公司在编制合并资产负债表时应做如下抵销分录：

借：股本——普通股	80 000	
留存收益	20 000	
贷：长期股权投资——子公司		80 000
少数股东权益		20 000

在上述两例中，母公司对子公司的长期股权投资额与子公司股东权益中母公司所拥有的份额是一致的，因而在编制合并会计报表时两者能够完全抵销。但是，在有些情况下，两者抵销后还可能会发生一定的差额，这种差额应作为“合并价差”处理。

合并价差只有在母公司通过第三者取得子公司控股权时才会产生。在有关项目抵销时，这种合并价差属于母公司“长期股权投资”项目的调整项目。在编制合并会计报表时，应视母公司对子公司权益性资本投资额大于或小于子公司股东权益中母公司所拥有的份额，将其差额分别记入合并工作底稿中抵销栏的借方栏或贷方栏。

例 5-4　承例 5-3，假定母公司从证券市场上以 85 000 元购得子公司股票，资产负债表中列示对该子公司的长期股权投资额为 85 000 元。母公司在子公司的股东权益中拥有的份额为 80%，即 80 000 元，两者的合并价差为 5 000 元。母公司应编制如下抵销分录：

借：股本——普通股　　80 000
　　留存收益　　20 000
　　合并价差　　5 000
　贷：长期股权投资——子公司　　85 000
　　　少数股东权益　　20 000

（2）集团内部成员企业之间债权债务的抵销。

发生在集团内部成员企业之间的应收应付、预收预付等往来业务，在债权方与债务方的会计报表中分别表现为资产和负债，但对整个企业集团而言，既不会增加资产，也不会增加负债。因此，在编制合并会计报表时应该将集团内部成员企业之间对应的往来款项予以抵销。

此外，在集团内部成员企业的债权方采用备抵法计提坏账准备的情况下，内部应收账款所提取的坏账准备在其个别会计报表上，一方面表现为资产负债表中应收账款净值的减少，另一方面表现为利润表中信用减值损失的增加。随着内部应收账款的抵销，与之对应的坏账准备也应相应抵销。

例 5-5　假定母公司甲企业的资产负债表列示应收账款项目中有 5 000 元为应收子公司乙企业的账款，所列坏账准备项目中有 50 元属于应收子公司账款的坏账准备。母公司在编制合并会计报表时应做如下抵销分录：

借：应付账款——母公司　　5 000
　贷：应收账款——子公司　　5 000
借：坏账准备　　50
　贷：信用减值损失　　50

在连续编制合并会计报表的情况下，本年度抵减的坏账费用，要在下年度编制合并会计报表时，调整"年初留存收益"项目。

集团内部的债权债务项目还包括成员企业一方发行债券而另一方对此债券进行投资的业务。在这种情况下，投资企业的资产负债表中表现为"库存现金"等项目的减少和"债权投资"项目的增加，在发行企业资产负债表中则表现为"库存现金"等项目的增加和"应付债券"项目的增加。但就整个企业集团而言，企业集团内部公司债券的买卖，并不会增加资产和负债。因此，在编制合并资产负债表时，应将投资企业的"债权投资"项目与发行企业相应的"应付债券"项目相抵销。与此同时，还应将企业债券投资发生的"应收利息"项目和"投资收益"项目分别与发行企业发生的"应付利息"项目和"利息支出"项目做抵销处理。

例 5-6 母公司甲企业于 2020 年 1 月 1 日直接购进子公司乙企业发行的面额为 100 000 元、年利率为 8%的 5 年期债券。子公司按平价发行，每年 12 月 31 日应付债券利息为 8 000（100 000×8%）元。以上会计事项分别反映在母公司与子公司的个别资产负债表的有关项目内。母公司在编制合并会计报表时应做抵销分录如下：

借：应付债券	100 000	
贷：债权投资		100 000
借：应付利息	8 000	
贷：应收利息		8 000
借：投资收益	8 000	
贷：利息支出		8 000

如果持有的企业集团内部债券不是从发行方直接购进，而是从第三者或在证券市场上间接购进的，那么投资企业的债券投资额与发行方的应付债券数额可能不一致，从而使两者在抵销时产生差额。这种差额实质上也属于长期投资项目的调整项目，在编制合并会计报表时，可比照母公司对子公司的长期股权投资与子公司股东权益抵销时的差额进行处理，即作为“价差”单独列示于合并会计报表中的“债权投资”项目下。

3. 集团内部商品交易的抵销

企业集团内部的商品交易，如母子公司之间或子公司与子公司之间商品的买卖，在交易发生时销售方将集团内部存货销售作为收入确认，并计算其损益；购买方则以支付的购货价款为其存货成本入账。于是，购货方购入的商品在期末形成其个别资产负债表中存货的价值（假设编表时未实现对集团外部的销售），其中既包括销货方销售商品成本转化而成的存货成本，又包括销货方销售毛利转化而成的存货成本。但从企业集团的角度来看，购货方期末存货价值中所含销货方的销售毛利，并不是已实现的利润。如果将母子公司个别会计报表中的存货直接相加，不仅会高估企业集团整体的存货价值，而且会虚增企业集团整体的利润。因此，在编制合并资产负债表时，应将期末存货的高估价值及未实现的内部交易损益予以抵销。

例 5-7 假定子公司乙企业期末存货 50 000 元全部是从母公司甲企业购入的。母公司对子公司的销售收入 50 000 元中，销售成本为 40 000 元，销售毛利为 10 000 元，即子公司期末存货 50 000 元中所含未实现的内部销售利润为10 000 元。母公司编制合并会计报表时应做抵销分录如下：

借：营业收入	50 000	
贷：营业成本		40 000
存货		10 000

在连续编制合并会计报表的情况下，本年度抵减的销售收入和销售成本，要在下年度调整“年初留存收益”项目。

如果本例中母公司销售给子公司的商品在编表日已由子公司对集团外部售出，这时，从整个企业集团看，内部销售利润已经实现，因此在合并工作底稿中，应将销售方

（母公司）的内部销售收入与购货方（子公司）对外销售时所结转的销售成本相互抵销。

例 5-8　假定子公司乙企业从母公司甲企业购入的 50 000 元商品在本会计期内已全部对集团外部售出。这时，列示在子公司利润表中对外销售的销售成本 50 000 元应与列示在母公司利润表中按售价计算的内部销售收入 50 000 元抵销。编制抵销分录如下：

借：营业收入　　50 000
　贷：营业成本　　50 000

4. 集团内部固定资产交易的抵销

集团内部固定资产交易是指企业集团内部成员企业之间发生的与固定资产有关的购销业务。从集团会计实务的角度看，这类业务较常见的是集团内部的企业将自己生产的产品销售给集团内的其他企业作为固定资产使用。在这种情况下，母公司在编制合并会计报表时，一方面应将销售方由于该内部销售所实现的销售收入与销售成本予以抵销，另一方面应将购买方固定资产原价中包含的未实现内部销售利润予以抵销。

例 5-9　假设乙企业和丙企业均为甲企业下属的子公司。2020 年 1 月 2 日，乙企业将成本为 7 000 元的产品销售给丙企业作为固定资产使用，售价为10 000 元。这时，乙企业在利润表中确认销售收入 10 000 元，结转销售成本 7 000 元，而丙企业则以 10 000 元作为固定资产原价列示在资产负债表中，其中含有 3 000 元的未实现内部销售利润。对此，母公司在编制合并会计报表时应做抵销分录如下：

借：营业收入　　10 000
　贷：营业成本　　7 000
　　　固定资产　　3 000

在连续编制合并会计报表的情况下，本年度抵减的销售收入和销售成本，要在下年度调整“年初留存收益”项目。

在内部交易形成的固定资产当期投入使用的情况下，必须计提折旧，由此还涉及折旧的抵销处理。购买方是以固定资产的取得成本作为原价计提折旧的，而固定资产取得成本中含有未实现内部销售利润，在使用年限相同的前提下，其各期计提折旧的数额要大于不包含未实现内部销售利润时计提折旧的数额。因此，必须将当期多计提折旧的数额从固定资产当期计提的折旧费用中予以抵销。

例 5-10　承例 5-9，假设丙企业购入固定资产后即投入使用，该固定资产的使用年限为 5 年，丙企业每年实际计提折旧 2 000 元（不考虑残值因素）。此时，由于固定资产原价中包含有未实现内部销售利润 3 000 元，按 5 年计算，每年多提折旧 600（3 000÷5）元。母公司编制合并会计报表时应做抵销分录如下：

借：累计折旧　　600
　贷：管理费用　　600

在连续编制合并会计报表的情况下，本年度抵减的折旧费用，要在下年度调整“年初留存收益”项目。

六、合并会计报表特殊项目的解释

（一）合并会计报表编制应遵循的原则

合并会计报表作为财务报表，必须符合财务报表编制的基本要求，这些基本要求包括真实可靠、全面完整和编报及时等。编制合并会计报表时，除了遵循财务报表编制的基本要求外，还应当遵循以下原则和要求。

1. 以个别会计报表为基础编制

合并会计报表不是直接根据母公司和子公司的账簿编制的，而是利用母公司和子公司编制的反映各自财务状况和经营成果的财务报表提供的数据，通过合并个别会计报表编制的。事实上，在子公司很多的情况下，也很难直接根据各公司的账簿资料编制。以纳入合并范围的母公司、子公司的个别会计报表为基础，是真实性要求在合并会计报表编制过程中的具体体现。

2. 一体性原则

合并会计报表反映的是企业集团的财务状况和经营成果。在编制合并会计报表时，应当将母公司和所有子公司作为整体来看待，视为一个会计主体，母公司和子公司所发生的经济业务及子公司相互之间发生的经济业务，都应当从企业集团这一整体的角度进行考虑。因此，在编制合并会计报表时，对于母公司与子公司之间、子公司与子公司之间发生的经济业务，应当视为同一会计主体内部业务处理。例如，母公司与子公司之间的应收应付账款，在个别资产负债表中分别作为资产和负债处理，但从企业集团整体来看，则属于内部资金的调拨问题。再如，母公司与子公司之间发生购销业务，从企业集团整体来看，在母公司或子公司将商品销售给企业集团以前，该销售业务并没有真正实现。内部销售形成的存货，从企业集团整体来看，只是商品的存放地点发生移位，存货的价值不会发生增值，也不应当发生增值。为此，编制合并会计报表时需要将其中包括的未实现内部销售利润予以抵销。

3. 重要性原则

与个别会计报表相比，合并会计报表涉及多个法人主体，涉及的经营活动范围很广。因此，合并会计报表要综合反映企业集团这一会计主体的财务情况，必然要涉及重要性的判断问题，特别是在拥有众多子公司的情况下，更是如此。所以，在编制合并财务报表时，必须强调重要性原则的运用。比如一些项目在企业集团中的某一企业具有重要性，但对于整个企业集团则不一定具有重要性。在这种情况下，要根据重要性的要求对会计报表项目进行取舍。此外，母公司与子公司之间、子公司相互之间发生的经济业务，当对整个企业集团财务状况和经营成果影响不大时，为简化合并手续，应根据重要性原则进行取舍，可以不进行抵销处理。

（二）会计期间与会计政策

《合并会计报表暂行规定》对会计期间与会计政策的选择做出了限制性规定，指出母公司为了编制合并会计报表，应当统一母公司与子公司的会计报表决算日和会计期间，使子公司会计报表决算日和会计期间与母公司会计报表决算日和会计期间保持一致。不一致时，母公司应当按照母公司本身会计报表决算日和会计期间，对子公司会计报表进行调整，以调整后的子公司会计报表编制合并会计报表，或者要求子公司按照母公司的要求编报相同会计期间的会计报表。

母公司应当统一母公司和子公司所采用的会计政策，使子公司采用的会计政策与母公司保持一致。当子公司所采用的会计政策与母公司不一致时，母公司应当按照母公司本身规定的会计政策对子公司会计报表进行必要的调整。但当子公司与母公司所规定的会计政策差异不大，并且对财务状况和经营成果的影响也不大时，母公司也可直接利用该子公司的会计报表编制合并会计报表。

（三）编制合并会计报表所需的其他资料

《合并会计报表暂行规定》指出，合并会计报表以母公司和纳入合并范围的子公司本身的会计报表以及其他有关资料为依据，合并各项目数额编制。

为编制合并会计报表，子公司向母公司提供的其他有关资料包括：

（1）子公司所采用的与母公司不同的会计政策。

（2）子公司与母公司及与母公司的其他子公司的业务往来、债权债务、投资等资料。

（3）子公司利润分配的有关资料。

（4）子公司所有者权益变动的明细资料。

（四）合并会计报表的抵销项目

如前所述，在编制合并会计报表时有一个非常重要的环节，即将母公司与子公司、子公司与子公司之间的内部经济交易与经济往来事项进行抵销，以消除资产、负债和所有者权益等的重复计算，这些应抵销的项目包括合并企业之间的投资项目、合并企业之间的债权与债务项目、合并企业之间的进销交易项目、企业集团内部发生的费用收支项目以及企业集团内部的投资收益项目等。

第二节 合并会计报表分析

为便于大家更好地理解和运用合并会计报表信息，前面简单地介绍了合并会计报表的编制方法，作为报表阅读者，还应在此基础上明确合并会计报表的层次结构及各项目的含义，从而了解合并会计报表各项目的内在联系。

总的来说，合并会计报表的格式和结构与个别会计报表并无太大差别，其反映的经济内容也大体一致，但由于合并会计报表是针对特定主体的，因而在涉及资本、利润等方面时，与个别会计报表还是有一些差别的。为减少重复，这里仅结合各类报表对不同项目的内容做简单分析。

一、合并资产负债表的格式、内容及分析

（一）合并资产负债表的格式和内容

合并资产负债表是将母公司与子公司作为一个会计实体，合并反映该实体在某一日期财务状况的会计报表。其格式和内容如表 5－12 所示。

表 5－12　合并资产负债表

编制单位：新兴际华集团有限公司　　2020 年 12 月 31 日　　单位：元

项目	期末余额	期初余额
流动资产：		
货币资金	10 464 126 346.37	8 859 923 269.05
交易性金融资产	0	1 757 532.02
衍生金融资产	0	2 560 140.00
应收票据	3 692 835 963.90	2 631 913 169.89
应收账款	2 034 585 223.22	1 879 965 468.26
应收款项融资	751 253 597.74	600 533 533.74
预付款项	927 568 308.83	1 382 204 720.83
其他应收款	2 293 456 984.16	1 830 635 605.92
存货	6 046 289 340.38	5 322 071 595.81
一年内到期的非流动资产	323 535 633.46	398 924 394.65
其他流动资产	289 709 820.76	606 954 800.22
流动资产合计	26 823 361 218.82	23 517 444 230.39
非流动资产：		
长期应收款	130 491 850.43	293 930 184.42
长期股权投资	4 451 062 611.84	4 213 598 584.85
其他权益工具投资	774 335 500.00	823 691 000.00
投资性房地产	10 254 712.16	21 837 721.92
固定资产	17 312 580 035.19	16 492 848 627.20
在建工程	923 705 561.21	1 486 039 838.73
无形资产	1 997 144 437.26	2 047 752 768.44
商誉	0	25 421 888.66
长期待摊费用	3 777 128.43	3 551 732.97
递延所得税资产	468 717 752.05	331 698 249.41
其他非流动资产	293 306 474.04	306 218 866.88
非流动资产合计	26 365 376 062.61	26 046 589 463.48
资产总计	53 188 737 281.43	49 564 033 693.87
流动负债：		
短期借款	7 551 088 185.33	7 407 024 191.15
应付票据	1 120 573 104.03	1 197 329 029.40

续表

项目	期末余额	期初余额
应付账款	5 662 660 350.67	4 641 815 821.62
预收款项	533 208.40	425 503.40
合同负债	4 163 977 087.51	3 368 970 745.92
应付职工薪酬	262 998 804.09	248 575 536.52
应交税费	687 588 293.12	497 791 535.14
其他应付款	1 072 355 524.28	840 732 299.50
一年内到期的非流动负债	2 706 679 890.46	1 941 244 412.37
其他流动负债	672 413 403.90	559 851 801.67
流动负债合计	23 900 867 851.79	20 703 760 876.69
非流动负债：		
长期借款	960 460 000.00	488 400 000.00
长期应付款	2 984 627 226.63	4 932 498 178.01
长期应付款	348 480 000.00	619 270 486.52
预计负债	134 536 288.62	51 259 800.46
递延收益	436 259 759.02	145 397 045.21
递延所得税负债	269 376 518.74	269 376 518.74
非流动负债合计	5 133 739 793.01	6 506 202 028.94
负债合计	29 034 607 644.80	27 209 962 905.63
股东权益：		
股本	3 990 880 176.00	3 990 880 176.00
资本公积	8 508 442 198.06	8 596 465 667.76
减：库存股	162 328 107.68	36 540 822.68
其他综合收益	−1 038 000 660.54	−986 288 977.04
专项储备	32 145 639.54	32 493 730.77
盈余公积	1 588 600 057.21	1 411 594 658.99
一般风险准备	1 384 870.12	1 749 627.50
未分配利润	9 201 185 680.81	8 163 635 020.33
归属于母公司股东权益合计	22 122 309 853.52	21 173 989 081.63
少数股东权益	2 031 819 783.11	1 180 081 706.61
股东权益合计	24 154 129 636.63	22 354 070 788.24
负债和股东权益总计	53 188 737 281.43	49 564 033 693.87

该公司编制合并会计报表时，根据财政部《关于印发〈合并会计报表暂行规定〉的通知》和《关于合并会计报表合并范围请示的复函》等文件的规定，以该公司和纳入合并范围的子公司的会计报表以及其他有关资料为依据，合并各项目数据进行编制。纳入合并范围的子公司包括公司拥有其半数以上（不包括半数）权益性资本的被投资企业。该公司在编制合并会计报表过程中，对内部交易事项进行了抵销，如公司内部投资与被投资企业权益性资本、公司与被投资企业之间的内部债权债务、公司与被投资企业之间的内部销售等内部交易事项。母子公司采用的会计制度不同，对由此产生的差异应根据重要性原则做相应调整。如新兴际华集团有限公司所属子公司石家庄新兴铸管有限责任公司和桃江新兴管件有限责任公司不执行《企业会计制度》，在编制合并会计报表前，该公司已按自己执行的会计政策对两家子公司的会计报表进行了相应调整及追溯，调整了

合并资产负债表期初留存收益及相关项目的期初数；合并利润表及利润分配表的上期金额栏，也按调整后的数字填列。

（二）合并资产负债表分析

1. 总体分析

通过表 5－12 可以看到，该公司的资产负债率不是很高，为 54.59%，且拥有 100 多亿元的现金。应该说，该公司具有较好的资产负债率，并有足够的现金来应对公司投资所需的巨额资金。但是，巨额的现金也预示着公司存在一定的资金浪费现象。管理层应积极寻找对外投资的机会，创造新的经济增长点。

2. 项目分析

合并资产负债表与个别资产负债表不同的项目有：少数股东权益、外币报表折算差额。

（1）“少数股东权益”项目。

“少数股东权益”项目是在负债类和所有者权益类项目之间单列的一个项目，本项目反映除母公司以外的其他投资者所拥有的子公司的权益，表示其他投资者在子公司所有者权益中所拥有的份额。

母公司采用购买法取得子公司股份时，既可能购买子公司的全部股份，也可能只购买子公司的部分股份。当母公司对子公司拥有全部股份时，子公司就没有其他投资者，因而也不存在少数股东权益。当母公司对子公司的持股少于 100%时，有一部分股票就不为母公司所掌握。当母公司掌握的控制性股权占多数时，剩余的少数股东所拥有的股东权益就称为少数股东权益。少数股东在数量上未必少，有时甚至在子公司中占多数股份。如 A 公司持有 B 公司 70%的股权，B 公司又持有 C 公司 60%的股权，A 公司实际间接持有 C 公司 42%的股权，其余 58%的股权由 A 公司以外的其他股东掌握，但是 A 公司可以通过 B 公司有效地控制 C 公司。因此，少数股东权益实质上是指没有控制权的股东所持有的股权。

少数股东权益具有特别的性质，它既不属于母公司的债务，又不是母公司的股权，在数量上等于子公司的所有者权益总额与少数股东持股比例的乘积。

（2）“外币报表折算差额”项目。

我国会计制度规定，对以外币表示的资产负债表进行折算时，所有资产、负债类项目，都必须按照合并会计报表决算日的市场汇率折算为母公司记账本位币；所有者权益类项目，除未分配利润项目外，均按照发生时的市场汇率折算为母公司记账本位币。折算后，资产类项目与负债和所有者权益类项目合计数的差额，作为外币报表折算差额在“未分配利润”项目后单独列示。

因此，“外币报表折算差额”项目是专门用于反映将以母公司记账本位币以外的货币编制的子公司会计报表折算为母公司记账本位币时所产生的折算差额。

具体来说，企业集团的子公司如果设在中国境外，其会计报表是用当地的货币作为记账本位币编制的，而国内母公司则以人民币作为记账本位币，采用不同货币编制的会计报表不能直接合并。因此，在编制合并资产负债表时，必须将其子公司所编制的资产负债表各项外币余额按相应汇率折合为人民币后再进行汇编，但母公司与其子公司之间需要相互抵销的项目，由于不同时期汇率浮动，在编制合并会计报表时将外币金额按年末汇率折合的人民币数额，往往与相关项目原先折合记账的人民币数额出现差额，以致无法抵销，其差额一般在合并资产负债表中的“外币报表折算差额”中反映。

例如，某境外公司采用美元记账，其资产负债表中列明资产为 100 000 美元，负债为 40 000 美元，所有者权益为 60 000 美元，其中未分配利润为 0，合并会计报表决算日美元兑人民币汇率为 6.3，所有者权益发生日美元兑人民币汇率为 6.2。折算时，资产原币金额 100 000 美元，应折算成 630 000 元人民币，负债原为 40 000 美元，应折算为 252 000 元人民币，所有者权益原为 60 000 美元，应折算为 372 000 元人民币，负债与所有者权益总额为 624 000 元，与资产折算金额 630 000 元的差额 6 000 元应填入“外币报表折算差额”项目，在“未分配利润”之后单独反映。

二、合并利润表的格式、内容及分析

（一）合并利润表的格式和内容

合并利润表反映母公司与子公司作为一个会计实体在某一会计期间所取得的经营成果。其格式和内容如表 5-13 所示。

表 5-13 合并利润表

编制单位：新兴铸管股份有限公司　　2020 年 12 月 31 日　　单位：元

项目	本期金额	上期金额
一、营业收入	42 960 921 062.41	40 889 707 108.27
减：营业成本	37 377 187 895.31	35 153 633 490.41
税金及附加	380 581 485.30	282 397 976.30
销售费用	411 003 477.02	1 185 311 517.94
管理费用	782 138 577.52	731 752 639.02
研发费用	412 860 827.64	321 109 589.83
财务费用	418 289 693.28	394 620 664.09
加：其他收益	93 386 082.04	120 242 974.76
投资收益	427 186 111.41	230 035 047.71
公允价值变动收益	0	−7 851 897.04
信用减值损失	−607 057 053.06	−429 259 750.22
资产减值损失	−697 058 262.69	−711 179 642.37
资产处置收益	398 288 857.26	9 901 941.42
二、营业利润	2 793 604 841.30	2 032 769 904.94
加：营业外收入	36 068 062.78	49 861 642.55
减：营业外支出	121 751 461.66	33 721 044.48
三、利润总额	2 707 921 442.42	2 048 910 503.01
减：所得税费用	744 147 249.26	462 792 635.52
四、净利润	1 963 774 193.16	1 586 117 867.49
归属于母公司所有者的净利润	1 812 404 802.67	1 497 088 402.69

续表

项目	本期金额	上期金额
少数股东损益	151 369 390.49	89 029 464.80
五、其他综合收益的税后净额	−53 282 472.50	−16 758 266.66
归属于母公司所有者的其他综合收益的税后净额	−51 711 683.50	−17 008 292.58
归属于少数股东的其他综合收益的税后净额	−1 570 789.00	250 025.92
六、综合收益总额	1 910 491 720.66	1 569 359 600.83
归属于母公司所有者的综合收益总额	1 760 693 119.17	1 480 080 110.11
归属于少数股东的综合收益总额	149 798 601.49	89 279 490.72

与合并资产负债表相比，合并利润表的编制较为简单，其一般程序是：

第一，将母子公司利润表各项目（税后利润各项目）直接相加，得到集团的税后利润。

第二，在税后利润基础上，减除少数股东权益部分，即得到集团净利润。

在对第一项进行处理时，应注意抵销有关内部交易事项：

（1）母公司与子公司存货销售的抵销。

在按成本出售存货时，只需剔除出售公司（卖方）的销售收入与销售成本。在高于成本出售存货时，除将卖方销售收入与销售成本剔除外，还应考虑买方所购买的存货是否已销往集团外部。

1）当买方购入的存货全部未销时，应将买方存货中含有的高于卖方成本部分的毛利全部剔除。此时，在合并会计报表中应减少存货的一部分价值（即毛利部分），同时减少合并会计报表中的利润。

2）当买方所购入的集团内部公司销售的商品全部销售时，集团已实现内部销售的利润，此时利润并未重复计算。剔除时，只需剔除卖方的销售收入和买方的销售成本中相当于内部购销部分的金额。

3）当买方只对集团外销售一部分内购商品时，应在合并时将集团合并会计报表中的存货冲减一部分价值（相当于未实现的利润），同时冲减相等数量的合并利润。

（2）母公司与子公司相互持有债券或借贷款项而发生的利息收入与利息费用的抵销。

母子公司间的利息收入与利息费用，从集团外部来看是不存在的。因此，在编制合并利润表时，应将利息费用（债务人）与投资收益（债权人）集团内部交易部分抵销。

（3）母公司与子公司以及子公司之间的固定资产交易所产生的未实现内部销售利润的抵销。

1）不计提折旧固定资产中包含的未实现内部销售利润的抵销。将内部销售收入与该内部销售成本和固定资产原价项目中所包含的未实现内部销售利润相互抵销，即在合并销售收入项目中抵销该产品销售收入的数额，在合并销售成本项目中抵销该产品的销售成本的数额，在合并固定资产原价项目中抵销未实现内部销售利润的数额。

在该固定资产的使用期间内，每期编制合并会计报表时都必须将该固定资产原价中所包含的未实现内部销售利润抵销，直至该固定资产退出企业集团。抵销时，应减少“年初未分配利润”项目，同时减少“固定资产”项目，其数额为上一会计期间固定资产原值中抵销的未实现内部销售利润的数额。

2）计提折旧的固定资产中包含的未实现内部销售利润的抵销。在发生该固定资产交易的当期，应当将内部销售收入与该内部销售成本和固定资产原价中所包含的未实现内部销售利润相互抵销，即在合并销售收入项目中抵销该固定资产交易的销售收入的数额，在合并销售成本项目中抵销该固定资产交易的销售成本的数额，在合并固定资产原价项目中抵销该固定资产原价中未实现内部销售利润的数额。

在计提折旧时，还应当将该固定资产计提的折旧中包含的未实现内部销售利润的数额抵销。抵销数额为该固定资产当期计提的折旧额减去按照不包含未实现内部销售利润的固定资产原价计提的折旧额的差额。在采用直接法时，即为该固定资产原价中包含的未实现内部销售利润总额除以该固定资产的使用期间。

从发生该固定资产交易以后的会计期间起到该固定资产清理报废时止，应当进行如下抵销：

- 将内部销售固定资产所包含的未实现内部销售利润的数额予以抵销。抵销时，减少“年初未分配利润”项目，同时减少“固定资产”项目。
- 将内部购进固定资产计提的折旧包含的未实现内部销售利润的数额抵销。其抵销数额为该固定资产当期计提的折旧额减去按照不包含有未实现内部销售利润的固定资产原价计提的折旧额的差额。抵销时，减少“累计折旧”项目，并同时减少“管理费用”等项目。
- 将内部销售固定资产原价所包含的未实现内部销售利润中以前会计期间已计入累计折旧的数额抵销。抵销时，减少“累计折旧”项目，同时增加“年初未分配利润”项目。
- 在固定资产报废清理时，应当将该固定资产原价中包含的未实现内部销售利润总额减去报废清理以前固定资产原价中包含的未实现内部销售利润中已计入以前各期折旧费用的数额（即已实现内部销售利润的数额）后的余额予以抵销。抵销时，应减少“年初未分配利润”项目，减少“管理费用”项目和“营业外支出”（或“营业外收入”）项目。其中，抵销“管理费用”项目的数额为该固定资产当期计提的折旧额减去按照不包含未实现内部销售利润的固定资产原价计提的折旧额的差额。

3）母公司与子公司之间、子公司相互之间固定资产交易发生不多，或其交易对企业集团财务状况和经营成果影响不大的，也可将其固定资产交易视为企业集团外交易，不按照上述规定进行抵销处理。

（二）合并利润表分析

从表 5－13 可以看出，2020 年公司的营业收入增长 5.07%，营业成本增长 6.33%，成本增长的百分比大于收入增长的百分比，说明公司在成本控制方面比较薄弱，使得销售毛利率有所降低。

在阅读合并利润表时，如有可能，可将合并利润表与个别利润表进行对比分析，判断企业集团内部之间形成的损益是否抵销完全，以防止企业集团通过内部往来转移资产或负债等达到改变当期损益的目的。比如，母公司存货中有 1 000 件商品是从子公司购买的，其买价为 13 000 元，而子公司销售这些商品的成本仅为 10 000 元，则在母公司账面上存货增加了 13 000 元，银行存款减少 13 000 元，而子公司账面上表现为销售收入增加了13 000元，结转销售成本 10 000 元，其差额为子公司实现的利润 3 000 元。但如果编制合并会计报表，则母公司与子公司的组合体才是会计主体，商品并没有脱离这一组合体，所以相对于整个主体来看，商品尚未实现销售，而没有卖出的商品成本（即存货成本）对这个主体来说，应是真正所耗用的成本，即子公司的成本 10 000 元。因此，母公司的存货价值应减去 3 000 元。同样道理，商品尚未实现销售，也就不应出现销售利润。换句话说，从合并主体的角度看，子公司收到的 13 000 元银行存款正好与母公司支付的 13 000 元相互抵销，企业集团并没有形成实际利润。因而，合并利润表中应将子公司的收益减去 3 000 元。

上述例子比较简单，是单一方向销售，但在实际工作中，企业集团内部各企业之间往往互相售货给对方或发生内部费用收支等非常频繁，尤其是存在少数股权问题。因此，报表阅读者一定要留意合并利润表中是否真实地反映了企业集团当期的经营成果。

合并利润表与个别利润表不同的项目只有一个，即“少数股东损益”项目，该项目反映企业少数股东在利润总额中所占的份额。与少数股东权益类似，“少数股东损益”项目也是用来处理少数股东对子公司当期经营成果所享有的那部分，其金额等于子公司利润金额与少数股东持股比例的乘积。

三、合并现金流量表的结构、内容及分析

（一）合并现金流量表的结构和内容

合并现金流量表与个别现金流量表的项目完全一致，各项目所包含的内容也是基本相似的，只是其服务的对象不是一个单独的法人，而是作为一个整体的企业集团。

合并现金流量表的格式与个别现金流量表的格式基本相同。其格式和内容如表 5 - 14 所示。

表 5 - 14　合并现金流量表

编制单位：新兴际华集团有限公司　　2020 年　　单位：元

项目	合并数	母公司
一、经营活动产生的现金流量		
销售商品、提供劳务收到的现金	41 004 716 176.75	31 086 188 668.28
收到的税费返还	100 571 587.03	17 882 947.58
收到的其他与经营活动有关的现金	660 628 652.63	408 500 293.49
经营活动现金流入小计	41 765 916 416.41	31 512 571 909.35
购买商品、接受劳务支付的现金	33 981 043 747.22	27 521 470 177.61
支付给职工以及为职工支付的现金	2 076 776 561.63	876 030 658.51
支付的各项税费	1 970 308 282.13	860 686 427.16
支付的其他与经营活动有关的现金	618 172 831.32	252 611 830.11

续表

项目	合并数	母公司
经营活动现金流出小计	38 646 301 422.30	29 510 799 093.39
经营活动产生的现金流量净额	3 119 614 994.11	2 001 772 815.96
二、投资活动产生的现金流量		
收回投资收到的现金	1 185 516 306.76	0
取得投资收益所收到的现金	14 052 663.11	676 862 500.00
处置固定资产、无形资产和其他长期资产收回的现金净额	28 139 173.52	54 889.35
处置子公司及其他营业单位收到的现金净额	0	0
收到的其他与投资活动有关的现金	715 838 694.00	1 423 424 865.97
投资活动现金流入小计	1 943 546 837.39	2 100 342 255.32
购建固定资产、无形资产和其他长期资产支付的现金	883 475 733.87	60 349 624.77
投资支付的现金	598 377 500.00	1 355 509 900.00
支付的其他与投资活动有关的现金	7 000 210.65	632 964 054.41
投资活动现金流出小计	1 488 853 444.52	2 048 823 579.18
投资活动产生的现金流量净额	454 693 392.87	51 518 676.14
三、筹资活动产生的现金流量		
吸收投资收到的现金	610 000 000.00	0
取得借款收到的现金	9 624 745 648.32	5 389 114 253.41
发行债券收到的现金	598 200 000.00	598 200 000.00
收到的其他与筹资活动有关的现金	113 176 955.68	−82 793 411.77
筹资活动现金流入小计	10 946 122 604.00	5 904 520 841.64
偿还债务支付的现金	11 225 474 563.09	6 398 751 810.75
分配股利、利润或偿付利息支付的现金	1 192 815 298.05	998 237 961.69
支付的其他与筹资活动有关的现金	322 307 879.15	125 798 008.86
筹资活动现金流出小计	12 740 597 740.29	7 522 787 781.30
筹资活动产生的现金流量净额	−1 794 475 136.29	−1 618 266 939.66
四、汇率变动对现金及现金等价物的影响	−28 938 867.10	−27 297 918.22
五、现金及现金等价物净增加额	1 750 894 383.59	407 726 634.22
加：期初现金及现金等价物余额	7 388 268 395.10	6 200 569 203.39
六、期末现金及现金等价物余额	9 139 162 778.69	6 608 295 837.61

（二）合并现金流量表分析

从表 5－14 中母公司与合并数的比较来看，在经营活动中，母公司和企业集团经营活动的现金流入量分别为 315.1 亿元和 417.7 亿元，但经营活动的现金净流量却分别为 20 亿元和 31.2 亿元。母公司之所以现金净流量少，其主要原因在于母公司购买商品支付的现金多，且相当一部分属于内部交易，直接支付给集团内部其他公司。投资活动中，由于母公司和企业集团收到大量投资活动所带来的投资收益，因此尽管在 2020 年母公司及企业集团对固定资产、无形资产等长期资产进行了大量投资，但其投资活动所产生的现金流量金额仍为正值，分别为 0.52 亿元和 4.55 亿元。在筹资活动中，企业集团在本年度吸收了一定数量的投资，尽管如此，企业集团筹资活动产生的现金净流量为负值，为−17.94 亿元。

应当指出的是，合并现金流量表与个别现金流量表相比，一个特殊的问题就是在纳入合并范围的子公司为非全资子公司的情况下，涉及子公司与其少数股东之间的现金流入和流出的处理问题。对于子公司与少数股东之间发生的现金流入和现金流出，从整个企业集团来看，也影响其整体的现金流入和流出数量的增减变动，必须在合并现金流量表中予以反映。子公司与少数股东之间发生的影响现金流入和现金流出的经济业务包括少数股东对子公司增加权益性投资、少数股东依法从子公司中抽回权益性投资、子公司向其少数股东支付现金股利等。为了便于母公司的股东、债权人等了解掌握其现金流量的情况，有必要将与子公司少数股东之间的现金流入和现金流出的情况单独予以反映。

对于子公司的少数股东增加在子公司中的权益性资本投资，在合并现金流量表中应当在“筹资活动产生的现金流量”之下的“吸收权益性投资所收到的现金”项目之后单列“其中：子公司吸收少数股东权益性投资收到的现金”项目反映。

对于子公司向少数股东支付现金股利，在合并现金流量表中应当在“筹资活动产生的现金流量”之下的“分配股利、利润或偿付利息支付的现金”项目之后单列“其中：子公司支付少数股东的股利”项目反映。

对于子公司的少数股东依法抽回在子公司中的权益性投资，在合并现金流量表中应当在“筹资活动产生的现金流量”之下的“减少注册资本所支付的现金”项目之后单列“其中：子公司依法减资支付给少数股东的现金”项目反映。

本章小结

本章介绍了企业合并会计报表的含义、内容、作用、特点，合并会计报表与个别会计报表的显著差异，以及在合并会计报表的编制中应抵销的集团内部交易。

阅读分析合并会计报表时，应注意与个别会计报表不同的项目的含义，如“合并价差”“少数股东权益”“外币报表折算差额”等。

案例

商业银行的困惑

2020 年 1 月 25 日，某商业银行找到一家会计师事务所，请该所帮助其分析某个非上市公司客户的财务状况。在银行看来，这一客户的报表存在很多疑问：

（1）企业报表中所列的货币资金为1 000多万元，但是，企业没有现金支付其到期应偿还给该行的800万元贷款。这表明，或者企业在说谎，或者企业的报表不实。

（2）企业的资本公积特别多。银行信贷员问企业：你们的资本公积哪去了？企业财务人员回答：我们把资本公积投到在建工程中去了。报表中也确实显示企业的在建工程与资本公积的规模大体相当，约占企业报表总资产的70%，与其资产总规模相比，企业的在建工程规模过大。

银行认为企业的报表肯定有问题。但是，银行对自己的判断有些拿不准，故请会计师事务所予以专业上的帮助。

会计师事务所发现：企业提供的报表是一张母公司编制的该企业集团2019年12月31日的合并资产负债表。合并会计报表显示，合并资本公积与在建工程规模大体相当，是实收资本的8倍。

根据上述资料，请你代会计师事务所向这家商业银行进行解释。

分析要点：

（1）进行贷款交易，一定要由借款企业提供相关的报表，报表应由中介机构审计，并出具审计意见。母公司编制的合并会计报表不能作为判断母公司财务状况的依据，因为集团公司存在许多内部交易，如内部借贷、内部购销、内部相互持股等情况，这些内部往来在编制合并会计报表时会予以抵销，从而使得母公司的偿债能力、盈利能力等各项指标与合并数会有很大的差异。案例中以合并会计报表披露的信息来判断母公司的财务状况，可能会出现很大的偏差。

（2）资产负债表反映的是企业某一时点的财务状况。案例中，2019年12月31日，企业尚有1 000万元的货币资金，这项指标仅仅反映企业当时的现金结余，并不能说明企业现在还有多少货币资金，因为资产负债表项目中的金额随着时间的推移，早已发生了变化。

（3）资本公积是一个权益类科目，它与资产类科目并没有形成一一对应关系。案例中披露出企业的资本公积与在建工程大体相当，这个值得注意。这说明企业有可能存在虚拟在建工程的问题，其目的在于直接在报表两端加入相等金额，降低企业的资产负债率，借以改善其融资能力。另外，资本公积达到实收资本的8倍，这是难以想象的，因为非上市公司基本没有资本溢价的发生，如此之高的资本公积一般是不可能的。因此，该报表存在问题的可能性非常之大。

复习题

1. 编制合并会计报表的作用是什么？
2. 合并会计报表的特点有哪些？
3. 试述我国合并会计报表的合并范围。
4. “合并价差”包括哪些内容？
5. 编制合并资产负债表时需要进行抵销处理的项目有哪些？

6. 编制合并利润表时需要抵销处理的项目有哪些？
7. 在我国，不应当纳入合并会计报表合并范围的子公司有哪些？
8. 合并会计报表的局限性有哪些？应如何使用合并会计报表？

练习题

1. B公司于几年前按账面价值获得了C公司90%的股权，当时C公司各项资产和负债的账面价值均等于其公允价值。2020年12月31日，B公司与C公司的资产负债表（简化）如表5-15所示。

表5-15　资产负债表（简化）

单位：元

项目	B公司	C公司
流动资产	200 000	50 000
固定资产（净）	1 000 000	600 000
长期投资——C公司	558 000	—
资产总计	1 758 000	650 000
流动负债	100 000	30 000
股本	800 000	400 000
留存利润	858 000	220 000
负债和所有者权益总计	1 758 000	650 000

要求：根据上述资料，完成以下单项选择题。

(1) 2020年12月31日，B公司与C公司合并的总资产应为（　　）元。

A. 1 785 000　　B. 1 850 000

C. 2 343 000　　D. 2 408 000

(2) 2020年12月31日，B公司与C公司的合并资产负债表将列示（　　）。

A. 长期投资——C公司　558 000元　　B. 股本　800 000元

C. 留存利润　1 078 000元　　D. 少数股权　165 800元

(3) B公司欠C公司15 000元货款，抵销该内部应收应付项目将会（　　）。

A. 减少合并留存利润　　B. 增加合并留存利润

C. 增加合并资产　　D. 减少合并资产

2. J公司于2020年1月1日以160 000元的代价获取了K公司80%的股权，当时K公司股东权益总额为200 000元。2020年，J公司和K公司的账面净收益分别为120 000元和50 000元，并分别派发现金股利60 000元和20 000元。

要求：(1) 假设J公司按成本法处理其对K公司的股权投资，计算确定2020年12月31日J公司对K公司的投资账户余额及2020年的合并净收益。

(2) 假设J公司按权益法处理其对K公司的股权投资，计算确定2020年12月31日J公司对K公司的投资账户余额和K公司中的少数股权，以及2020年的合并净收益。

3. E公司于2020年1月1日以700 000元的代价获取了F公司80%的股权，当时这两家公司的股东权益总额及构成如表5-16所示。

表 5-16 股东权益总额及构成

单位：元

项目	E公司	F公司
股本	2 000 000	500 000
留存利润	600 000	200 000
股东权益	2 600 000	700 000

E公司获取F公司80%的股权时，F公司各项资产和负债的账面价值均等于其公允价值。E公司按权益法处理其对F公司的股权投资，商誉按10年摊销。2020年，这两家公司的账面净收益及宣告发放的股利如表5-17所示。

表 5-17 净收益及股利

单位：元

项目	E公司	F公司
净收益	300 000	90 000
宣告发放的股利	180 000	50 000
2020年12月31日应付股利	90 000	25 000

要求：计算确定2020年12月31日在E公司与F公司的合并资产负债表中所列示的下列项目的数额：

(1) 股本。

(2) 商誉。

(3) 合并留存利润。

(4) 少数股权。

(5) 应付股利。

4. U公司于2020年1月1日获取了V公司80%的股权，当时V公司的股东权益由股本200 000元和留存利润20 000元构成。2020年1月1日，V公司各项资产和负债的账面价值均等于其公允价值。自2020年1月1日以来，两家公司发行在外的股份数没有任何变化。U公司按权益法处理其对V公司的股权投资，商誉按20年摊销。

2020年12月31日，U公司与V公司的合并资产负债表（简化）如表5-18所示。

表 5-18 合并资产负债表（简化）

单位：元

项目	金额
银行存款	50 000
存货	180 000
其他流动资产	70 000
固定资产（净）	270 000
商誉	30 000
资产总计	600 000

续表

项目	金额
负债	120 000
股本	400 000
留存利润	30 000
少数股权	50 000
负债及所有者权益总计	600 000

要求：(1) 计算确定 2020 年 1 月 1 日 U 公司为获取其对 V 公司的股权所支付的代价。

(2) 计算确定 2020 年 12 月 31 日 V 公司的股东权益总额。

(3) 计算确定 2020 年 12 月 31 日 U 公司对 V 公司的投资账户总额。

(4) 计算确定 2020 年 12 月 31 日 U 公司留存利润和股本账户的余额。

5. H 公司的股本自 20×0 年设立以来一直为 200 000 元，其留存利润账户记录如表 5-19 所示。

表 5-19 留存利润账户记录

单位：元

股利		净收益	
时间	金额	时间	金额
20×0 年 12 月 1 日	20 000	20×0 年	50 000
20×1 年 12 月 1 日	20 000	20×1 年	70 000
20×2 年 12 月 1 日	30 000	20×2 年	10 000
20×3 年 12 月 1 日	40 000	20×3 年	60 000

G 公司于 20×2 年 1 月 1 日以 300 000 元的代价获取了 H 公司发行在外股份的 80%。投资成本超过所获取权益账面价值的差额全部分配给商誉，并按 40 年摊销。20×3 年 G 公司的经营收益（不包括投资收益）为 90 000 元。

要求：(1) 按成本法编制 20×3 年 G 公司处理其对 H 公司股权投资的会计分录。

(2) 按成本法计算确定 20×3 年 12 月 31 日 G 公司对 H 公司的投资账户余额。

(3) 按权益法编制 20×3 年 G 公司处理其对 H 公司权益投资的会计分录。

(4) 按权益法计算确定 20×3 年 12 月 31 日 G 公司对 H 公司的投资账户余额。

(5) 计算确定 20×3 年 G 公司与 H 公司的合并净收益。

第六章

其他会计信息分析

引例

聚焦海信视像

海信视像科技股份有限公司（原青岛海信电器股份有限公司，以下简称海信视像）于1997年4月在上海证交所上市，拥有海信、东芝和VIDAA三个品牌，连续15年蝉联中国电视销量第一。海信视像是中国著名的家电生产厂商，主要从事电视机、数字电视广播接收设备及信息网络终端产品的研究、开发、制造与销售。从2004年开始，海信视像在青岛平板生产基地的基础上，在贵阳和顺德建立专业的平板电视生产线，同时积极在国外设厂，相继在阿尔及利亚、埃及、南非设立平板电视生产基地，实现本土化经营。在海外市场，海信视像已在美国、英国、澳大利亚、南非、比利时、意大利、西班牙、匈牙利等地建立了海外公司，海信平板电视已经成为欧美市场沃尔玛、百思买等大型连锁机构的重要采购对象。

海信视像推出的蓝媒LED液晶电视集LED背光显示、全程高清、超级解霸、网络多媒体、极致纤薄等热点性能于一身，涵盖19英寸至55英寸共10个液晶电视尺寸规格，从而使海信视像一举成为全球推出LED液晶电视产品规格最多、产品线最完整的企业之一。2020年，海信视像还推出了全场景智慧平板、自有视频会议软件系统聚连会议，满足用户多终端云视频会议使用需求，同时增加实时字幕、语音翻译、会议记录等会议专属AI应用，产品已入驻政企、医疗、金融等8大细分行业，为用户提供更加便捷的会议交互体验；在教育场景，海信视像推出了智慧黑板、教育白板以及专递课堂、双屏互动、信发集控等方案，参与了多项行业、团体的标准制定，专利申请增长71%。中怡康、奥维云网两大机构监测数据显示，海信电视国内市场零售额占有率达19.0%，同比提升1.07个百分点，保持中国市场零售额第一的领先地位。其中，65寸及以上、75寸及以上高端大屏产品零售额均大幅增长，牢牢占据市场第一的龙头地位。2020年，公司实现营业收入393.15亿元，同比增长15.28%，实现归属于上市公司股东的净利润11.95亿元，同比提升114.98%。此外，奥维云网数据显示，2020年，该公司商用显示领域会议类产品的销量同比增长了36%，预计到2024年将实现销量的翻倍；作为新型教育类产品的电子黑板，2020年销量同比增长了68%，预计至2024年，销量的复合增长率将超过50%。新型商用显示产品具备极大的成长空间。

看了以上信息，广大投资者一定会关注如下问题：

- 如何在“漂亮”的年报中深入分析企业业绩？
- 海信视像是否具有投资价值？

本章将以海信视像为背景，探讨包含以上问题在内的有关其他会计信息分析的问题。

本章要点

- ◇ 会计报表附注的基本内容
- ◇ 会计报表附注分析
- ◇ 审计报告的基本内容与格式
- ◇ 审计报告的类型及分析

思政目标

其他会计信息犹如矛盾的次要方面，它和财务会计报表既有区别又有联系，二者相互依存。会计报表附注是对财务报表本身无法或难以充分表述的内容和项目所做的补充说明，对会计报表附注的分析可以揭示会计报表中的很多现象，如会计报表是否真实，资产、利润和现金流量的质量如何，从而为会计报表的使用者在决策时提供有用的信息。而不同的审计报告提供给投资者不同的信息，了解审计报告的种类、出具条件以及具体含义，有助于我们进一步理解企业的财务报表，是对财务报表分析的有效补充，同时审计报告也是财务报表被认可的前提。

第一节 会计报表附注的基本内容及分析

一、会计报表附注的基本内容

会计报表附注是企业财务报告不可缺少的组成部分，是对财务报表本身无法或难以充分表述的内容和项目所做的补充说明。由于资产负债表、利润表、现金流量表以及相关的附表受报表特有的格式、篇幅及反映形式等诸方面的限制，其所提供的信息是有限的，不能完全满足报表使用者的需要，因此，有必要通过会计报表附注对会计报表的相关项目，会计年度内执行的会计政策和方法，会计处理方法的变更情况、变更原因以及对财务状况和经营成果的影响等做出详细的说明。根据证券监督管理委员会发布的《会计报表附注指引（试行）》，会计报表附注的内容应包括所有在会计报表内未提供的，与公司财务状况、经营成果和现金流量有关的，有助于报表使用者更好地了解会计报表且可以公开的重要信息。具体而言，包括以下几个方面。

（一）企业的基本情况

（1）企业注册地、组织形式和总部地址。
（2）企业的业务性质和主要经营活动。
（3）母公司以及集团最终母公司的名称。
（4）财务报告的批准报出者和财务报告批准报出日。

（二）财务报表的编制基础

此部分内容略。

（三）遵循企业会计准则的声明

企业应当声明编制的财务报表符合企业会计准则的要求，真实、完整地反映了企业的财务状况、经营成果和现金流量等有关信息。

（四）重要会计政策和会计估计

企业应当披露采用的重要会计政策和会计估计，不重要的会计政策和会计估计可以不披露。在披露重要会计政策和会计估计时，应当披露重要会计政策的确定依据和财务报表项目的计量基础，以及会计估计中所采用的关键假设和不确定因素。

（五）会计政策和会计估计变更以及差错更正的说明

企业应当按照《企业会计准则第 28 号——会计政策、会计估计变更和差错更正》及其应用指南的规定，披露会计政策和会计估计变更以及差错更正的有关情况。

（六）报表重要项目的说明

企业对报表重要项目的说明，应当按照资产负债表、利润表、现金流量表、所有者权益变动表及其项目列示的顺序，采用数字和文字描述相结合的方式进行披露。报表重要项目的明细金额合计，应当与报表项目金额相衔接。

（1）交易性金融资产。交易性金融资产的披露格式如表 6－1 所示。

表 6－1　交易性金融资产明细表

项目	期末公允价值	年初公允价值
以公允价值计量且其变动计入当期损益的金融资产		
其中：		
理财产品		
衍生金融产品		
其他		
合计		

（2）应收款项。应收账款按账龄结构披露的格式如表 6－2 所示，按客户类别披露的格式如表 6－3 所示。

表 6－2　应收账款账龄分析表

账龄结构	期末账面余额	年初账面余额
1 年以内（含 1 年）		
1 年至 2 年（含 2 年）		
2 年至 3 年（含 3 年）		
3 年以上		
合计		

注：有应收票据、预付账款、长期应收款、其他应收款的，比照应收账款进行披露。

表 6－3　应收账款明细表

客户类别	期末账面余额	年初账面余额
客户 1		
……		
其他客户		
合计		

注：有应收票据、预付账款、长期应收款、其他应收款的，比照应收账款进行披露。

（3）存货。存货应按其种类分别列示，其披露格式如表 6－4 所示。存货在持有期间，如发生贬值，应计提跌价准备，其披露格式如表 6－5 所示。

表 6-4　存货明细表

存货种类	年初账面余额	本期增加额	本期减少额	期末账面余额
1. 原材料				
2. 在产品				
3. 库存商品				
4. 周转材料				
5. 消耗性生物资产				
……				
合计				

表 6-5　存货跌价准备明细表

存货种类	年初账面余额	本期计提额	本期减少额		期末账面余额
			转回	转销	
1. 原材料					
2. 在产品					
3. 库存商品					
4. 周转材料					
5. 消耗性生物资产					
6. 建造合同形成的资产					
……					
合计					

（4）其他流动资产。其他流动资产可按表 6-6 的格式披露。

表 6-6　其他流动资产明细表

项目	期末账面价值	年初账面价值
合计		

注：有长期待摊费用、其他非流动资产的，比照其他流动资产进行披露。

（5）以公允价值计量且其变动计入其他综合收益的金融资产。以公允价值计量且其变动计入其他综合收益的金融资产可按表 6-7 的格式披露。

表 6-7　以公允价值计量且其变动计入其他综合收益的金融资产明细表

项目	期末公允价值	年初公允价值
1. 其他债权投资		
2. 其他权益工具投资		
3. 其他		
合计		

（6）以摊余成本计量的金融资产。以摊余成本计量的金融资产可按表 6-8 的格式披露。

表 6-8　以摊余成本计量的金融资产明细表

项目	期末账面余额	年初账面余额
1. 债权投资		
……		
合计		

（7）长期股权投资。长期股权投资的披露格式如表 6－9 所示。被投资单位由于所在国家或地区及其他方面的影响，其向投资企业转移资金的能力受到限制的，应当披露受限制的具体情况。另外，企业应披露当期及累计未确认的投资损失金额。

表 6－9　长期股权投资明细表

被投资单位	期末账面余额	年初账面余额
合计		

（8）投资性房地产。企业采用成本模式进行后续计量的，应当按表 6－10 的要求披露有关信息。企业采用公允价值模式进行后续计量的，应当披露投资性房地产公允价值的确定依据及公允价值金额的增减变动情况。有房地产转换的，应当说明房地产转换的原因及影响。

表 6－10　投资性房地产明细表

项目	年初账面余额	本期增加额	本期减少额	期末账面余额
一、原价合计				
1. 房屋、建筑物				
2. 土地使用权				
二、累计折旧和累计摊销合计				
1. 房屋、建筑物				
2. 土地使用权				
三、投资性房地产减值准备累计金额合计				
1. 房屋、建筑物				
2. 土地使用权				
四、投资性房地产账面价值合计				
1. 房屋、建筑物				
2. 土地使用权				

（9）固定资产。固定资产的披露格式如表 6－11 所示。企业确有准备处置固定资产的，应当说明准备处置的固定资产的名称、账面价值、公允价值、预计处置费用和预计处置时间等。

表 6－11　固定资产明细表

项目	年初账面余额	本期增加额	本期减少额	期末账面余额
一、原价合计				
其中：房屋、建筑物				
机器设备				
运输工具				
……				
二、累计折旧合计				
其中：房屋、建筑物				

续表

项目	年初账面余额	本期增加额	本期减少额	期末账面余额
机器设备				
运输工具				
……				
三、固定资产减值准备累计金额合计				
其中：房屋、建筑物				
机器设备				
运输工具				
……				
四、固定资产账面价值合计				
其中：房屋、建筑物				
机器设备				
运输工具				
……				

(10) 无形资产。各类无形资产应按如表 6-12 所示的格式予以披露。另外，还应说明计入当期损益和确认为无形资产的研究开发支出金额。

表 6-12　无形资产明细表

项目	年初账面余额	本期增加额	本期减少额	期末账面余额
一、原价合计				
1.				
……				
二、累计摊销额合计				
1.				
……				
三、无形资产减值准备累计金额合计				
1.				
……				
四、无形资产账面价值合计				
1.				
……				

(11) 商誉的形成来源、账面价值的增减变动情况。

(12) 递延所得税资产和递延所得税负债。已确认递延所得税资产和递延所得税负债的披露格式如表 6-13 所示。另外，还应说明未确认递延所得税资产的可抵扣暂时性差异、可抵扣亏损等的金额（存在到期日的，还应披露到期日）。

表 6-13　递延所得税资产及递延所得税负债明细表

项目	期末账面余额	年初账面余额
一、递延所得税资产		
1.		

续表

项目	期末账面余额	年初账面余额
……		
合计		
二、递延所得税负债		
1.		
……		
合计		

（13）资产减值准备。资产减值准备按表 6-14 所示的格式进行披露。

表 6-14　资产减值准备明细表

项目	年初账面余额	本期计提额	本期减少额		期末账面余额
			转回	转销	
一、坏账准备					
二、存货跌价准备					
三、其他债权投资减值准备					
四、债权投资减值准备					
五、长期股权投资减值准备					
六、投资性房地产减值准备					
七、固定资产减值准备					
八、工程物资减值准备					
九、在建工程减值准备					
十、生产性生物资产减值准备					
其中：成熟生产性生物资产减值准备					
十一、油气资产减值准备					
十二、无形资产减值准备					
十三、商誉减值准备					
十四、其他					
合计					

（14）交易性金融负债。交易性金融负债的披露格式如表 6-15 所示。

表 6-15　交易性金融负债明细表

项目	期末公允价值	年初公允价值
1. 发行的交易性债券		
2. 指定为以公允价值计量且其变动计入当期损益的金融负债		
3. 衍生金融负债		
4. 其他		
合计		

（15）应付职工薪酬。应付职工薪酬的披露格式如表 6-16 所示。另外，还应说明企业本期为职工提供的各项非货币性福利的形式、金额及计算依据。

表 6-16 应付职工薪酬明细表

项目	年初账面余额	本期增加额	本期减少额	期末账面余额
一、工资、奖金、津贴和补贴				
二、职工福利费				
三、社会保险费				
其中：1. 医疗保险费				
2. 基本养老保险费				
3. 年金缴费				
4. 失业保险费				
5. 工伤保险费				
6. 生育保险费				
四、住房公积金				
五、工会经费和职工教育经费				
六、非货币性福利				
七、因解除劳动关系给予的补偿				
八、其他				
其中：以现金结算的股份支付				
合计				

（16）应交税费。应交税费可按如表 6-17 所示的格式披露。

表 6-17 应交税费明细表

项目	期末账面余额	年初账面余额
1. 增值税		
……		
合计		

（17）其他流动负债。其他流动负债的披露格式如表 6-18 所示。

表 6-18 其他流动负债明细表

项目	期末账面余额	年初账面余额
1.		
……		
合计		

注：有预计负债、其他非流动负债的，比照其他流动负债进行披露。

（18）短期借款和长期借款。短期借款和长期借款按如表 6-19 所示的格式予以披露。另外，对于期末逾期借款，应披露贷款单位、借款金额、逾期时间、年利率、逾期未偿还原因和预计还款期等。

表 6-19 借款明细表

项目	短期借款		长期借款	
	期末账面余额	年初账面余额	期末账面余额	年初账面余额
信用借款				
抵押借款				

续表

项目	短期借款		长期借款	
	期末账面余额	年初账面余额	期末账面余额	年初账面余额
质押借款				
保证借款				
合计				

（19）应付债券。应付债券的披露格式如表 6－20 所示。

表 6－20　应付债券明细表

项目	年初账面余额	本期增加额	本期减少额	期末账面余额
合计				

（20）长期应付款。长期应付款的披露格式如表 6－21 所示。

表 6－21　长期应付款明细表

项目	期末余额	年初余额
合计		

（21）营业收入。营业收入的披露格式如表 6－22 所示。披露建造合同时，应当披露当期预计损失的原因和金额，同时按如表 6－23 所示的格式披露合同收入情况。

表 6－22　营业收入明细表

项目	本期发生额	上期发生额
1. 主营业务收入		
2. 其他业务收入		
合计		

表 6－23　建造合同项目明细表

合同项目		总金额	累计已发生成本	累计已确认毛利（亏损以“—”号表示）	已办理结算的价款金额
固定造价合同					
	合计				
成本加成合同					
	合计				

（22）公允价值变动收益。公允价值变动收益的披露格式如表 6－24 所示。

表 6-24　公允价值变动收益明细表

产生公允价值变动收益的来源	本期发生额	上期发生额
合计		

（23）投资收益。投资收益的披露格式如表 6-25 所示。按照权益法核算的长期股权投资，直接以被投资单位计算的账面净损益来确认投资损益的事实及原因。

表 6-25　投资收益明细表

产生投资收益的来源	本期发生额	上期发生额
合计		

（24）资产减值损失。资产减值损失的披露格式如表 6-26 所示。

表 6-26　资产减值损失明细表

项目	本期发生额	上期发生额
一、坏账损失		
二、存货跌价损失		
三、其他债权投资信用减值损失		
四、债权投资信用减值损失		
五、长期股权投资减值损失		
六、投资性房地产减值损失		
七、固定资产减值损失		
八、工程物资减值损失		
九、在建工程减值损失		
十、生产性生物资产减值损失		
十一、油气资产减值损失		
十二、无形资产减值损失		
十三、商誉减值损失		
十四、其他		
合计		

（25）营业外收入。营业外收入的披露格式如表 6-27 所示。

表 6-27　营业外收入明细表

项目	本期发生额	上期发生额
1. 非流动资产处置利得		
其中：固定资产报废利得		
……		
合计		

（26）营业外支出。营业外支出的披露格式如表 6－28 所示。

表 6－28　营业外支出明细表

项目	本期发生额	上期发生额
1. 非流动资产处置损失		
其中：固定资产报废损失		
……		
合计		

（27）所得税费用。应说明所得税费用（收益）的组成，包括当期所得税、递延所得税，以及所得税费用（收益）与会计利润的关系。

（28）取得政府补助的种类及金额。

（29）每股收益。应说明基本每股收益和稀释每股收益分子、分母的计算过程；列报期间不具有稀释性但以后期间很可能具有稀释性的潜在普通股；在资产负债表日至财务报告批准报出日之间，企业发行在外普通股或潜在普通股股数发生重大变化的情况，如股份发行、股份回购、潜在普通股发行、潜在普通股转换或行权等。

（30）企业可以按照费用的性质分类披露利润表。

（31）非货币性资产交换。应说明换入资产、换出资产的类别，换入资产成本的确定方式，换入资产、换出资产的公允价值及换出资产的账面价值。

（32）股份支付。应说明当期授予、行权和失效的各项权益工具总额，期末发行在外股份期权或其他权益工具行权价的范围和合同剩余期限，当期行权的股份期权或其他权益工具以其行权日价格计算的加权平均价格，股份支付交易对当期财务状况和经营成果的影响。

（33）债务重组。按照《企业会计准则第 12 号——债务重组》第 14 条或第 15 条的相关规定进行披露。

（34）借款费用。应说明当期资本化的借款费用金额，当期用于计算确定借款费用资本化金额的资本化率。

（35）外币折算。应说明计入当期损益的汇兑差额，处置境外经营对外币财务报表折算差额的影响。

（36）企业合并。企业合并发生当期的期末，合并方或购买方应当按照《企业会计准则第 20 号——企业合并》第 18 条或第 19 条的相关规定进行披露。

（37）融资租赁。融资租赁出租人应当说明未实现融资收益的余额，并披露与融资租赁有关的信息，如表 6－29 所示。

表 6－29　融资租赁未实现收益明细表

剩余租赁期	最低租赁收款额
1 年以内（含 1 年）	
1 年以上 2 年以内（含 2 年）	
2 年以上 3 年以内（含 3 年）	
3 年以上	
合计	

经营租赁出租人各类租出资产的披露格式如表 6-30 所示。

表 6-30 经营性租出资产明细表

经营租赁租出资产类别	期末账面价值	年初账面价值
1. 机器设备		
2. 运输工具		
……		
合计		

融资租赁承租人应当说明未确认融资费用的余额，并披露与融资租赁有关的下列信息：各类租入固定资产的年初和期末原价、累计折旧额、减值准备累计金额，以及以后年度将支付的最低租赁付款额。其披露格式如表 6-31 所示。

表 6-31 融资租赁未确认融资费用明细表

剩余租赁期	最低租赁付款额
1 年以内（含 1 年）	
1 年以上 2 年以内（含 2 年）	
2 年以上 3 年以内（含 3 年）	
3 年以上	
合计	

对于重大的经营租赁，经营租赁承租人应当披露下列信息，如表 6-32 所示。

表 6-32 经营性租入资产明细表

剩余租赁期	最低租赁付款额
1 年以内（含 1 年）	
1 年以上 2 年以内（含 2 年）	
2 年以上 3 年以内（含 3 年）	
3 年以上	
合计	

另外，还应披露各售后租回交易以及售后租回合同中的重要条款。

（38）分部报告。主要报告形式是业务分部报告，其格式如表 6-33 所示。在主要报告形式的基础上，对于次要报告形式，企业还应披露对外交易收入、分部资产总额。

表 6-33 业务分部报告表

项目	××业务		××业务		……	其他		抵销		合计	
	本期	上期	本期	上期		本期	上期	本期	上期	本期	上期
一、营业收入											
其中：对外交易收入											
分部间交易收入											
二、营业费用											
三、营业利润（亏损）											
四、资产总额											

续表

项目	××业务		××业务		……	其他		抵销		合计	
	本期	上期	本期	上期		本期	上期	本期	上期	本期	上期
五、负债总额											
六、补充信息											
1. 折旧和摊销费用											
2. 资本性支出											
3. 折旧和摊销以外的非现金费用											

注：主要报告形式是地区分部报告的，比照业务分部报告格式进行披露。

（七）或有事项

按照《企业会计准则第 13 号——或有事项》第 14 条和第 15 条的相关规定进行披露。

（八）资产负债表日后事项

应说明：

（1）每项重要的资产负债表日后非调整事项的性质、内容及对财务状况和经营成果的影响。无法做出估计的，应当说明原因。

（2）资产负债表日后，企业利润分配方案中拟分配的以及经审议批准宣告发放的股利或利润。

（九）关联方关系及交易

（1）本企业母公司的有关信息。披露格式如表 6－34 所示。母公司不是本企业最终控制方的，应说明最终控制方名称。母公司和最终控制方均不对外提供财务报表的，应说明母公司之上与其最相近的对外提供财务报表的母公司名称。

表 6－34　母公司主要信息表

母公司名称	注册地	业务性质	注册资本

（2）母公司对本企业的持股比例和表决权比例。

（3）本企业子公司的有关信息。披露格式如表 6－35 所示。

表 6－35　子公司主要信息表

子公司名称	注册地	业务性质	注册资本	本企业合计持股比例	本企业合计享有的表决权比例

（4）本企业合营企业的有关信息。披露格式如表 6－36 所示。

表 6-36　合营企业主要信息表

被投资单位名称	注册地	业务性质	注册资本	本企业持股比例	本企业在被投资单位表决权比例	期末资产总额	期末负债总额	本期营业收入总额	本期净利润

注：有联营企业的，比照合营企业进行披露。

（5）本企业与关联方发生交易的，分别说明各关联方关系的性质、交易类型及交易要素。交易要素至少应当包括：交易的金额；未结算项目的金额、条款和条件，以及有关提供或取得担保的信息；未结算应收项目的坏账准备金额；定价政策。

二、会计报表附注分析

会计报表附注包含的内容很多，对会计报表附注的分析主要从以下几个方面展开。

（一）会计政策、会计估计变更和会计差错更正

1. 会计政策的变更

（1）会计政策变更的含义和处理方法。

会计政策是指企业在会计核算时所遵循的具体原则以及企业所采纳的具体会计处理方法。这里的具体原则是指企业按照会计准则和统一的会计制度规定的原则所制定的、适合于本企业的会计原则；具体会计处理方法则是指企业在会计核算中从诸多可选择的会计处理方法中所选择的、适合于本企业的会计处理方法。

为了保证会计信息的可比性，使会计报表使用者在比较企业一个以上期间的会计报表时，能够正确判断企业的财务状况、经营成果和现金流量的趋势，一般情况下，企业应在每期采用相同的会计政策，不应也不能随意变更会计政策；否则，势必削弱会计信息的可比性，使会计报表使用者在比较企业的经营业绩时发生困难。

但是，这并不是说会计政策就不能变更。如果法律或会计准则等行政法规、经济环境等因素发生变化，企业无法提供有关财务状况、经营成果和现金流量方面更可靠、更相关的会计信息，此时应变更会计政策。

1）企业依据法律或会计准则等行政法规、规章的要求变更会计政策，分别按以下情况处理：国家发布相关的会计处理办法，则按照国家发布的相关会计处理规定进行处理；国家没有发布相关的会计处理办法，则采用追溯调整法进行会计处理。

在这里，追溯调整法是指对某项交易或事项变更会计政策时，如同该项交易或事项初次发生时就开始采用新的会计政策，并据此对相关项目进行调整的方法。在追溯调整法下，应计算会计政策变更的累积影响数，并调整期初留存收益，会计报表其他相关项目也相应进行调整。

其中，会计政策变更的累积影响数是假设与会计政策变更相关的交易或事项在初次发生时即采用新的会计政策而得出的变更年度期初留存收益应有的金额与现有的金额的

差额。会计准则所指的会计政策变更的累积影响数，是变更会计政策所导致的对净损益的累积影响，以及由此导致的对利润分配及未分配利润的累积影响金额，不包括分配的利润或股利。会计准则所指的留存收益，包括法定盈余公积、任意盈余公积和未分配利润各项目。

累积影响数通常可以通过以下步骤计算获得：根据新的会计政策重新计算受影响的交易或事项；计算两种会计政策下的差异；计算差异的所得税影响金额；确定每一期的税后差异；计算会计政策变更的累积影响数。

2）由于经济环境、客观情况的改变而变更会计政策，以便为企业提供有关财务状况、经营成果和现金流量等方面的更可靠、更相关的会计信息，则应采用追溯调整法进行会计处理。

追溯调整法的运用通常由以下几步构成：计算会计政策变更的累积影响数；进行相关的账务处理；调整会计报表相关项目；附注说明。

采用追溯调整法时，会计政策变更的累积影响数应包括在变更当期期初留存收益中，如果提供可比会计报表，对于比较会计报表期间的会计政策变更，应调整该期间净损益项目和会计报表其他相关项目，视同该政策在比较会计报表期间一直采用。对于比较会计报表可比期间以前的会计政策变更的累积影响数，应调整比较会计报表最早期间的期初留存收益，会计报表其他相关项目的数字也应一并调整。

会计准则规定的追溯调整法，是将会计政策变更的累积影响数调整期初留存收益而不计入当期损益。

3）如果会计政策变更的累积影响数不能合理确定，无论属于法规、规章要求变更会计政策，还是因经济环境、客观情况的改变而变更会计政策，均应采用未来适用法进行会计处理。例如，存货的计价方法由先进先出法改为加权平均法时，因为改用加权平均法的那一年度的年初存货价值很难再按加权平均法进行调整，在这种情况下，变更年度的基期存货余额一般只能是变更前按其他方法计算出来的结果，无法计算会计政策变更后的累积影响数。又如，企业如果因账簿、凭证超过法定保存期限而销毁，或因不可抗力（如火灾、水灾等）或人为因素而毁坏、遗失，则可能使会计政策变更的累积影响数无法计算。在这种情况下，会计政策的变更可以采用未来适用法进行处理。

上面谈到的未来适用法，是指对某项交易或事项变更会计政策时，新的会计政策适用于变更当期及未来期间发生的交易或事项的方法。

在未来适用法下，不需要计算会计政策变更产生的累积影响数，也无须重编以前年度的会计报表。企业会计账簿记录及会计报表上反映的金额，变更之日仍保留原有的金额，不因会计政策变更而改变以前年度的既定结果，并在现有金额的基础上按新的会计政策进行核算。

（2）会计政策变更在会计报表附注中的披露。

企业应按会计准则的规定，在会计报表附注中披露如下会计政策变更的有关事项：

1）会计政策变更的内容和理由。包括如下几方面：对会计政策变更的简要阐述、变更的日期、变更前采用的会计政策和变更后所采用的新会计政策及会计政策变更的原因。依据法律或会计准则等行政法规、规章的要求变更会计政策时，在会计报表附注中应当披露所依据的文件。例如，“依据《企业会计准则第××号——××》的要求变更会计政策……”。

2）会计政策变更的影响数。包括以下几个方面：

- 采用追溯调整法时计算出的会计政策变更的累积影响数。
- 会计政策变更对本期以及比较会计报表所列其他各期净损益的影响金额。
- 比较会计报表最早期间期初留存收益的调整金额。

3）累积影响数不能合理确定的理由，以及会计政策变更对当期经营成果的影响金额。

（3）会计政策变更对企业财务状况质量分析的影响。

如上所述，会计政策变更主要在两种情况下发生：一是在法律或会计准则等行政法规、规章的要求下发生；二是在会计政策的变更能够提供有关企业财务状况、经营状况和现金流量等方面的更可靠、更相关的会计信息的条件下发生。

在法律或会计准则等行政法规、规章的要求下发生的会计政策变更，属于“不可抗力”，企业只能被动地按照国家的有关规定执行。这种条件不会成为企业会计政策变更的经常性原因。

在会计政策的变更能够提供有关企业财务状况、经营成果和现金流量等方面的更可靠、更相关的会计信息的条件下发生的会计政策变更，则属于企业在会计政策选择方面的一种主动行为。当企业认定原来所采用的会计政策不能像新的会计政策那样在有关企业财务状况、经营成果和现金流量等方面提供可靠、相关的会计信息时，原则上企业应当进行会计政策的变更。但必须注意的是，这种变更的必要性是以企业的主观判断为依据的。在很多情况下，企业也有可能出于其他方面的考虑（如新的会计政策的运用，有可能导致企业所披露的财务信息更有利于企业管理层对其业绩的展示）而变更会计政策。企业财务信息的使用者应当对这种可能性有所警惕。

此外，还应注意的是，不论何种原因引起的企业会计政策的变更，均会导致企业在不同的会计年度之间的财务信息出现不可比性。在对企业不同年度之间的财务信息进行比较时，应当把这种因会计政策变更导致的财务信息的不可比性予以剔除。

2. 会计估计的变更

（1）会计估计的含义和处理方法。

会计估计是指企业对其结果不确定的交易或事项以最近可利用的信息为基础所做的判断。我们知道，估计是就现有资料对未来所做的判断。随着时间的推移，如果赖以进行估计的基础发生变化，或者由于取得了新的信息、积累了更多的经验或因后来的发展变化，则应对估计进行修订。这种修订并不表明原来的估计方法有问题或不是最适当的，只表明会计估计已经不能适应目前的实际情况，在目前已经失去了继续沿用的依据。如固定资产的耐用年限与净残值、无形资产的受益期限、长期待摊费用的分摊期间、坏账的确认、或有损失和或有收益以及存货毁损与过时等方面都有可能出现后续实际情况与原先的估计有较大的出入，这就必须借助于会计估计变更的处理。

在处理会计估计变更时采用未来适用法，具体如下：

1）如果会计估计的变更仅影响变更当期，有关估计变更的影响应于当期确认。

2）如果会计估计的变更既影响变更当期又影响未来期间，有关估计变更的影响应在当期及以后各期确认。

会计估计变更的影响数应计入变更当期与前期相同的项目中。为了保证不同期间的会计报表具有可比性，如果会计估计变更的影响数以前包括在企业日常经营活动的损益中，则以后也应包括在相应的损益类项目中；如果会计估计变更的影响数以前包括在特殊项目中，则以后也相应作为特殊项目反映。

（2）会计估计变更在会计报表附注中的披露。

企业应按会计准则的规定，在会计报表附注中披露如下会计估计变更的事项：

1）会计估计变更的内容、日期和理由。

2）会计估计变更的影响金额，包括会计估计变更对当期损益的影响金额，以及对其他各项目的影响金额。

3）会计估计变更的影响数不易确定的理由。

（3）会计估计变更对企业财务状况质量分析的影响。

会计估计变更是企业的一种主动行为。与会计政策变更相类似，在很多情况下，企业也有可能出于其他方面的考虑（如新的会计估计的运用，有可能导致企业所披露的财务信息更有利于企业管理层对其业绩的展示）而变更会计估计。企业财务信息的使用者应当对这种可能性有所警惕。

另外，企业会计估计的变更会导致企业在不同的会计年度之间的财务信息出现不可比性。在对企业不同年度之间的财务信息进行比较时，应当把这种因会计估计变更而导致的财务信息的不可比性予以剔除。

3. 会计差错更正

（1）会计差错的含义及处理方法。

会计差错是指进行会计核算时在计量、确认、记录等方面出现的错误，如账户分类以及计算错误、会计估计错误、漏记已完成的交易、对事实的忽视和误用、提前确认尚未实现的收入或不确认已实现的收入、资本性支出与收益性支出划分差错等。产生这些差错的原因既有会计政策使用上的错误，也有会计估计上的差错，还有会计处理中技术方面的缘故。

出现会计差错后，应按以下方法处理：

1）本期发现的、属于本期的会计差错，应调整本期相关项目。

2）本期发现的、属于以前年度的会计差错，按以下规定处理：

第一，非重大会计差错。非重大会计差错是指不足以影响会计报表使用者对企业财务状况、经营成果和现金流量做出正确判断的会计差错。对于本期发现的、属于与前期相关的非重大会计差错，不调整会计报表相关项目的期初数，但应调整发现当期与前期相同的相关项目。属于影响损益的，应直接计入本期与上期相同的净损益项目；属于不影响损益的，应调整本期与前期相同的相关项目。

第二，重大会计差错。重大会计差错是指企业发现的使公布的会计报表不再具有可靠性的会计差错。重大会计差错一般涉及金额比较大，通常某项交易或事项的金额占该类交易或事项金额的10%及以上，则认为金额比较大，如某企业提前确认未实现的营业收入占全部营业收入的10%及以上，则认为是重大会计差错。企业发现的重大会计差错，如不加以调整，会使公布的会计报表所反映的信息不可靠，并有可能误导投资者、债权人及其他会计报表阅读者的决策或判断。

对于发生的重大会计差错，如影响损益，应根据其对损益的影响数调整发现当期的期初留存收益，会计报表其他相关项目的期初数也应一并调整；如不影响损益，应调整会计报表相关项目的期初数。

在编制比较会计报表时，对于比较会计报表期间的重大会计差错，应调整该期间的净损益和其他相关项目，视同该差错在产生的当期已经更正；对于比较会计报表期间以前的重大会计差错，应调整比较会计报表最早期间的期初留存收益，会计报表其他相关项目的数字也应一并调整。

（2）会计差错在会计报表附注中的披露。

按照会计准则的规定，对于会计差错，应在会计报表附注中披露如下事项：

1）重大会计差错的内容，包括重大会计差错的事项陈述和原因以及更正方法。

2）重大会计差错的更正金额，包括重大会计差错对净损益的影响金额以及对其他项目的影响金额。

应当指出的是，无论是会计政策和会计估计的变更，还是会计差错的更正，所影响的报表只是资产负债表和利润表，对企业的现金流量表没有实质的影响。因为对企业调增或调减的利润一般不在现金流量表中反映出来，并未形成真正的现金流入或流出，体现的只是附注中的说明而已。

（二）会计报表项目注释分析

会计报表项目注释很多，在分析时主要针对应收款项、存货、固定资产、对外投资、收入等几个项目进行重点分析。以下我们将以应收款项、存货和收入项目为例来说明会计报表项目注释的分析方法和思路。

1. 应收款项注释的分析

应收款项主要包括应收账款、应收票据和其他应收款。应收账款是企业因销售商品、提供劳务而形成的债权，该债权由于可以直接影响主营业务收入的变化，且易于操纵、难以查找而往往成为舞弊者青睐的重要工具，是上市公司粉饰利润的主要工具之一。其他应收款是指企业发生的非购销活动产生的应收债权。“其他应收款”科目原本并不重要，而如今却成为一个主要的“藏污纳垢”的场所。正常情况下，其他应收款的期末余额不应过大，但现在，其他应收款的“分量”越来越重，其余额可以和应收账款“媲美”，甚至有过之而无不及。对此，投资者应保持清醒。

分析应收款项，通过剖析会计报表附注可以揭示以下问题：

（1）有无利用应收账款虚构营业收入的现象。

应收账款产生于企业采用赊销方式销售产品的业务，进行会计处理时，其对应科目为“主营业务收入”和“应交税费——应交增值税（销项税额）”。随着应收账款的增加，其主营业务收入和应交税费也会相应增加。分析有无利用应收账款虚构营业收入，可以从应收账款和应交税费（附注中的税项部分）的增长速度的比较来进行。如果应收账款增长很快，而应交税费并没有增加，说明企业应收账款的增加是虚拟的，并没有相应的交易作基础。因为虚构主营业务收入可以增加利润，粉饰企业的经营业绩，而虚增应交税费则需要企业付出纳税的代价，因此企业在虚拟应交税费时往往会有所顾忌。当然也不排除企业为了达到某种目的而愿意多缴税款，例如原北京市长城机电科技产业公司总裁沈太福通过发行债券，骗取广大投资者的资金，并许诺付以 24%的利息，为了支撑这一骗局，让投资者确信其实力，在没有任何营业额的情况下，该公司主动向税务机关缴纳销售税款，并以此倒推企业的营业额 2.05 亿元。

（2）有无隐瞒应收账款的坏账风险，少提甚至不提坏账准备。

上市公司往往采用账龄分析法来计提坏账准备。一般来说，欠账的时间越长，发生坏账的可能性越大。账龄分析法正是根据这一基本原理来设计的，该法与应收账款余额百分比法相比，较为灵活、合理。但是，账龄分析法也给上市公司一定的操纵利润的空间，利润多时多提，利润少时少提或不提。例如，某公司按账龄分析法计提坏账准备，账龄在 1 年内的不计提坏账准备，该公司 2020 年期末 1 年以内的应收账款为12 218万元，比上半年增加 7 358 万元，占应收账款总额的 80%，而当年的净利润仅为71 万元。由此我们不难看出该公司为什么对 1 年内的巨额应收账款采取不计提坏账准备的政策。

（3）“其他应收款”是否已成为大股东侵占上市公司资金的“钵盂”。

大股东占用上市公司大量资金，将上市公司作为“提款机”的现象比比皆是，所采用的手段主要有以下四种：

1）大股东贷款，上市公司“买单”。大股东或其关联企业从银行贷一笔款，让上市公司提供担保，最后大股东赖账，由上市公司承担担保责任还钱。这是一种比较“古老”的侵占上市公司资产的方法，曾为很多上市公司的大股东采用。实际上，大股东往往从贷款之初就没打算还，但因为有上市公司提供担保，银行也就没有戒心，最后还款的义务都落到上市公司身上，这样就等于大股东间接从上市公司套走了一笔资产。例如 ST 刚泰未经公司审议程序，为刚泰集团及其关联方的借款提供违规担保，截至 2020 年 11 月 6 日，尚未解决的违规担保本金合计 20.45 亿元，其中为刚泰集团违规担保的本金合计 5.93 亿元。而大股东刚泰集团由于不能清偿到期债务且明显缺乏清偿能力，被申请进行破产清算。巨额的担保金额使本来就面临亏损的 ST 刚泰最终淡出市场。

2）假合作投资，真转移资产。这种方法多是以投资某一项目为名，上市公司与同属某大股东的一家控股子公司合资成立一家新公司，大股东的这家控股子公司在合资公司中占控股地位。而实际上，所谓的项目不过是幌子，大股东利用它在合资公司中的控制地位，把上市公司的出资部分转移走，以侵占上市公司的资产。这种手法房地产类上市公司运用得比较普遍，多数是大股东出地，上市公司出现金，投资项目或真或假。这种手法实际上是分两步走：先将资产从监管比较严格的上市公司转移到监管不那么严格的新的合资公司，然后利用大股东在合资公司里的控制地位，把资产从合资公司转移走。这种手法比较隐蔽，尤其是如果投资项目是真实的，注册会计师很难查出其中的“猫腻”。

3）自家人理财，肥水不外流。随着上市公司融资规模越来越大，闲置资金增加，上市公司进行委托理财、委托经营的越来越多，有的控股股东就打起了委托理财的主意。在公司上市融资之后，就让上市公司把资产委托给与大股东有关联的金融企业或者干脆就委托给大股东经营，变相将上市公司的资产交到大股东的手里。这种手法较隐蔽，注册会计师也只有从上市公司获得的承包费、经营费等名目中的蛛丝马迹追踪下去，才会发现问题，如果承包费、经营费数目很小，则容易被疏漏。

4）大股东打白条，直接“借”款。有的上市公司的控股股东干脆直接从上市公司巧取豪夺。控股股东只需和上市公司的董事会打个招呼，或者写张借条，一笔资金就从上市公司流到了大股东的口袋里。能这么做的上市公司多数在法人治理结构方面存在重大问题，大股东一股独大，而且在人员、财务、资产方面与上市公司有千丝万缕的联系。

以上种种手段不仅严重影响上市公司正常生产经营，进而损害中小股东的合法权益，而且由于上市公司与关联公司发生的资金占用的金额、收费标准均未事先公告，投资者无法对其合理性做出恰当的判断。以上行为在会计上的处理大都通过“其他应收款”科目来完成。因此，分析其他应收款的金额及在资产中所占的比重，就可以找出母公司占用上市公司资金的蛛丝马迹。

此外，对应收账款的分析不应是孤立的，应结合利润表和现金流量表来进行综合分析。如与应收账款直接相关的会计科目是利润表中涉及“主营业务收入”科目和现金流量表中的经营活动现金流入，与提取应收账款坏账准备有关的还有“坏账准备”“管理费用”等科目。

值得注意的是，会计报表附注中披露的应收账款账龄、坏账可收回情况、关联方购销活动等说明都是不可忽视的重要内容。反映应收账款与主营业务收入关系的赊账比率是一个重要指标，赊账比率＝期末应收账款/当期主营业务收入，它的较大变动或比值较高，表明企业的主营业务收入主要依赖于应收账款。而赊销收入存在很大的不确定性，它的可收回性将极大地影响企业盈利的质量。这种情况在一定程度上为企业操纵利润留下了空间。应收账款周转率这个指标用来衡量赊销收入的可收回性和周转速度，应收账款周转率高，说明企业收款速度快，偿债能力强；其不正常的大幅降低，表明企业的资金回笼和周转存在一定问题。这些问题如果没有恰当披露，就有存在财务报表陷阱的可能。

下面我们以2020年海信视像股份有限公司报表附注中的应收款项注释为例进行分析。

● 账龄分析。

应收账款账龄分析表如表6-37所示。

表6-37 应收账款账龄分析表

单位：元

账龄	期末账面余额			期初账面余额		
	金额	坏账提取比例（%）	坏账准备	金额	坏账提取比例（%）	坏账准备
1年以内	3 371 202 590.62	5	168 560 129.50	2 546 304 970.57	5	127 315 248.53
1～2年	11 030 508.46	10	1 103 050.85	12 790 803.73	10	1 279 080.37
2～3年	8 226 132.56	20	1 645 226.51	6 155 926.38	20	1 231 185.28

续表

账龄	期末账面余额		坏账准备	期初账面余额		坏账准备
	金额	坏账提取比例（%）		金额	坏账提取比例（%）	
3～5年	118 511.79	50	59 255.90	4 471 170.08	50	2 235 585.04
5年以上	11 532 594.05	100	11 532 594.05	12 374 594.13	100	12 374 594.13
合计	3 402 110 337.48		182 900 256.81	2 582 097 464.89		144 435 693.35

从表6－37中我们可以观察到，2020年1年以内应收账款期末账面余额以及所占比例要比之前增长不少，这说明2020年度公司有着良好的销售业绩。与此同时，坏账准备金额期末比期初有一定增加，与应收账款期末余额的增长幅度基本吻合，说明公司在销售量增长的情况下账款回收情况是正常的。

其他应收款账龄分析表如表6－38所示。

表6－38　其他应收款账龄分析表

单位：元

账龄	期末账面余额		坏账准备	期初账面余额		坏账准备
	金额	坏账提取比例（%）		金额	坏账提取比例（%）	
1年以内	34 983 602.90	5	1 749 180.15	49 854 516.70	5	2 492 725.84
1～2年	2 044 303.60	10	204 430.36	11 707 331.32	10	1 170 733.13
2～3年	4 659 368.31	20	931 873.66	1 465 753.70	20	293 150.74
3～5年	1 503 761.22	50	751 880.61	688 729.90	50	344 364.95
5年以上	51 444 233.60	100	51 444 233.60	51 179 809.25	100	51 179 809.25
合计	94 635 269.63		55 081 598.38	114 896 140.87		55 480 783.91

从表6－38中，我们可以观察到，2020年其他应收款坏账准备较上年相比减少39.92万元，一年以内的其他应收款总额大幅度减少，分析其原因发现，该公司3～5年内的其他应收款增加一倍左右，且该段账龄的坏账提取比例为50%，也符合这部分款项可能无法收回的实际情况。因此，该公司的其他应收款情况问题不大。

● 欠款情况明细。

应收账款金额前五名汇总情况如表6－39所示。应收关联方账款情况如表6－40所示。其他应收款金额前五名单位情况如表6－41所示。

表6－39　应收账款金额前五名汇总情况

单位：元

金额	坏账准备	占应收账款总额的比例（%）
1 975 411 066.91	52 236 376.25	58.06

表6－40　应收关联方账款情况

单位：元

单位名称	与本公司关系	期末余额	期初余额
海信集团及其子公司	关联方		579 830 524.60
海信集团控股公司及其子公司	关联方	976 203 868.61	
海信家电及其子公司	关联方	604 189.16	4 860.95
合计		976 808 057.77	579 835 385.55

表 6-41 其他应收款金额前五名单位情况

单位：元

单位名称/序号	款项的性质	金额	年限	占其他应收账款总额的比例（%）
1	补贴款	50 415 382.77	5年以上	53.27
2	TVS公司应退个人所得税	6 592 944.70	1年以内	6.97
3	房租押金	6 393 668.02	1年以内	6.76
4	房租押金	5 167 715.99	2～3年	5.46
5	TVS公司应退消费税	4 108 045.36	1年以内	4.34
合计		72 677 756.84		76.80

从表6-39～表6-41我们可以看出，关联企业的应收账款所占比例约为28.71%，该比例较高，因此该公司在2020年度可能存在集团公司占用上市公司资源的情况，投资者在这一方面需要引起注意。

2. 存货注释的分析

会计报表附注中披露的存货内容有两部分：一是有关存货的会计政策，如存货成本计价方法、核算方法、盘存方法和存货跌价准备计提方法等；二是存货比较年度的相关数据。

存货是企业流动资产的一项重要内容，在流动资产中占据较大比重。该项目对应利润表中涉及的主营业务成本项目，因此存货金额的变化对企业损益、资产总额、所有者权益和所得税数额都会产生一定影响。上市公司若采用不适当的方法计价或任意分摊存货成本，就可能降低销售成本，增加营业利润。首先，存货计价的方法不同，对企业财务状况、盈亏情况会产生不同的影响。期末存货计价过高或期初存货计价过低，当期收益都可能因此而增加；反之，当期收益可能因此而减少。所以，存货计价方法的变更可以产生一定的利润调整空间。如某公司的2020年年报显示，由于发出存货的计价方法由原来的加权平均法改为先进先出法，公司的销售毛利率由2019年的17.6%上升到2020年的18.9%。由于销售毛利率的变化，公司2020年的主营业务利润增加了2 474万元。其次，有的企业采用定额成本法计算产品成本时，将产品定额成本差异在期末在产品和库存产品之间分摊，本期销售产品却不分摊，以降低本期销售成本。更有甚者，故意虚列存货或隐瞒存货的短缺或毁损，从而达到虚增本期利润的目的。可见，对附注中存货注释的分析有利于我们理解和判断报表的真实性。

下面我们以2020年海信视像科技股份有限公司报表附注中的存货注释为例（见表6-42）进行分析。

表 6-42 存货情况

单位：元

项目	2020.12.31			2019.12.31		
	账面余额	存货跌价准备/合同履约成本减值准备	账面价值	账面余额	存货跌价准备/合同履约成本减值准备	账面价值
原材料	1 999 765 821.65	63 353 953.95	1 936 411 867.70	1 156 399 889.40	31 468 833.11	1 124 931 056.29
在产品	10 720 448.54		10 720 448.54	14 596 660.24		14 596 660.24

续表

项目	2020.12.31			2019.12.31		
	账面余额	存货跌价准备/合同履约成本减值准备	账面价值	账面余额	存货跌价准备/合同履约成本减值准备	账面价值
库存商品	2 579 945 566.76	38 872 623.41	2 541 072 943.35	1 967 670 053.93	45 083 445.21	1 922 586 608.72
合同履约成本	58 704 840.70		58 704 840.70			
合计	4 649 136 677.65	102 226 577.36	4 546 910 100.29	3 138 666 603.57	76 552 278.32	3 062 114 325.25

从表 6-42 可以看出，该公司存货本年度增加 1 484 795 775.04 元，增长幅度 48.49%；同时存货跌价准备/合同履约成本减值准备本年度增加 25 674 299.04 元，增比幅度为 33.54%。通过查看该公司年报发现，存货增加的主要原因是原材料采购增加。此外，存货跌价准备/合同履约成本减值准备增加的原因是由于大量采购的原材料的可变现净值低于其成本所导致的。

3. 收入注释的分析

收入包括主营业务收入、其他业务收入和营业外收入。收入项目是上市公司经常用来调节利润的“法宝”。据统计，我国上市公司各种不规范的手段 99%与公司的收入有关，在收入计算方面，存在着十分严重的舞弊现象。这些不规范的手段很多，本书将在第八章详细介绍，这里因分析的需要，简要介绍以下几种：

（1）编造子虚乌有的营业额。

评价一家上市公司的业绩，往往要看收入这把衡量公司优劣的“尺子”。主营业务收入是投资者最先想了解的内容，也是造假者极力想粉饰的对象，因为没有收入为基础，利润就是空中楼阁。例如火速“堕落”的企业——瑞幸咖啡，自 2019 年 4 月起至 2019 年末，瑞幸咖啡公司通过虚构商品券业务增加交易额 22.46 亿元，虚增收入 21.19 亿元（占对外披露收入 51.5 亿元的 41.16%），虚增成本费用 12.11 亿元，虚增利润 9.08 亿元。瑞幸咖啡与多家第三方公司开展虚假交易，通过虚构原材料采购、外卖配送业务、虚增劳务外包业务，虚构广告业务等方式虚增成本支出，平衡业绩利润数据。通过资金不断循环，实现营业收入大幅虚增，最终形成极具吸引力的虚假业绩，欺骗、误导消费者和相关公众。

事实上，巨额虚增在财报之中已可初见端倪。

瑞幸咖啡 2019 年一季度的收入环比增速并不显著，但是二季度实现爆发式增长。考虑到一季度是春节，收入增速的变动还算可以理解。问题在于：材料费与产品收入的比例在 2019 年二、三季度也迅速下降，直接导致了毛利率的飞升，也导致了“单店运营利润率转正”。一般情况下，季度之间的材料成本波动率不会这么大，无论是用规模效应还是产品品类变化都不能完全解释这一变化。

将披露的瑞幸咖啡单店营业收入状况与星巴克做比较，可以发现星巴克亚太区的单店收入约为每季度 99 万元，波动不大。2019 年三季度，瑞幸咖啡公布的单店收入约是星巴克的 42%，根据产品价格计算，这意味着瑞幸咖啡的单店商品销售杯数须达到星巴克的 1.2 倍。然而，从其远低于星巴克的门店面积来看，这几乎是不可能的事。

此外，作为一家零售企业，存货对于瑞幸咖啡来说是非常重要的指标。2019 年二季度，公司收入环比增长 90%，存货却仅上涨了 23%；更意外的是，2019 年三季度，公司收入环比增长了 70%，存货总量反而下降了。公司存货周转天数也从 2019 年一季度的 55 天下跌到了三季度的 28 天。一家零售公司要做到在季度收入环比翻倍增长的情况下，库存几乎没有增长；或是在门店数量不断扩张、商品品类不断增加的情况下，库存周转天数反而下降一半，几乎是天方夜谭。

（2）提前确认收入。

这种做法相对比较隐蔽。例如，欢瑞影视违反《企业会计准则》和公司会计政策的规定，在《古剑奇谭》《微时代之恋》《少年四大名捕》等剧的收入结转中，都存在将未到期收入提前确认的情况。2013 年因提前确认收入虚增营业收入 69 396 226.42 元；2014 年因提前确认收入虚增营业收入 27 894 339.63 元。按照我国会计准则的规定，某一项商品或服务的所有权和风险没有完全转移之前，不能确认为公司的收入，商品或服务的预收款不能直接计入收入，如开发中的软件、房屋等的预收款不能计入收入。但在实际情况中，上市公司常常采用提前确认收入、推迟确认费用，或不以实际收入的发生为依据，而是根据购销合同协商确认收入等手段直接操纵利润。

（3）调整其他业务收入，虚增利润。

其他业务利润是指企业经营主营业务以外的其他业务活动所产生的利润。虽然其他业务并不属于企业的主要经营业务，但对于一些公司而言是一块“宝地”，其对公司总体利润的贡献不可小视。例如，ST 济堂公司 2016 年借壳上市之后连续四年虚增营业收入超过 200 亿元，2019 年，同济堂通过虚构业务的方式虚增其他业务收入 3.86 亿元，虚增利润总额 3.86 亿元，虚增净利润 2.99 亿元，占 2019 年年度报告中披露净利润的 226.52%。巨额的财务造假行为触发上交所股票上市规则重大违法类强制退市条款，公司距离退市只有咫尺之遥。

（4）调整营业外收入，堤内损失堤外补。

营业外收入是指与企业生产经营活动没有直接关系的各种收入。它不是由企业经营资金耗费所产生的，不需要企业付出代价，实际上是一种纯收入，不可能也不需要与有关费用进行配比。营业外收入也常常成为利润的“调节器”。例如，2014 年圣莱达电器股份有限公司亏损已达到 961.63 万元，当时的董事长预计 2015 年度公司将会再度面临亏损的情况，为了保证公司股票的稳定，避免被“戴帽”，在公司主营业务亏损已成定局的情况下，企图通过增加营业外收入粉饰报表。2015 年度虚构影视版权转让业务，虚增 2015 年度收入和利润 1 000 万元，虚增净利润 750 万元；同年虚构财政补助事项，虚增 2015 年度收入和利润 1 000 万元，虚增净利润 750 万元。两项虚增导致圣莱达 2015 年度年报虚增收入和利润 2 000 万元，虚增净利润 1 500 万元。圣莱达 2015 年度年报显示公司利润总额为 367.15 万元，归属于母公司股东的净利润为 431.43 万元。扣除虚增的 2 000 万元利润，圣莱达 2015 年实际利润总额为－1 632.85 万元，虚增部分占已披露金额为 544.74%。扣除虚增的净利润 1 500 万元，圣莱达 2015 年实际净利润为－1 068.57 万元。虚增利润的行为导致圣莱达 2015 年度扭亏为盈。

上述各种情况在会计报表附注中都可找到蛛丝马迹。进行财务分析时，我们可以对比年报附注中的收入和税项，分析两者增长的幅度是否相一致，借以判断主营业务的真实性。也可采用主营业务利润与总利润的比率来分析利润的构成因素，以检验企业的获利能力与经营成果。如果该比率接近 1，说明企业主营业务具有主体性的地位；如果该比率远小于 1，则说明企业主营业务缺乏效益，这时的高额利润并不能够代表企业的真实盈利水平，相反，说明企业存在用非主营业务来包装利润的可能。另外，还可用其他业务利润或营业外收入与总利润的比率来进行分析，如果该比率过大，说明企业盈利水平差，经营前景不容乐观。

（三）关联方关系及交易的概念、披露与分析

1. 与关联方关系及交易有关的概念

（1）关联方与关联方关系。

按照关联方关系及交易的披露准则及其指南，在企业财务和经营决策中，如果一方有能力直接或间接控制、共同控制另一方或对另一方施加重大影响，准则将其视为关联方；如果两方或多方同受一方控制，准则也将其视为关联方。具体而言，关联方关系主要是指：

1）直接或间接地控制其他企业或受其他企业控制，以及同受某一企业控制的两个或多个企业（例如，母公司、子公司、受同一母公司控制的子公司之间）。

2）合营企业。

3）联营企业。

4）主要投资者个人、关键管理人员或与其关系密切的家庭成员。

5）受主要投资者个人、关键管理人员或与其关系密切的家庭成员直接控制的其他企业。

（2）关联方交易。

判断关联方交易的存在应当遵循实质重于形式的原则。准则列举的有关关联方交易的例子有：

1）购买或销售商品。购买或销售商品是关联方交易中较常见的交易事项。例如，企业集团成员之间互相购买或销售商品，从而形成了关联方交易。

2）购买或销售除商品以外的其他资产。例如，母公司向其子公司出售设备或建筑物等。

3）提供或接受劳务。例如，A 企业为 B 企业的联营企业，A 企业专门从事设备维修服务，B 企业的所有设备均由 A 企业负责维修，B 企业每年向 A 企业支付设备维修费用 20 万元。

4）代理。代理，即依据合同条款，一方为另一方代理某些事务，如代理销售货物，或一方代另一方签订合同等。

5）租赁。租赁通常包括经营租赁和融资租赁等。

6）提供资金。提供资金，即以现金或实物形式提供贷款或权益性资金。例如，企业从其关联方取得资金或权益性资金等。

7）担保和抵押。当存在关联方关系时，一方往往为另一方提供为取得借贷、买卖等经济活动中所需的担保。

8）管理方面的合同。当存在关联方关系时，一方往往为另一方签订管理企业或某一项目的合同，按照管理合同约定，由一方管理另一方的财务和日常经营。因此，管理方面的合同也是关联方交易的主要形式。

9）研究与开发项目的转移。当存在关联方关系时，有时一方所研究与开发的项目会由于另一方的要求而放弃或转移给其他企业。例如，B公司是A公司的子公司，A公司要求B公司停止对某一新产品的研究和试制，并将B公司研究的现有成果转给A公司最近购买的、研究和开发能力超过B公司的C公司继续研制。

10）许可协议。当存在关联方关系时，一方与另一方达成某项协议，允许一方使用另一方的商标等，从而形成了关联方之间的交易。

11）支付关键管理人员报酬。企业支付给关键管理人员的报酬，也是一项主要的关联方交易。

2. 关联方关系及交易的披露

（1）关联方交易的披露原则。

关联方交易的披露应遵循重要性原则，区别以下情况处理：

1）零星的关联方交易如果对企业财务状况和经营成果影响较小或几乎没有影响，可以不予披露。

2）对企业财务状况和经营成果有影响的关联方交易，如果属于重大交易（主要指交易金额较大的，如销售给关联方产品的销售收入占本企业销售收入的10%及以上），应当分别披露关联方以及交易类型。如果属于非重大交易，类型相同的非重大交易可以合并披露，但以不影响会计报表阅读者正确理解企业财务状况、经营成果为前提。

判断关联方交易是否需要披露，不以交易金额的大小作为判断标准，而应以交易对企业财务状况和经营成果的影响程度来确定。比如，关联方之间有一项很重要的交易，这项交易没有金额或只有象征性金额，但是它对企业财务状况和经营成果影响很大，在这种情况下，应披露与这项交易有关的信息。

3）关联方交易中的主要事项，如购货、销货、应收应付款项等，应当披露连续两年的比较资料。

（2）关联方关系的披露。

在存在控制关系的情况下，关联方如为企业，不论它们之间有无交易，都应当在会计报表附注中披露如下事项：

1）企业经济性质或类型、名称、法定代表人、注册地、注册资本及其变化。

2）企业的主营业务。

3）所持股份或权益及其变化。

在存在共同控制或重大影响的情况下，如果关联方之间无交易，则不需要在会计报表附注中披露任何信息。

（3）关联方交易的披露。

企业与关联方发生交易，应当在会计报表附注中披露关联方关系的性质、交易类型及交易要素。交易要素一般包括交易的金额或相应比例、未结算项目的金额或相应比例和定价政策。

关联方交易应当分别按关联方以及交易类型予以披露，类型相同的关联方交易，在不影响会计报表阅读者正确理解的情况下可以合并披露。

关联方交易的金额或相应比例要求披露两年期的比较数据，两年期的比较数据是指各期的实际发生额或各期实际发生额占该类交易金额的比例；未结算金额要求披露至本期期末止的累计关联方交易未结算的金额或相应比例。

3. 关联方及交易的分析

企业关联方及交易的信息披露之所以越来越引人注目，主要原因在于：关联方之间存在密切的关联，完全可以在不依赖于正常市场交易的条件下，通过内部操纵而完成关联交易，以达到某种目的。例如，某个关联方在一定时期需要表现较多利润，其他关联方就有可能向需要表现较多利润的关联方以低于市场正常水平的价格提供商品或劳务、以高于市场正常水平的价格从需要表现较多利润的关联方购买商品或劳务。这样，就可以把其他关联方的利润转移到需要表现较多利润的关联方，从而将其“包装”为外在盈利能力远远超过其实际盈利能力的企业。显然，此种交易结果并不是企业正常交易的结果。因此，财务信息的使用者必须对企业关联方关系及交易予以足够的重视。

当然，在关联方的交易中，大部分属于正常交易。关联方交易是否正常，应当通过企业在报表附注中披露的交易内容特别是定价政策等信息来判断。

（四）资产负债表日后事项的分析

1. 资产负债表日后事项的含义及种类

资产负债表日后事项是指自年度资产负债表日至财务报告批准报出日之间发生的需要调整或说明的事项。其中，财务报告批准报出日是指董事会批准财务报告报出的日期。

资产负债表日后事项包括自年度资产负债表日至财务报告批准报出日之间发生的所有有利事项和不利事项。对于有利和不利事项，均按同一原则处理，即如果属于调整事项，对有利和不利的调整事项都应按会计准则的规定，在进行相关的账务处理后，调整报告年度的会计报表；如果属于非调整事项，对有利和不利的非调整事项均应在报告年度的会计报表附注中披露。

资产负债表日后事项，一般分为调整事项和非调整事项。

（1）调整事项。

调整事项是对资产负债表日存在的情况提供进一步证据的事项，以确定资产负债表日提供的财务信息是否与事实相符。这类事项所提供的新的或进一步的证据，有助于对资产负债表日存在状况的有关金额做出重新估计，并据此对资产负债表日所反映的收入、费用、资产、负债以及所有者权益进行调整。会计准则中列举的调整事项主要有：

1）已证实资产发生了减损。

这一事项是指在年度资产负债表日以前或在年度资产负债表日，根据当时资料判断某项资产可能发生了损失或永久性减值，但没有最后确定是否会发生，因而按照当时最好的估计金额反映在会计报表中，而在年度资产负债表日至财务报告批准报出日之间，所取得的新的或进一步的证据能证明该事实成立，即某项资产已经发生了损失或永久性减值，则应对资产负债表日所做的估计予以修正。

2）销售退回。

这一事项是指在资产负债表日以前或资产负债表日，根据合同规定，所销售的物资已经发出，当时认为与该项物资所有权相关的风险和报酬已经转移，货款能够收回，根据收入确认原则确认了收入并结转了相关成本，即在资产负债表日企业确认为已经销售，并在会计报表上反映；但在资产负债表日后至财务报告批准报出日之间所取得的证据证明该批已确认为销售的物资确实已经退回，应作为调整事项，进行相关的账务处理，并调整资产负债表日编制的会计报表有关收入、费用、资产、负债、所有者权益等项目的数字。值得说明的是，资产负债表日后事项中的销售退回，既包括报告年度销售的物资在报告年度的资产负债表日后退回，也包括报告年度前销售的物资在报告年度的资产负债表日后退回。

3）已确定获得或支付的赔偿。

这一事项是指在资产负债表日以前或资产负债表日已经存在的赔偿事项，在资产负债表日至财务报告批准报出日之间提供了新的证据，表明企业能够收到赔偿款或需要支付赔偿款，根据这一新的证据如果对资产负债表日所做的估计需要调整的，则应对会计报表进行调整。

4）资产负债表日后董事会制定的利润分配方案中与财务报告所属期间有关的利润分配（不包括分配方案中的股票股利）。

这一事项是指在资产负债表日至财务报告批准报出日之间，由董事会制定的财务报告所属期间的利润分配方案。通常情况下，企业在 12 月 31 日结账，需要结转年度内取得的收入、发生的成本，计算利润，董事会根据确定的利润提出利润分配方案。企业于 12 月 31 日结账并计算出利润，需要一定的时间，待董事会提出利润分配方案已到下一年度。在财务报告批准报出日之前董事会制定的利润分配方案，是对企业 12 月 31 日存在的利润所做的分配，而审议批准董事会制定的利润分配方案是股东大会的一项重要任务。因此，资产负债表日后至财务报告批准报出日之间，董事会制定的利润分配方案中与财务报告所属期间有关的利润分配应作为调整事项处理。如果董事会制定的利润分配方案中包括股票股利，则作为非调整事项在会计报表附注中披露，不能作为调整事项处理。

（2）非调整事项。

非调整事项是资产负债表日后才发生或存在的事项。这类事项不影响资产负债表日存在的状况，但如不加以说明，将会影响财务报告使用者做出正确估计和决策，因此需要在会计报表附注中予以披露。会计准则中列举的非调整事项主要有：

1）股票和债券的发行。

这一事项是指企业在资产负债表日后发行股票、债券等。企业发行股票或债券是比较重大的事项，虽然这一事项与企业资产负债表日的存在状况无关，但应对这一事项进行披露，以使财务报告使用者了解与此有关的情况及可能带来的影响。

2）对一个企业的巨额投资。

这一事项是指企业在资产负债表日后决定对一个企业进行巨额投资。这一事项与企业发行股票或债券相同，也属于企业的重大事项，虽然这一事项与企业资产负债表日存在状况无关，但应对这一事项进行披露，以使财务报告使用者了解对一个企业的巨额投资可能会给投资者带来的影响。

3）自然灾害导致的资产损失。

这一事项是指资产负债表日后发生的、由于自然灾害导致的资产损失。自然灾害导致的资产损失不是企业主观上能够决定的，是不可抗力所造成的。但这一事项对企业财务状况所产生的影响，如果不加以披露，有可能使财务报告使用者产生误解，导致其做出错误的决策。因此，自然灾害导致的资产损失应作为一个非调整事项在会计报表附注中进行披露。

4）外汇汇率发生较大变动。

这一事项是指在资产负债表日后发生的外汇汇率的较大变动。由于企业已经在资产负债表日按照当时的汇率对有关账户进行了调整，无论资产负债表日后的汇率如何变化，均不应影响按资产负债表日的汇率折算的会计报表数字。但是，如果资产负债表日后汇率发生较大变化，则应予以披露。

2. 调整事项的处理

按照会计准则的要求，对于资产负债表日后发生的调整事项，应当如同资产负债表所属期间发生的事项一样，做出相关账务处理，同时对资产负债表日已编制的会计报表做相应的调整。这里的会计报表包括资产负债表、利润表及相关附表和现金流量表附注。资产负债表日后事项发生在次年，上年度的有关账目已经结转，特别是损益类科目在结账后已无余额，因此资产负债表日后发生的调整事项，应当分别按以下情况进行账务处理：

(1) 涉及损益的事项，通过“以前年度损益调整”科目核算。调整增加以前年度收益或调整减少以前年度亏损的事项，以及调整减少的所得税，记入“以前年度损益调整”科目的贷方；调整减少以前年度收益或调整增加以前年度亏损的事项，以及调整增加的所得税，记入“以前年度损益调整”科目的借方；“以前年度损益调整”科目的余额，转入“利润分配——未分配利润”科目。

(2) 涉及利润分配调整的事项，直接在“利润分配——未分配利润”科目核算。

(3) 不涉及损益以及利润分配的事项，调整相关科目。

(4) 进行上述账务处理后，还应同时调整会计报表相关项目的数字，包括资产负债表日编制的会计报表的相关数字、当期会计报表相关项目的年初数。提供比较会计报表时，还应调整相关会计报表的上年数。

3. 非调整事项的处理

资产负债表日后发生的非调整事项，是资产负债表日以后才发生或存在的事项。这类事项与资产负债表日存在状况无关，调整会计报表是不恰当的，因为这样做通常会导致在赚取收益或发生费用的日期之前报告这些金额。因此，对于非调整事项，不需要进行账务处理，也不需要调整会计报表。但是，财务报告应当反映最近时期的相关信息，以满足财务报告及时性的要求，同时，由于这类事项可能很重大，如不加以说明，将会影响财务报告的使用者对企业财务状况、经营成果做出正确的估计和决策，因而需要在会计报表附注中说明事项的内容，估计其对财务状况、经营成果的影响，以提供会计数据来补充资产负债表日编制的财务报告的信息。如无法对资产负债表日后才发生或存在的事项对财务报告数据的影响做出估计，应说明原因。

4. 资产负债表日后事项的分析

企业对资产负债表日后事项中的调整事项已经进行了调整，其对财务状况的影响已经体现在相应的报表项目中。对于非调整事项，既没有调整账户和报表，也没有调整净利润，只是将这些事项形成的原因、内容以及影响做了相关的披露，财务报表分析者应根据披露的情况逐一分析。如股票和债券的发行会明显地影响企业的资本结构，使企业的偿债能力发生变化，盈利能力也会受到一定的影响；对一个企业的巨额投资，会使企业的风险增加，其投资回报率也有可能增加；自然灾害导致的资产损失，会使企业的偿债能力和盈利能力下降；外汇汇率发生较大变动，可能会为企业带来外汇汇兑收益或汇兑损失等。

第二节 审计报告的分析

审计报告是指注册会计师通过对企业财务报表按照独立审计准则进行审计后，就报表的内容是否恰当地反映了企业的财务状况和经营成果所出具的意见。由于现代企业经营权和所有权的分离，所有者对日常经营往往是委托专业人员来进行管理，没有直接介入，另外他们也往往缺乏足够的时间和专业知识来监督管理者的经营行为，因而对企业经营状况和业绩真实性的审核大都由独立的社会审计机构代理。注册会计师出具的审计报告可以帮助揭示企业的实际经营状况，减轻管理层的对报表真实与否所承担的责任。可见，审计报告对双方都具有十分重要的作用。了解审计报告的种类、出具条件以及具体含义，有助于我们进一步理解企业的财务报表。

一、审计报告的作用

一般认为，注册会计师对企业年度财务报表出具的审计报告，具有揭示、公证和告示作用。

（一）揭示作用

揭错防弊是审计工作的一个主要任务。在“两权”分离的情况下，所有者向企业注入资本后，由经营者经营企业，使企业的资产保值并增值，向所有者分配股利。大多数所有者不参与企业的经营活动，他们只能通过阅读其投资企业的财务报表来了解企业的经营状况，做出自己的决策（持有或转让投资）。受各种因素的驱动或制约，企业的经营者在编制会计报表时往往会出现差错，或有意采用粉饰企业财务状况与经营成果的手段，对所有者的投资决策造成误导。注册会计师的责任就是通过审计揭示财务报表中可能存在的各种错误或舞弊行为，并向社会投资者和潜在的投资者公布，而审计报告正是这种责任的体现。

（二）公证作用

注册会计师签发的审计报告，是以超然独立的第三者身份对被审计单位会计报表中所反映的财务状况、经营成果等情况是否恰当表明自己的意见，这种客观意见具有公证效力。这种公证效力得到各国政府及社会各界的普遍认可。政府有关部门，如财政部门、税务部门等了解、掌握企业的财务状况和经营成果的主要依据是企业提供的会计报表，而会计报表是否恰当，主要依据注册会计师出具的审计报告。企业的股东主要依据注册会计师出具的审计报告来判断被投资企业的财务状况和经营成果是否真实，并据以进行投资决策。

（三）告示作用

审计报告是对注册会计师审计任务完成情况及结果所做的总结，它可以表明审计工作的质量并明确注册会计师的审计责任。因此，审计报告可以对审计工作质量和注册会计师的审计责任起告示作用。审计报告在一定程度上可以披露注册会计师在审计过程中是否完成了预定的审计程序，是否以审计工作底稿为依据表示审计意见，表示的审计意见是否与被审计单位的实际情况相一致，审计工作的质量是否符合要求。审计报告还可以说明注册会计师审计责任的履行情况。注册会计师应对其出具的审计报告的质量负责。审计报告必须反映注册会计师的审计范围、审计依据、实施的审计程序和应表示的审计意见。审计报告的编制和出具必须符合《中华人民共和国注册会计师法》和独立审计准则的规定。

二、审计报告的基本内容与格式

按照《独立审计具体准则第 7 号——审计报告》的规定，注册会计师出具的审计报告应包括下列基本内容。

（一）标题

我国审计报告的标题为“审计报告”。

（二）收件人

审计报告的收件人是指审计业务的委托人。审计报告应当载明收件人的全称。如“××有限责任公司董事会”“××股份有限公司全体股东”等。

（三）范围段

审计报告的范围段应当说明以下内容：已审计的会计报表的名称及日期或期间；明确会计责任和审计责任的归属；审计的依据，即审计准则；所实施的审计程序和完成情况。

（四）意见段

审计报告的意见段应说明以下内容：会计报表的编制是否符合《企业会计准则》和国家其他有关财务会计法规的规定；会计报表在所有重要方面是否恰当地反映了被审计单位资产负债表日的财务状况和所审计期间的经营成果、资金变动情况；会计处理方法是否遵循了一致性原则。

（五）说明段

若注册会计师出具保留意见、否定意见或无法表示意见的审计报告，应当在范围段与意见段之间增加说明段。在说明段中，应当清楚地说明所持意见的理由及对会计报表影响的程度。当注册会计师出具无保留意见的审计报告时，一般不设说明段；如果认为有必要，可以在意见段之后，增加对重要事项的说明。

（六）签章及会计师事务所地址

审计报告应由注册会计师签名、盖章，并标明会计师事务所的地址。

（七）报告日期

报告日期是指注册会计师完成审计外勤工作的日期，是报告的提交日。

三、审计报告的类型及分析

注册会计师在完成其报表审计任务后，可以视实际情况形成不同的审计意见，出具四种基本类型审计意见的审计报告，即无保留意见的审计报告、保留意见的审计报告、无法表示意见的审计报告和否定意见的审计报告。

（一）无保留意见的审计报告

无保留意见是指注册会计师对被审计单位的会计报表依照独立审计准则的要求进行审查后，确认被审计单位采用的会计处理方法遵循了会计准则及有关规定，会计报表反映的内容符合被审计单位的实际情况，会计报表内容完整、表达清楚、无重要遗漏，报表项目的分类和编制方法符合规定要求，因而对被审计单位的会计报表无保留地表示满意。无保留意见意味着注册会计师认为会计报表的反映是恰当的，能满足非特定多数的利害关系人的共同需要，并对表示的该意见负责。

注册会计师经过审计后，认为被审计单位会计报表的编制符合下述情况时，应出具无保留意见的审计报告：

（1）会计报表的编制符合《企业会计准则》和国家其他财务会计法规的规定。

（2）会计报表在所有重要方面恰当地反映了被审计单位的财务状况、经营成果和资金变动情况。

（3）会计处理方法的选用遵循了一致性原则。

（4）注册会计师已按照独立审计准则的要求，完成了预定的审计程序，在审计过程中未受阻碍和限制。

（5）不存在影响会计报表的重要的未确定事项。

（6）不存在应调整而被审计单位未予调整的重要事项。

注册会计师出具无保留意见的审计报告时，一般以“我们认为”作为意见段的开头，以表明本段内容为注册会计师提出的意见，并表示承担对该审计报告意见的责任。不能使用“我们保证”这样的字样（因为注册会计师表示的是自己的判断或意见，不能对会计报表的真实性、合法性做出绝对保证），以避免会计报表使用者产生误解，同时也可明确注册会计师仅仅承担审计责任，而并不减除被审计单位对会计报表承担的会计责任。在对会计报表反映的内容是否恰当提出审计意见时，应使用“在所有重大方面……公允反映了”这样的术语。因为人们已普遍认识到会计报表不可能做到完全正确和绝对真实，所以审计报告中不应使用“完全正确”“绝对真实”等词汇，也不能使用“大致反映”“基本反映”等模糊不清、态度暧昧的词语。

现举例说明无保留意见审计报告的标准格式和措辞。

审计报告

国浩审字〔2013〕408A0018号

青岛海信电器股份有限公司全体股东：

我们审计了后附的青岛海信电器股份有限公司（以下简称海信电器公司）财务报表，包括2012年12月31日的合并及母公司资产负债表，2012年度的合并及母公司利润表、合并及母公司现金流量表、合并及母公司股东权益变动表以及财务报表附注。

一、管理层对财务报表的责任

编制和公允列报财务报表是海信电器公司管理层的责任，这种责任包括：（1）按照企业会计准则的规定编制财务报表，并使其实现公允反映；（2）设计、执行和维护必要的内部控制，以使财务报表不存在由于舞弊或错误导致的重大错报。

二、注册会计师的责任

我们的责任是在执行审计工作的基础上对财务报表发表审计意见。我们按照中国注册会计师审计准则的规定执行了审计工作。中国注册会计师审计准则要求我们遵守中国注册会计师职业道德守则，计划和执行审计工作以对财务报表是否不存在重大错报获取合理保证。

审计工作涉及实施审计程序，以获取有关财务报表金额和披露的审计证据。选择的审计程序取决于注册会计师的判断，包括对由于舞弊或错误导致的财务报表重大错报风险的评估。在进行风险评估时，注册会计师考虑与财务报表编制和公允列报相关的内部控制，以设计恰当的审计程序，但目的并非对内部控制的有效性发表意见。审计工作还包括评价管理层选用会计政策的恰当性和做出会计估计的合理性，以及评价财务报表的总体列报。

我们相信，我们获取的审计证据是充分、适当的，为发表审计意见提供了基础。

三、审计意见

我们认为，海信电器公司的财务报表在所有重大方面按照企业会计准则的规定编制，公允反映了海信电器公司 2012 年 12 月 31 日的合并及母公司财务状况，以及 2012 年度的合并及母公司经营成果和现金流量。

国富浩华会计师事务所（特殊普通合伙）　　中国注册会计师：×××

中国·北京　　中国注册会计师：×××

二〇一三年四月一日

需要说明的是，审计报告的意见类型完全是注册会计师的主观判断。因此在实务中，并不能排除企业的报表编制实际不符合出具无保留意见审计报告的条件，但注册会计师判断为应出具并最终出具无保留意见的审计报告的情况。

（二）保留意见的审计报告

注册会计师通过审查，对被审计单位的会计报表有异议或存在某些疑问，就不应签发无保留意见的审计报告。注册会计师应视被审计单位的实际情况及所掌握的审计证据，签发保留意见、否定意见或无法表示意见的审计报告。

保留意见是指注册会计师对会计报表的反映有所保留的审计意见。一般是由于某些事项的存在，影响了被审计单位会计报表的表达，使出具无保留意见的条件不完全具备，而注册会计师对无保留意见加以修正，对影响事项提出保留意见，并表示对该意见负责。

注册会计师经过审计后，认为被审计单位会计报表的反映就其整体而言是公允的，但还存在下述情况之一时，应出具表示保留意见的审计报告：

（1）个别重要财务会计事项的处理或个别重要会计报表项目的编制不符合《企业会计准则》和国家其他有关财务会计法规的规定，被审计单位未予调整。

（2）因审计范围受到局部限制，无法按照独立审计准则的要求取得应有的审计证据。

（3）个别会计处理方法不符合一致性原则的要求。

（4）存在对会计报表反映有重要影响的个别未确定事项。

上述条件要求注册会计师在遇到可能对被审计单位会计报表产生较大影响的重要事项时，在审计意见中加以保留。上述保留事项可归纳为以下四类：

第一类，未调整事项。即被审计单位的会计处理方法与注册会计师的看法不一致，又不愿进行调整，而且这种不一致所产生的差异能够准确地加以计量。一般来说，注册会计师在审计过程中提出应予调整的项目，被审计单位已经做了处理的，如调整本年度会计报表，或在不便调整时在会计报表的附注中加以反映，审计报告中就不再表示保留，只在相应的审计工作底稿中列示。但被审计单位对于注册会计师认为比较重要的审计调整事项不进行调整，注册会计师应将这些对审计意见有较大影响的内容在审计报告中明确提出，并说明其理由，指出这些调整对被审计单位提供的会计报表可能产生的影响。

第二类，审计范围受到局部限制。即注册会计师在审计过程中应实施的审计程序由于审计范围受到局部限制而无法实施，也难以实施必要的替代审计程序，而且无法实施的审计程序对被审计单位会计报表的审计可能会产生影响。

第三类，不符合一致性原则。即被审计单位的个别会计处理方法虽符合《企业会计准则》和国家其他有关财务会计法规的规定，但前后期不一致，而且这种不一致导致的对会计报表反映的影响是可以计量的。

第四类，未确定事项。即被审计单位和注册会计师共同努力都不能预计、确认其对会计报表影响程度的事项。

注册会计师出具保留意见的审计报告时，应于意见段之前另设说明段，以说明所持保留意见的理由，并在意见段中使用“除存在上述问题以外”、“除上述事项可能产生的影响外”或“除上述情况待定以外”等术语。除使用保留意见的特定术语之外，其余应该使用无保留意见的审计报告的术语，表示被审计单位的会计报表对其他事项已做了恰当的反映。

下面举例说明表示保留意见的审计报告的标准格式和措辞。

审计报告

国浩审字〔2013〕407A0001 号

海信科龙电器股份有限公司全体股东：

我们审计了后附的海信科龙电器股份有限公司（以下简称海信科龙公司）财务报表，包括 2012 年 12 月 31 日的合并及母公司资产负债表，2012 年度的合并及母公司利润表、合并及母公司现金流量表、合并及母公司股东权益变动表以及财务报表附注。

一、管理层对财务报表的责任

编制和公允列报财务报表是海信科龙公司管理层的责任，这种责任包括：（1）按照企业会计准则的规定编制财务报表，并使其实现公允反映；（2）设计、执行和维护必要的内部控制，以使财务报表不存在由于舞弊或错误导致的重大错报。

二、注册会计师的责任

我们的责任是在执行审计工作的基础上对财务报表发表审计意见。我们按照中国注册会计师审计准则的规定执行了审计工作。中国注册会计师审计准则要求我们遵守中国注册会计师职业道德守则，计划和执行审计工作以对财务报表是否不存在重大错报获取合理保证。

审计工作涉及实施审计程序，以获取有关财务报表金额和披露的审计证据。选择的审计程序取决于注册会计师的判断，包括对由于舞弊或错误导致的财务报表重大错报风险的评估。在进行风险评估时，注册会计师考虑与财务报表编制和公允列报相关的内部控制，以设计恰当的审计程序，但目的并非对内部控制的有效性发表意见。审计工作还包括评价管理层选用会计政策的恰当性和做出会计估计的合理性，以及评价财务报表的总体列报。

我们相信，我们获取的审计证据是充分、适当的，为发表审计意见提供了基础。

三、导致保留意见的事项

如财务报表附注五（4）、附注五（6）、附注六、附注八所述，海信科龙公司原大股东——广东格林柯尔企业发展有限公司及其关联方（以下简称格林柯尔系公司）与海信科龙公司在 2001 年 10 月至 2005 年 7 月期间发生了一系列关联交易及不正常现金流入流出。另外，在此期间，格林柯尔系公司还通过天津立信商贸发展有限公司等特定第三方公司与海信科龙公司发生了一系列不正常现金流入流出。对上述交易与资金的不正常流入流出，以及涉嫌资金挪用行为，海信科龙公司已向法院起诉。该等事项涉及海信科龙公司与格林柯尔系公司及上述特定第三方公司应收、应付款项。截至 2012 年 12 月 31 日，海信科龙公司对格林柯尔系公司和上述特定第三方公司应收款项余额为 6.51 亿元。海信科龙公司已对格林柯尔系公司和上述特定第三方公司的应收款项计提坏账准备 3.65 亿元。如财务报表附注八所述，除佛山中院（2006）佛中法民二初字第 178 号案件撤诉、佛山中院（2006）佛中法民二初字第 183 号驳回诉讼请求，上述其他案件均已胜诉并生效，我们仍无法采取适当的审计程序，以获取充分、适当的审计证据，来判断该笔款项所做估计坏账准备是否合理，应收款项的计价认定是否合理。

四、审计意见

我们认为，除了上述事项可能产生的影响外，海信科龙公司的财务报表在所有重大方面按照企业会计准则的规定编制，公允反映了海信科龙公司 2012 年 12 月 31 日的合并及母公司财务状况，以及 2012 年度的合并及母公司经营成果和现金流量。

国富浩华会计师事务所（特殊普通合伙）　　中国注册会计师：×××

中国・北京　　中国注册会计师：×××

二〇一三年三月二十八日

同样需要说明的是，是否出具表示保留意见的审计报告，取决于注册会计师的主观判断。因此在实务中，仍然不能排除对企业报表的编制应出具其他类型的审计报告，但注册会计师判断成应出具并最终出具表示保留意见的审计报告的情形。

（三）无法表示意见的审计报告

无法表示意见是指注册会计师说明其对被审计单位的会计报表不能表示意见，即对会计报表不发表包括肯定、否定和保留的审计意见。注册会计师在审计过程中，由于受到委托人、被审计单位或客观环境的严重限制，不能获取必要的审计证据，以致无法对会计报表整体表示审计意见时，应当出具无法表示意见的审计报告。

注册会计师在出具无法表示意见的审计报告时，应于意见段之前另设说明段，以说明所持无法表示意见的理由，并在意见段中使用“由于审计范围受到严重限制”“由于无法实施必要的审计程序”“由于无法获取必要的审计证据”等术语，指出“我们无法对上述会计报表整体表示审计意见”。

下面举例说明无法表示意见的审计报告的标准格式和措辞。

审计报告

众环审字〔2013〕011139 号

青海贤成矿业股份有限公司全体股东：

我们审计了后附的青海贤成矿业股份有限公司（以下简称贤成矿业公司）财务报表，包括 2012 年 12 月 31 日的合并及母公司资产负债表，2012 年度的合并及母公司利润表、合并及母公司现金流量表、合并及母公司股东权益变动表以及财务报表附注。

一、管理层对财务报表的责任

编制和公允列报财务报表是贤成矿业公司管理层的责任，这种责任包括：(1) 按照企业会计准则的规定编制财务报表，并使其实现公允反映；(2) 设计、执行和维护必要的内部控制，以使财务报表不存在由于舞弊或错误导致的重大错报。

二、注册会计师的责任

我们的责任是在按照中国注册会计师审计准则的规定执行审计工作的基础上，对财务报表发表审计意见。但由于“三、导致无法表示意见的事项”段中所述的事项，我们无法获取充分、适当的审计证据来为发表审计意见提供基础。

三、导致无法表示意见的事项

1. 持续经营存在重大不确定性：如财务报表附注（十）所述，贤成矿业公司持有的主要控股子公司的股权被查封、冻结或拍卖，生产经营业务基本处于停滞状态，主要经营性资产已被抵押或查封，募集资金账户被冻结，募集资金项目停滞，存在大量逾期未偿还债务及已经法院判决须承担连带清偿责任的对外担保，可供经营活动支出的货币资金严重短缺，且很可能无法在正常的经营过程中变现资产、清偿债务。贤成矿业公司的持续经营能力存在重大不确定性。截至本报告日，贤成矿业公司亦未能就改善财务状况和增强持续经营能力的相关措施提供充分、适当的证据。因此，我们无法判断贤成矿业公司继续按照持续经营假设编制 2012 年度财务报表是否适当。

2. 对外借款、担保金额无法判断：如财务报表附注（七）、（十一）所述，因相关资料缺乏，贤成矿业公司对外借款 46 495.13 万元未纳入 2012 年度财务报表，由于审计范围的限制，我们无法判断贤成矿业公司上述金额不入账的合理性，我们无法核对《企业基本信用信息报告》相关担保信息等或有事项是否与财务报表披露相符，也无法判断是否还存在其他诉讼、借款及对外担保以及该等事项可能对财务报表的影响。

3. 审计范围受到重大限制：

(1) 由于期后贤成矿业公司在报表日持股比例 66.84%的梅州市联维亚投资有限公司、持股比例 100.00%的大柴旦粤海化工有限公司的股权被拍卖，贤成矿业公司无法配合我们对上述两家公司的财务报表实施必要的审计程序以获取充分、适当的审计证据，同时贤成矿业公司无法提供上述股权拍卖的法院执行裁定。

(2) 贤成矿业公司存在未纳入财务报表核算的银行账户，我们无法获取这些账户的相关信息和资料，也无法判断其对贤成矿业公司报告期财务状况和经营成果的影响。

(3) 贤成矿业公司部分重要子公司的银行询证、存货监盘、往来询证等重要审计程序无法实施，部分重要审计资料未能提供，我们也无法实施满意的替代程序以获取充分、适当的审计证据。该等事项对贤成矿业公司财务报告的真实性、准确性和完整性可能产生的影响我们无法判断。

(4) 在审计中，我们无法对贤成矿业公司固定资产、在建工程、无形资产——采矿权的价值计量获取充分、适当的审计证据，也无法对其是否存在减值及减值金额做出判断。

(5) 在审计中，我们无法实施满意的审计程序，获取充分适当的审计证据，以识别贤成矿业公司的全部关联方，我们无法合理保证贤成矿业公司关联方和关联方交易的相关信息得到恰当的记录和充分的披露。这些交易可能对贤成矿业公司的财务报告产生重大影响。

(6) 因贤成矿业公司涉及系列诉讼导致持有的青海创新矿业开发有限公司、贵州省盘县云贵矿业有限公司、贵州省盘县云尚矿业有限公司、盘县华阳煤业有限责任公司、贵州省仁怀市光富矿业有限公司、盘县华阳森林矿业有限公司、青海白唇鹿毛纺有限公司股权被冻结，持有的梅州市联维亚投资有限公司、大柴旦粤海化工有限公司股权报告期后被拍卖并过户，在审计中我们无法获取充分适当的审计证据证明贤成矿业公司在审计报告日对上述公司仍实施控制。

四、无法表示意见

由于“三、导致无法表示意见的事项”段所述事项的重要性，我们无法获取充分、适当的审计证据以为发表审计意见提供基础，因此，我们不对贤成矿业公司合并及母公司财务报表发表审计意见。

众环海华会计师事务所有限公司　　　　中国注册会计师：×××

中国·武汉　　　　中国注册会计师：×××

二〇一三年四月二十四日

（四）否定意见的审计报告

否定意见是指与无保留意见相反，提出否定会计报表恰当地反映被审计单位财务状况、经营成果和资金变动情况的审计意见。当未调整事项、未确定事项、违反一致性原则的事项等对会计报表的影响程度在一定范围内时，注册会计师可以表示保留意见。但是如果这些事项的影响程度超出一定范围，以致会计报表无法被接受，被审计单位的会计报表已失去其价值，注册会计师就不能表示保留意见，但又不能不表示意见，所以只能表示否定意见。

注册会计师经过审计后，认为被审计单位的会计报表存在下述情况之一时，应当出具否定意见的审计报告：

(1) 会计处理方法严重违反《企业会计准则》和国家其他有关财务会计法规的规定，被审计单位拒绝进行调整。

（2）会计报表严重歪曲了被审计单位的财务状况、经营成果和资金变动情况，被审计单位拒绝进行调整。

注册会计师在出具否定意见的审计报告时，应于意见段之前另设说明段，说明所持否定意见的理由，并在意见段中使用“由于上述问题造成的重大影响”“由于受到前段所述事项的影响”等专业术语，指出会计报表“不能恰当地反映”“不符合……规定”等问题。

下面举例说明否定意见的审计报告的标准格式和措辞。

审计报告（部分）

中审亚太审字〔2020〕020666 号

上海富控互动娱乐股份有限公司全体股东：

一、否定意见

我们审计了上海富控互动娱乐股份有限公司（以下简称富控互动）的财务报表，包括 2019 年 12 月 31 日的合并及公司资产负债表，2019 年度的合并及公司利润表、合并及公司现金流量表、合并及公司股东权益变动表以及相关财务报表附注。

我们认为，由于“形成否定意见的基础”部分所述事项的重要性，后附的财务报表没有在所有重大方面按照企业会计准则的规定编制，未能公允反映富控互动 2019 年 12 月 31 日的合并及公司财务状况以及 2019 年度的合并及公司经营成果和合并及公司现金流量。

二、形成否定意见的基础

1. 预计负债、应付利息的转回事项

如财务报表附注 6.22 预计负债、附注 6.35 投资收益和 12.2（2）未决诉讼仲裁及其他事项形成的或有负债及其财务影响所述，富控互动本年度冲回预计负债 18.86 亿元，冲回应付利息 11.06 亿元，确认投资收益 29.92 亿元。其中，冲回对上海中技桩业股份有限公司担保确认的预计负债 12.85 亿元，冲回富控互动作为共同债务人确认的预计负债 6.01 亿元，冲回表内金融机构借款利息及罚息 11.06 亿元。

（1）冲回对上海中技桩业股份有限公司担保确认的预计负债 12.85 亿元。

本报告期末，富控互动发布的《上海富控互动娱乐股份有限公司管理层对公司 2019 年年度重要事项账务处理的说明》中记录：公司目前共涉及的合规担保中，除青岛城乡建设融资租赁有限公司及华融金融租赁股份有限公司外，其他金融机构已确定会债权转基金份额，且针对债转基金份额的主要条款，各方已达成一致。同时，某有限合伙企业已出具相关兜底函，承诺：将按照公司要求，就该类案件中公司所负截至 2019 年 12 月 31 日的债务本金、利息、罚息、违约金、诉讼费、律师费等承担兜底责任，某有限合伙企业承担兜底责任后，不可撤销地、永久性地免除并放弃对公司以诉讼、仲裁或其他方式提出任何权利主张或其他类似行为（包括但不限于自愿放弃向公司追偿的权利等），也不会将任何已免除或放弃的诉讼主张及其他权利转让给任何自然人或组织。公司无须就某有限合伙企业直接清偿的公司相关债务或向公司支付的款项履行任何还款义务，承担任何赔偿、补偿责任、任何损失或承担任何成本和费用。综上，公司管理层认为：针对合规担保计提的预计负债，除青岛城乡建设融资租赁有限公司及华融金融租赁股份有限公司外，其他案件已达到冲回的条件，公司 2019 年财务报表将截至 2019 年 12 月 31 日计提的预计负债 12.85 亿元予以冲回。

我们未取得相关债权人与该有限合伙企业就债转基金份额达成一致意见的相关资料，与富控互动沟通中，富控互动表示公司和债权人出于商业保密的需要，无法向会计师及公众进行公开披露主要条款；我们访谈了上述全部债权人，获悉富控互动向部分债权人沟通了债转基金份额方案，但最终并未与债权人达成确定的和解方案。富控互动与某有限合伙企业签订的债务兜底协议为2020年签署，我们对该有限合伙企业承担兜底义务的实际能力及该协议的商业合理性存在重大疑虑。我们认为，富控互动对上述事项产生的预计负债的冲回不符合相关会计准则的规定，该错报对财务报表的影响重大且具有广泛性。

…………

三、其他信息

富控互动管理层对其他信息负责。其他信息包括富控互动2019年度报告中涵盖的信息，但不包括财务报表和我们的审计报告。

我们对财务报表发表的审计意见不涵盖其他信息，我们也不对其他信息发表任何形式的鉴证结论。

结合我们对财务报表的审计，我们的责任是阅读其他信息，在此过程中，考虑其他信息是否与财务报表或我们在审计过程中了解到的情况存在重大不一致或者似乎存在重大错报。

基于我们已执行的工作，我们确定其他信息存在重大错报。

四、关键审计事项

除形成否定意见的基础部分所描述的事项外，我们确定不存在其他需要在我们的审计报告中沟通的关键审计事项。

五、其他事项

2018年12月31日的公司财务报表由中汇会计师事务所（特殊普通合伙）审计，并于2019年4月25日发表了保留意见的审计报告。

六、管理层和治理层对财务报表的责任

富控互动管理层（以下简称管理层）负责按照企业会计准则的规定编制财务报表，使其实现公允反映，并设计、执行和维护必要的内部控制，以使财务报表不存在由于舞弊或错误导致的重大错报。

在编制财务报表时，富控互动管理层负责评估富控互动的持续经营能力，披露与持续经营相关的事项（如适用），并运用持续经营假设，除非管理层计划清算富控互动、停止营运或别无其他现实的选择。

治理层负责监督富控互动的财务报告过程。

七、注册会计师对财务报表审计的责任

我们的目标是对财务报表整体是否不存在由于舞弊或错误导致的重大错报获取合理保证，并出具包含审计意见的审计报告。合理保证是高水平的保证，但并不能保证按照审计准则执行的审计在某一重大错报存在时总能发现。错报可能由于舞弊或错误所导致，如果合理预期错报单独或汇总起来可能影响财务报表使用者依据财务报表做出的经济决策，则通常认为错报是重大的。

在按照审计准则执行审计的过程中，我们运用职业判断，并保持职业怀疑。

同时，我们也执行以下工作：

（一）识别和评估由于舞弊或错误导致的财务报表重大错报风险，设计和实施审计程序以应对这些风险，并获取充分、适当的审计证据，作为发表审计意见的基础。由于舞弊可能涉及串通、伪造、故意遗漏、虚假陈述或凌驾于内部控制之上，未能发现由于舞弊导致的重大错报的风险高于未能发现由于错误导致的重大错报的风险。

（二）了解与审计相关的内部控制，以设计恰当的审计程序。

（三）评价管理层选用会计政策的恰当性和做出会计估计及相关披露的合理性。

（四）对管理层使用持续经营假设的恰当性得出结论。同时，根据获取的审计证据，就可能导致对富控互动公司持续经营能力产生重大疑虑的事项或情况是否存在重大不确定性得出结论。如果我们得出结论认为存在重大不确定性，审计准则要求我们在审计报告中提请报表使用者注意财务报表中的相关披露：如果披露不充分，我们应当发表非无保留意见。我们的结论基于截至审计报告日可获得的信息。然而，未来的事项或情况可能导致富控互动公司不能持续经营。

（五）评价财务报表的总体列报、结构和内容（包括披露），并评价财务报表是否公允反映相关交易和事项。

（六）就富控互动中实体或业务活动的财务信息获取充分、适当的审计证据，以对合并财务报表发表意见。我们负责指导、监督和执行集团审计，并对审计意见承担全部责任。

我们与治理层就计划的审计范围、时间安排和重大审计发现等事项进行沟通，包括沟通我们在审计中识别出的值得关注的内部控制缺陷。

我们还就已遵守与独立性相关的职业道德要求向治理层提供声明，并与治理层沟通可能被合理认为影响我们独立性的所有关系和其他事项，以及相关的防范措施。

从与治理层沟通过的事项中，我们确定哪些事项对本期财务报表审计最为重要，因而构成关键审计事项。我们在审计报告中描述这些事项，除非法律法规禁止公开披露这些事项。或在极少数情形下，如果合理预期在审计报告中沟通某事项造成的负面后果超过在公众利益方面产生的益处，我们确定不应在审计报告中沟通该事项。

中审亚太会计师事务所（特殊普通合伙）　中国注册会计师：（项目合伙人）×××

中国·北京　中国注册会计师：×××

二〇二〇年八月二十四日

应该指出的是，上述无法表示意见的审计报告和否定意见的审计报告，在实践中均不多见。

我们在讨论审计报告的意见类型时，一直强调意见是注册会计师判断的结果，这种判断受多种因素制约，既有注册会计师主观业务水准方面的因素，也有企业客观对注册会计师意见形成的影响因素。事实上，注册会计师尽管对上市公司会计报表进行了审计，但手段是非常有限的。他们只能根据上市公司提供的账表证进行核对，只能对公司的资产存货进行抽查，只能对往来的债权与债务账户进行发函询证。有些上市公司与所谓的“兄弟公司”或“父母公司”串通，导致发票是真的、款项却没有，存货是有的但实际上是借来的，函证是回复的但内容是虚假的等情况的发生。面对这样的环境，即使注册会计师很高明，也无法发表正确的意见。这就是许多投资者看了注册会计师的审计报告后仍有可能决策失误的原因。更何况，目前不排除个别注册会计师与上市公司同流合污的现象存在。

为了避免投资者的误解，注册会计师从来不在审计报告中提出“会计报表是正确、真实的”，因为他们无法做出这样的保证。注册会计师在审计报告中常常用“重大方面是公允的”等表述，目的是提醒投资者，注册会计师的作用只是提高了一点财务报表的可信性。特别是如果注册会计师出具的不是标准无保留意见的审计报告，实际上就是在提醒投资者，上市公司的这份报表是不太可信的，或者基本不可信。投资者在阅读分析会计报表时，除了看注册会计师出具的审计报告外，还应该从更多的方面去获取信息。

本章小结

会计报表附注是对财务报表本身无法或难以充分表述的内容和项目所做的补充说明。它包含的内容非常广泛，如公司的主要会计政策、会计估计和合并会计报表的编制方法、会计报表主要项目注释、关联方关系及交易以及资产负债表日后事项等。对会计报表附注的分析可以揭示会计报表中的很多现象，如会计报表是否真实，资产、利润和现金流量的质量怎样，从而为会计报表的使用者在决策时提供有用的信息。

审计报告分为四种类型：无保留意见的审计报告、保留意见的审计报告、否定意见的审计报告和无法表示意见的审计报告。不同的审计报告提供给投资者的是不同的信息。当一份会计报表被出具标准的无保留意见的审计报告时，一般可认为会计报表提供的信息是真实、可信的。而被出具任何其他类型意见的审计报告的会计报表的可信度都会打一个折扣，尤其是表示否定意见的审计报告明确地告诉投资者，该会计报表反映的信息是不真实的。可见，了解审计报告的种类、出具条件以及具体含义，有助于我们进一步理解企业的会计报表。

案例

ST鲁银缘何调整审计报告类型

2003年3月6日，鲁银投资集团股份有限公司在中国证券报发布《关于2002年度报告的补充公告》，全文如下。

根据上交所有关规定，对2002年度报告现补充披露以下内容，请投资者注意阅读。

一、审计报告

审计报告

鄂信审字〔2003〕0072号

鲁银投资集团股份有限公司全体股东：

我们接受委托，审计了鲁银投资集团股份有限公司（以下简称贵公司）2002年12月31日的资产负债表和合并资产负债表、2002年度的利润表和合并利润表、2002年度的利润分配表和合并利润分配表、2002年度的现金流量表和合并现金流量表。这些会计报表由贵公司负责，我们的责任是对这些会计报表发表审计意见。我们的审计是依据《中国注册会计师独立审计准则》进行的。在审计过程中，我们结合贵公司的实际情况，实施了包括抽查会计记录等我们认为必要的审计程序。

经审计，我们注意到：贵公司控股子公司山东省齐鲁资产管理有限公司的参股公司山东省齐鲁证券经纪有限公司2001年度审计报告为保留意见类型，2002年度会计报表未经审计。山东省齐鲁资产管理有限公司按其2002年度未经审计会计报表反映的净利润—4 741万元计算投资收益，贵公司相应计算对山东省齐鲁资产管理有限公司的投资收益。截至审计报告日，我们尚未取得山东省齐鲁证券经纪有限公司经审计的2002年度会计报表，无法判断其经审计的会计报表可能会对贵公司造成的影响。

我们认为，除存在上述问题造成的影响外，上述会计报表符合《企业会计准则》和《企业会计制度》的有关规定，在所有重大方面公允地反映了贵公司2002年12月31日的财务状况及2002年度的经营成果和现金流量情况，会计处理方法的选用遵循了一贯性原则。

湖北大信会计师事务所　　中国注册会计师：×××

中国·武汉　　中国注册会计师：×××

二〇〇三年二月二十六日

二、年报附注中有关审计报告保留意见的说明

公司控股子公司山东省齐鲁资产管理有限公司的参股公司山东省齐鲁证券经纪有限公司2001年度审计报告为保留意见类型，2002年度会计报表未经审计。山东省齐鲁资产管理有限公司按其2002年度未经审计的会计报表反映的净利润—4 741万元计算投资收益，公司按此相应计算对山东省齐鲁资产管理有限公司的投资收益。截至公司会计报表公告日，公司尚未取得山东省齐鲁证券经纪有限公司经审计的2002年度会计报表，无法判断其经审计的会计报表可能会对公司造成的影响。

三、本公司2002年度审计报告类型为有保留意见无解释段说明

特此公告。

鲁银投资集团股份有限公司

2003年3月1日

ST鲁银发布的2002年度报告的补充公告将审计报告类型由原来的“非标准无保留意见”调整为“有保留意见无解释段说明”。从多年以来上市公司年报披露情况来看，调整审计报告类型的情形尚不多见。ST鲁银为何要调整审计报告类型？

从ST鲁银发布的年报可以看到，湖北大信会计师事务所第一次出具的是非标准无保留意见审计报告。在无保留意见的审计报告中增加一个说明段指出：在审计中注册会计师注意到，公司控股子公司山东省齐鲁资产管理有限公司（以下简称齐鲁资产）的参股公司——山东省齐鲁证券经纪有限公司（以下简称齐鲁证券）2001年度审计报告为保留意见类型，2002年度会计报表未经审计。齐鲁资产按其2002年度未经审计会计报表反映的净利润—4 741万元计算投资收益，公司则相应计算对齐鲁资产的投资收益。截至审计报告日，注册会计师仍未取得齐鲁证券经审计的2002年度报表，无法判断其经审计的会计报表可能会对公司造成的影响。

上面所说的ST鲁银参股齐鲁证券是指，ST鲁银持有齐鲁资产43.69%的股权，齐鲁资产持有齐鲁证券60%左右的股权，即ST鲁银间接持有齐鲁证券约26.21%的股权。ST鲁银公布2001年年报时就没有取得齐鲁证券经审计的会计报表，且其审计后的报表与审计前差距较大，公司相应调减2002年年初未分配利润及长期股权投资余额。ST鲁银也表示，将通过正常程序要求齐鲁证券尽早提供经审计的2002年会计报表，并据此调整投资收益，同时关注可能给公司造成的其他影响。

根据以上情况分析，湖北大信会计师事务所第一次为ST鲁银出具的审计报告不合适。齐鲁证券年报未经审计，齐鲁资产按其2002年度未经审计会计报表反映的净利润计算投资收益，公司相应计算对齐鲁资产的投资收益，而注册会计师在审计时没有拿到齐鲁证券经审计的2002年度会计报表，审计范围受到限制，无法取得应有的审计证据，属于出具保留意见审计报告所列举的情况，应当出具保留意见的审计报告。

复习题

1. 会计报表附注包括哪些内容？分析时应重点分析哪些内容？
2. 比较会计政策、会计估计和会计差错之间的区别。
3. 为什么说对会计报表项目注释的分析是对会计报表分析的有益补充？
4. 关联方交易和资产负债表日后事项分析可以提供哪些信息？试举例说明。
5. 审计报告的格式、编制要求是什么？
6. 审计报告的类型有哪些？可以为会计报表的使用者提供什么信息？

练习题

1. 九阳股份有限公司2020年年度报告中有关应收账款的资料如表6-43所示。

表6-43 应收账款账龄分析表

单位：元

账龄	期末账面余额		坏账准备
	金额	坏账提取比例（%）	
1～6个月	200 717 516.96	2.97	5 961 310.25
6个月～1年	22 870 259.59	34.37	7 860 508.22

续表

账龄	期末账面余额		坏账准备
	金额	坏账提取比例（%）	
1～2年	5 995 587.17	54.71	3 280 185.74
2年以上	11 672 754.70	100.00	11 672 754.70
合计	241 256 118.42		28 774 758.91

要求：对该公司的应收账款进行分析判断其有无风险。

2. 潜江永安药业股份有限公司是国内有一定知名度和发展前途的医药制剂企业。该公司2020年有关年报辅助资料如下：

（1）审计报告。

审计报告

信会师报字〔2021〕第ZE10064号

潜江永安药业股份有限公司全体股东：

一、审计意见

我们审计了潜江永安药业股份有限公司（以下简称永安药业）财务报表，包括2020年12月31日的合并及母公司资产负债表，2020年度的合并及母公司利润表、合并及母公司现金流量表、合并及母公司所有者权益变动表以及相关财务报表附注。

我们认为，后附的财务报表在所有重大方面按照企业会计准则的规定编制，公允反映了永安药业2020年12月31日的合并及母公司财务状况以及2020年度的合并及母公司经营成果和现金流量。

二、形成审计意见的基础

我们按照中国注册会计师审计准则的规定执行了审计工作。审计报告的“注册会计师对财务报表审计的责任”部分进一步阐述了我们在这些准则下的责任。按照中国注册会计师职业道德守则，我们独立于永安药业，并履行了职业道德方面的其他责任。我们相信，我们获取的审计证据是充分、适当的，为发表审计意见提供了基础。

三、关键审计事项

关键审计事项是我们根据职业判断，认为对本期财务报表审计最为重要的事项。这些事项的应对以对财务报表整体进行审计并形成审计意见为背景，我们不对这些事项单独发表意见。

具体关键审计事项略。

四、其他信息

永安药业管理层（以下简称管理层）对其他信息负责。其他信息包括永安药业2020年年度报告中涵盖的信息，但不包括财务报表和我们的审计报告。

我们对财务报表发表的审计意见不涵盖其他信息，我们也不对其他信息发表任何形式的鉴证结论。

结合我们对财务报表的审计，我们的责任是阅读其他信息，在此过程中，考虑其他信息是否与财务报表或我们在审计过程中了解到的情况存在重大不一致或者似乎存在重大错报。

基于我们已执行的工作，如果我们确定其他信息存在重大错报，我们应当报告该事实。在这方面，我们无任何事项需要报告。

五、管理层和治理层对财务报表的责任

管理层负责按照企业会计准则的规定编制财务报表，使其实现公允反映，并设计、执行和维护必要的内部控制，以使财务报表不存在由于舞弊或错误导致的重大错报。

在编制财务报表时，管理层负责评估永安药业的持续经营能力，披露与持续经营相关的事项（如适用），并运用持续经营假设，除非计划进行清算、终止运营或别无其他现实的选择。

治理层负责监督永安药业的财务报告过程。

六、注册会计师对财务报表审计的责任

我们的目标是对财务报表整体是否不存在由于舞弊或错误导致的重大错报获取合理保证，并出具包含审计意见的审计报告。合理保证是高水平的保证，但并不能保证按照审计准则执行的审计在某一重大错报存在时总能发现。错报可能由于舞弊或错误导致，如果合理预期错报单独或汇总起来可能影响财务报表使用者依据财务报表做出的经济决策，则通常认为错报是重大的。

在按照审计准则执行审计工作的过程中，我们运用职业判断，并保持职业怀疑。同时，我们也执行以下工作：

…………

我们与治理层就计划的审计范围、时间安排和重大审计发现等事项进行沟通，包括沟通我们在审计中识别出的值得关注的内部控制缺陷。

我们还就已遵守与独立性相关的职业道德要求向治理层提供声明，并与治理层沟通可能被合理认为影响我们独立性的所有关系和其他事项，以及相关的防范措施（如适用）。

从与治理层沟通过的事项中，我们确定哪些事项对本期财务报表审计最为重要，因而构成关键审计事项。我们在审计报告中描述这些事项，除非法律法规禁止公开披露这些事项，或在极少数情形下，如果合理预期在审计报告中沟通某事项造成的负面后果超过在公众利益方面产生的益处，我们确定不应在审计报告中沟通该事项。

立信会计师事务所（特殊普通合伙）　　中国注册会计师：李洪勇

中国·上海　　（项目合伙人）

中国注册会计师：揭明

二〇二一年三月二十九日

（2）应交税费资料如表 6-44 所示。

表 6-44　应交税费

单位：元

项目	期末余额	期初余额
增值税	408 451.50	1 026 033.72
企业所得税	2 254 164.91	5 226 809.78
个人所得税	309 876.87	952 362.64
城市维护建设税	328 359.77	144 634.26

续表

项目	期末余额	期初余额
房产税	670 038.80	714 424.39
教育费附加	147 154.18	74 843.25
环保税	649 253.63	196 673.38
土地使用税	282 354.62	304 598.82
地方教育费附加	73 577.10	37 421.63
印花税	61 133.60	108 534.57
合计	5 184 364.98	8 786 336.44

（3）应收账款账龄分析表如表 6－45 所示。

表 6－45　应收账款账龄分析表

单位：元

账龄	期末账面余额		坏账准备	期初账面余额		坏账准备
	金额	坏账提取比例（%）		金额	坏账提取比例（%）	
1 年以内	128 080 126.28	5.00	6 404 006.33	113 576 395.34	5.00	5 678 819.77
1～2 年	1 954 576.00	10.00	195 457.60	5 048 713.17	10.00	504 871.32
2～3 年	2 538 546.93	30.00	761 564.08	2 653 602.95	30.00	796 080.89
3 年以上	1 781 341.95	50.00	890 670.98	485 112.79	50.00	242 556.40
合计	134 354 591.16		8 251 698.99	121 763 824.25		7 222 328.38

（4）近年的利润资料如表 6－46 所示。

表 6－46　利润资料

单位：元

项目	2020 年	2019 年
营业总收入	1 172 853 519.25	1 370 443 052.37
营业利润	133 972 743.91	117 622 544.07
利润总额	130 577 972.00	116 351 921.12
净利润	118 658 725.95	106 909 126.63

要求：（1）分析该公司被出具的审计报告的类型。

（2）从应交税费、应收账款和营业利润之间的关系分析该公司 2020 年收入和利润的真实性。

（3）对公司 2020 年的经营业绩做出评价，说明该公司是否具有投资价值。

第七章

财务报表综合分析

引例

聚焦葛洲坝

中国葛洲坝集团有限公司是一家集工程建设、工业制造、投资运营、综合服务为一体的跨国经营企业集团。公司因独家建设万里长江第一坝——葛洲坝水利枢纽工程而得名，因承建世界规模最大的水利枢纽工程——三峡工程而闻名，是世界500强——中国能源建设集团有限公司的核心子企业集团。

1997年5月，中国葛洲坝水利水电工程集团公司独家发起，以旗下水电施工建设核心资产为主体，以社会募集方式设立了葛洲坝股份有限公司。“葛洲坝”股票于1997年5月在上海证券交易所挂牌上市。三峡工程的二期建设为葛洲坝公司的发展带来了契机。三峡工程70%的业务由该公司承包。1999年以来，葛洲坝公司以最初5 700万元承包左岸场内公路的建设为先锋，先后承接了湖北清江水布垭水电站工程左岸导流洞出口、进口等44个前期工程项目。

公司未来的总体战略是：坚持以习近平新时代中国特色社会主义思想为指引，立足新发展阶段，贯彻新发展理念，融入新发展格局，大力发展建筑主业，完善产业链条，提升资源整合能力，创新商业模式和向高端业务转型，提升发展质量和经营效益；通过投资并购、高端合作，不断开发新产品、开拓新市场，采用新的生产方式和管理方式，做大做强工业制造业务；尽快优化知识结构、治理结构、产业结构、市场结构、资产结构、人才结构、盈利结构、成本结构和薪酬结构，全面深化产融融合、产信融合和产技融合，力争在2025年基本建成具有较强国际竞争力的全球基础设施综合解决方案供应商。

公司将科学系统谋划公司发展战略，认真编制“十四五”战略规划，始终坚持战略引领；持续深化公司系列改革，全面推动各项改革落实落地和促进管理升级；推进企业治理规范运作和提档升级，全力推动公司实现高质量可持续发展。

面对葛洲坝公司的雄心壮志，一方面我们希望“有志者事竟成”，另一方面也应保留一份清醒，借助于财务报表综合分析的方法与技巧，透过以往的财务资料来分析其未来的成长性。以下问题在分析中是不可避免的：

- 公司净资产收益率怎样？有无上升的空间？
- 什么因素的变动对公司盈利能力产生决定作用？
- 公司资产利用率如何？对公司净收益的影响是什么？
- 该公司成长能力如何？是否具备投资价值？

本章将探讨包含以上诸问题在内的有关财务报表综合分析的问题。

本章要点

- ◇ 财务报表综合分析的含义、特点和内容
- ◇ 杜邦财务分析法的意义和内容
- ◇ 沃尔综合评分分析法的意义和内容
- ◇ 上市公司财务测评系统

思政目标

单独分析任何一类财务指标，都不足以全面地评价企业的财务状况和经营效果，只有对各种财务指标进行系统、综合的分析，才能对企业的财务状况做出全面、合理的评价，这体现了马克思主义哲学中的系统论思想。财务报表综合分析就是将企业偿债能力、营运能力、盈利能力等方面的分析纳入一个有机整体，全面系统地对企业经营成果、财务状况进行剖析、评价，对企业经济效益的优劣做出判断。杜邦财务分析法和沃尔综合评分分析法正是这种系统分析思想的体现。

第一节　财务报表综合分析概述

一、财务报表综合分析的含义

单独分析任何一类财务指标，都不足以全面地评价企业的财务状况和经营效果，只有对各种财务指标进行系统、综合的分析，才能对企业的财务状况做出全面、合理的评价。因此，必须对企业会计报表进行综合的分析。

财务报表综合分析就是将企业偿债能力、营运能力、盈利能力等方面的分析纳入一个有机的整体中，全面地对企业经营成果、财务状况进行剖析、评价，对企业经济效益的优劣做出判断。

二、财务报表综合分析的特点

财务报表综合分析能通过指标将企业人、财、物的利用情况和供、产、销的协调情况联系起来，明确企业偿债能力、营运能力、盈利能力之间的相互联系，找出企业发展的问题所在。因此，财务报表综合分析的特点主要体现在财务指标体系的设置上。

（一）指标内容的全面性

财务报表综合分析的指标设置必须能够涵盖企业偿债能力、营运能力、盈利能力等主要方面总体考核的要求。指标体系应能够提供多层次、全方位的信息资料，既能满足企业内部管理当局实施决策的需要，又能满足外部投资者和政府宏观管理的要求。

（二）主辅指标的匹配性

不同指标反映企业经营成果、财务状况的不同侧面，不同指标对企业经营成果、财务状况的反映程度不同。因此，在设置偿债能力、营运能力、盈利能力等方面的评价指标的同时，应进一步确定指标体系中各指标的主辅地位。

三、财务报表综合分析的内容

财务报表综合分析是站在全局的角度进行的分析，它至少应包括以下两个方面的内容。

（一）财务目标与财务环节相互关联综合分析

企业的财务目标是资本增值最大化。资本增值的核心在于资本收益能力的提高，而资本收益能力受企业各方面、各环节财务状况的影响。这一分析要以净资产收益率为核心，通过对净资产收益率的分解，找出企业经营各环节对其的影响及程度，从而综合评价企业各环节及各方面的经营业绩。杜邦财务分析法是进行这一分析的最基本的方法。

（二）企业经营业绩综合分析评价

虽然财务目标与财务环节相互关联综合分析可以解决单项指标分析或单方面分析给评价带来的困难，但没能用某一单项计量手段对相互关联指标予以综合评价，因此往往难以准确得出企业经营改善与否的定量结论。企业经营业绩综合分析评价从解决这一问题出发，利用综合指数评价法和综合评分法对各项重要的财务指标完成情况进行量化分析，最后以唯一的综合指数或综合分数高低来评价企业的经营业绩。沃尔综合评分分析法正是这一内容的方法体现。

第二节　杜邦财务分析法

一、杜邦财务分析法的产生及意义

运用趋势分析法和财务比率分析法，虽然可以了解企业各方面的财务状况，但是不能反映企业各方面财务状况之间的关系。企业的财务状况是一个完整的系统，内部各种因素都是相互依存、相互作用的，任何一个因素的变动都会引起企业整体财务状况的改变。因此，财务分析者在进行财务状况综合分析时，必须深入了解企业财务状况内部的各项因素及相互之间的关系，这样才能比较全面地揭示企业财务状况的全貌。杜邦财务分析体系利用几种主要的财务比率之间的关系来综合地分析企业的财务状况，是一种比较实用的财务比率分析体系。杜邦财务分析法首先由美国杜邦公司的经理创造出来，故得此名。这种财务分析方法从评价企业绩效最具综合性和代表性的指标——权益净利率（股东权益报酬率）出发，层层分解至企业最基本生产要素的使用、成本与费用的构成和企业风险，从而满足经营者通过财务分析进行绩效评价的需要，在经营目标发生异动时能及时查明原因并加以修正。

二、杜邦财务分析法的基本内容

杜邦财务分析体系主要反映以下几种主要的财务比率之间的关系：

(1) 股东权益报酬率与资产报酬率及权益乘数之间的关系：

股东权益报酬率＝资产报酬率×权益乘数

即：

$$\frac{净利润}{所有者权益}=\frac{净利润}{资产总额}\times\frac{资产总额}{所有者权益}$$

(2) 资产报酬率与销售净利率及总资产周转率之间的关系：

资产报酬率＝销售净利率×总资产周转率

即：

$$\frac{净利润}{资产总额}=\frac{净利润}{销售收入}\times\frac{销售收入}{资产总额}$$

(3) 销售净利率与净利润及销售收入之间的关系：

销售净利率＝净利润÷销售收入

(4) 总资产周转率与销售收入及资产总额之间的关系：

总资产周转率＝销售收入÷资产总额

从以上公式可以得出：

股东权益报酬率＝ 销售净利率×总资产周转率×权益乘数

这一等式被称为杜邦等式。杜邦财务分析法将企业盈利指标、资金周转指标、资本结构指标联系在一起，之后再进行层层分解，这样就可以全面、系统地揭示出企业的财务状况以及系统内部各个因素之间的相互关系。

股东权益报酬率反映企业所有者权益的投资报酬率，具有很强的综合性。由公式可以看出：决定股东权益报酬率高低的因素有三个——权益乘数、销售净利率和总资产周转率。权益乘数、销售净利率和总资产周转率三个比率分别反映了企业的资产负债比率、盈利能力比率和资产管理比率。这样进行分解之后，可以把权益净利率这样一项综合性指标发生升降的原因具体化，定量地说明企业经营管理中存在的问题，比一项指标能提供更明确、更有价值的信息。

权益乘数主要受资产负债比率影响。资产负债比率大，权益乘数高，说明企业有较高的负债程度，能给企业带来较多的杠杆利益，同时也给企业带来较大的风险。销售净利率高低的分析，需要从销售额和销售成本两个方面进行。这方面的分析是有关盈利能力的分析。这个指标可以分解为销售成本率、销售利润率和销售税金率。销售成本率还可进一步分解为毛利率和销售期间费用率。深入的指标分解可以将销售净利率变动的原因定量地揭示出来，如售价太低、成本过高、费用过大。当然，经理人员还可以根据企业的一系列内部报表和资料进行更详尽的分析。总资产周转率是反映运用资产以产生销售收入能力的指标。对总资产周转率的分析，则需对影响资产周转的各因素进行分析。除了对资产的各构成部分从占用量上是否合理进行分析外，还可以通过对流动资产周转率、存货周转率、应收账款周转率等有关资产组成部分使用效率的分析，判明影响资产周转的问题出在哪里。

杜邦财务分析体系的作用是解释指标变动的原因和变动趋势，为采取措施指明方向。

三、杜邦财务分析法可了解的信息

杜邦财务分析是对企业财务状况进行的综合分析。它通过几种主要的财务指标之间的关系，直观、明了地反映出企业的财务状况。运用杜邦财务分析法可以了解如下财务信息。

（一）股东权益报酬率

股东权益报酬率是一个综合性极强、最有代表性的财务比率，它是杜邦财务分析体系的核心。股东权益报酬率反映了企业运用资产进行生产经营活动的效率如何，而权益乘数则主要反映了企业的筹资情况，即企业资金来源结构如何。

（二）资产报酬率

资产报酬率是反映企业盈利能力的一个重要财务比率，它揭示了企业生产经营活动的效率，综合性也极强。企业的销售收入、成本费用、资产结构、资产周转速度以及资金占用量等各种因素直接影响资产报酬率的高低。资产报酬率是销售净利率与总资产周转率的乘积。因此，可以从企业的销售活动与资产管理两个方面来进行分析。

（三）销售净利率

从企业的销售方面看，销售净利率反映了企业净利润与销售收入之间的关系。一般来说，销售收入增加，企业的净利润也会随之增加，但是要想提高销售净利率，必须一方面提高销售收入，另一方面降低各种成本费用，这样才能使净利润的增长高于销售收入的增长，从而使销售净利率得到提高。由此可见，提高销售净利率必须在以下两个方面下功夫：一是开拓市场，增加销售收入。在市场经济中，企业必须深入调查研究市场情况，了解市场的供需关系。在战略上，从长远的利益出发，努力开发新产品；在策略上，保证产品的质量，加强营销手段，努力提高市场占有率。二是加强成本费用控制，降低耗费，增加利润。从杜邦财务分析体系中，可以分析企业的成本费用结构是否合理，以便发现企业在成本费用管理方面存在的问题，为加强成本费用管理提供依据。企业要想在激烈的市场竞争中立于不败之地，不仅要在营销与产品质量上下功夫，还要尽可能降低产品的成本，这样才能增强产品在市场上的竞争力。同时，要严格控制企业的管理费用、财务费用等各种期间费用，降低耗费，增加利润。这里尤其要研究分析企业的利息费用与利润总额之间的关系，如果企业所承担的利息费用太多，就应当进一步分析企业的资金结构是否合理、资产负债比率是否过高，不合理的资金结构当然会影响企业所有者的收益。

（四）资产结构和资产周转速度

在企业资产方面，主要应该分析以下两个方面：其一，分析企业的资产结构是否合理，即流动资产与非流动资产的比例是否合理。资产结构实际上反映了企业资产的流动性，它不仅关系到企业的偿债能力，而且影响企业的获利能力。一般来说，如果企业流动资产中货币资金占的比重过大，就应当分析企业现金持有量是否合理、有无现金闲置现象，因为过量的现金会影响企业的盈利能力；如果流动资产中的存货与应收账款过多，就会占用大量的资金，影响企业的资金周转。其二，结合销售收入，分析企业的资产周转情况。资产周转速度直接影响企业的盈利能力，如果企业资产周转较慢，就会占用大量资金，增加资金成本，减少企业的利润。对资产周转情况的分析，不仅要分析企业总资产周转率，而且要分析企业的存货周转率与应收账款周转率，并将其周转情况与资金占用情况结合分析。通过上述两方面的分析，可以发现企业资产管理方面存在的问题，以便加强管理，提高资产的利用效率。

总之，从杜邦财务分析体系可以看出，企业的获利能力涉及生产经营活动的方方面面。股东权益报酬率与企业的筹资结构、销售规模、成本水平、资产管理等因素密切相关，这些因素构成一个完整的系统，系统内部各因素之间相互作用。只有协调好系统内部各个因素之间的关系，才能使股东权益报酬率得到提高，从而实现股东财富最大化的理财目标。

杜邦财务分析体系如图 7－1 所示。

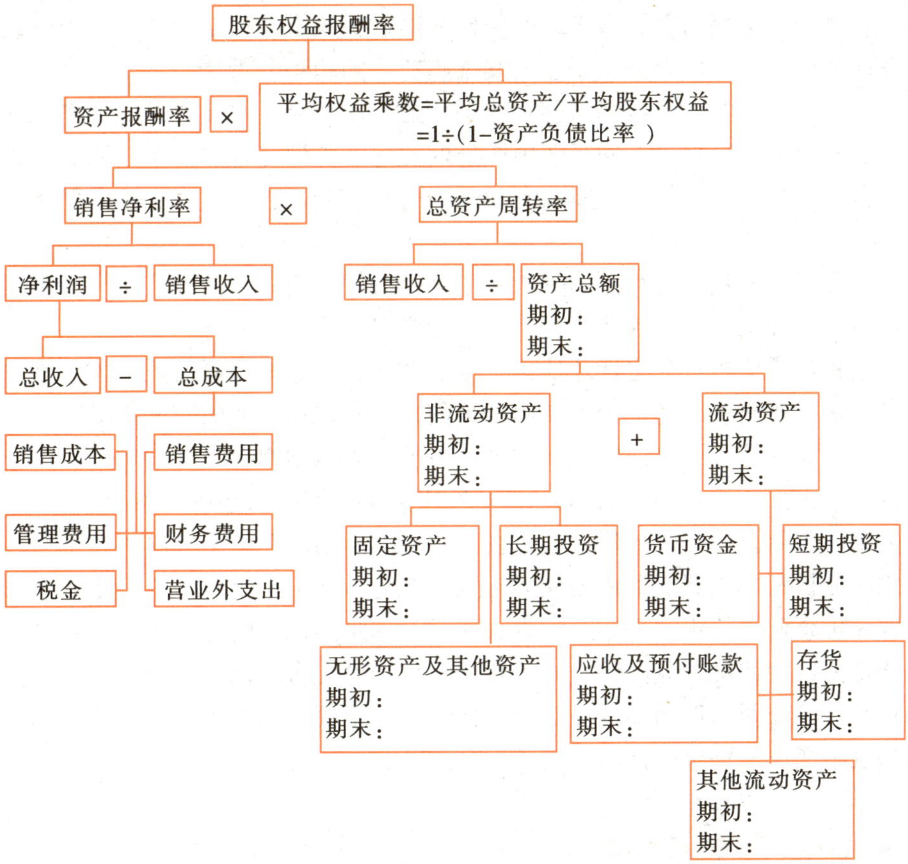

图 7－1 杜邦财务分析体系

第三节　沃尔综合评分分析法

一、沃尔综合评分分析法的产生与意义

财务比率反映了企业财务报表各项目之间的对比关系，以此来揭示企业财务状况。但是，一项财务比率只能反映企业某一方面的财务状况。为了进行综合的财务分析，可以编制财务比率汇总表，将反映企业财务状况的各类财务比率集中在一张表中，这样能够清晰、明了地反映出企业各方面的财务状况。在编制财务比率汇总表时，可以结合比较分析法，将企业财务状况的综合分析与比较分析相结合。

企业财务状况的比较分析主要有两种：

第一，将企业本期的财务报表或财务比率同过去几个会计期间的财务报表或财务比率进行纵向比较，这样可以分析企业的发展趋势，如趋势分析法。

第二，将本企业的财务比率与同行业平均财务比率或同行业先进的财务比率进行横向比较，这样可以了解企业在同行业中所处的位置，以便综合评价企业的财务状况。

第二种比较分析法尽管在企业的综合财务分析中经常使用，但是它存在以下两个缺点：

（1）它需要企业找到同行业的平均财务比率或同行业先进的财务比率等资料作为参考标准，但在实际工作中，这些资料有时可能难以找到。

（2）这种比较分析只能定性地描述企业的财务状况，如比同行业平均水平略好、与同行业平均水平相当或略差，而不能用定量的方式来评价企业的财务状况。

采用财务比率综合评分法能克服这两个缺点。财务比率综合评分法最早是在 20 世纪初，由亚历山大·沃尔选择七项财务比率对企业的信用水平进行评分所使用的方法，所以也称为沃尔综合评分分析法。沃尔在 20 世纪初出版的《信用晴雨表研究》和《财务报表比率分析》中就提出了信用能力指数的概念，把若干个财务比率用线性关系结合起来，以评价企业的信用水平。这种方法通过对选定的几项财务比率进行评分，然后计算出综合得分，来评价企业的综合财务状况。从理论上讲，沃尔综合评分分析法有一个弱点，就是未能证明为什么要选择七个指标，而不是更多或更少，或者选择别的财务比率，另外也未能证明每个指标所占比重的合理性。

二、沃尔综合评分分析法的内容

沃尔综合评分分析法的内容包括以下七个方面：

（1）选定评价企业财务状况的财务比率。在选择财务比率时，一要具有全面性，反

映企业偿债能力、营运能力和盈利能力的三大类财务比率都应当包括在内；二要具有代表性，即要选择能够说明问题的重要的财务比率；三要具有变化方向的一致性，即当财务比率增大时，表示财务状况的改善，反之，财务比率减小时，表示财务状况的恶化。

（2）根据各项财务比率的重要程度，确定其标准评分值，即重要性系数。各项财务比率的标准评分值之和应等于 100 分。各项财务比率评分值的确定是财务比率综合评分法的一个重要问题，它直接影响对企业财务状况的评分多少。对各项财务比率的重要程度，不同的分析者会有不同的认识，但是一般来说，应根据企业的经营活动的性质、生产经营规模、市场形象和分析者的分析目的等因素来确定。

（3）规定各项财务比率评分值的上限和下限，即最高评分值和最低评分值。这主要是为了避免个别财务比率的异常给总分造成不合理的影响。

（4）确定各项财务比率的标准值。财务比率的标准值是指各项财务比率在本企业现时条件下最理想的数值，亦即最优值。财务比率的标准值，通常可以参照同行业的平均水平，并经过调整后确定。

（5）计算企业在一定时期各项财务比率的实际值。

（6）计算各项财务比率实际值与标准值的比率，即关系比率。关系比率等于财务比率的实际值除以标准值。

（7）计算各项财务比率的实际得分。各项财务比率的实际得分是关系比率和标准评分值的乘积，每项财务比率的得分都不得超过上限或下限，各项财务比率实际得分的合计数就是企业财务状况的综合得分。企业财务状况综合得分的高低反映了企业综合财务状况是否良好。如果综合得分等于或接近于 100 分，说明企业的财务状况是良好的，达到了预先确定的标准；如果综合得分低于 100 分很多，就说明企业的财务状况较差，应当采取适当的措施加以改善；如果综合得分超过 100 分很多，就说明企业的财务状况很理想。

例如，采用财务比率综合评分法对甲公司 2020 年的财务状况进行综合评价，得到表 7－1。从表 7－1 可以看出，甲公司财务状况的综合得分为 99.9 分，非常接近 100 分，说明该公司的财务状况是良好的，与选定的标准是基本一致的。

表 7－1　甲公司 2020 年财务比率综合评分表

财务比率	评分值	标准值	实际值	关系比值	实际得分
	①	②	③	④＝③/②	⑤＝①×④
流动比率	10	2	1.98	0.99	9.9
速动比率	10	1.2	1.29	1.08	10.8
资产/负债	12	2.1	2.17	1.03	12.36
存货周转率	10	6.5	6.6	1.02	10.2
应收账款周转率	8	13	12.72	0.98	7.84
总资产周转率	10	2.1	2.05	0.98	9.8
资产报酬率	15	31.5%	30.36%	0.96	14.4
股东权益报酬率	15	58.33%	57.19%	0.98	14.7
销售净利率	10	15%	14.79%	0.99	9.9
合计	100				99.9

三、美国沃尔比重绩效评价指标体系与方法

（一）美国沃尔比重绩效评价指标体系

美国沃尔比重绩效评价方法通过企业各项指标与行业平均值的比较分析，给予综合评分，并按档次评定其财务水平级别，从而反映企业的经营管理水平在行业中所处的位置。它能够比较直观和客观地向投资者反映企业的财务状况的总体水平，揭示其所面临的风险大小和成长空间。美国沃尔比重绩效评价指标体系如表 7－2 所示。

表 7－2　美国沃尔比重绩效评价指标体系

指标类型	具体指标	重要性系数
偿债能力	（1）流动比率	0.06
	（2）速动比率	0.05
财务杠杆	（1）资产负债率	0.06
	（2）已获利息倍数	0.05
盈利能力	（1）销售利润率	0.09
	（2）毛利率	0.05
投资报酬率	（1）总资产报酬率	0.08
	（2）股东权益报酬率	0.20
经营效率	（1）流动资产周转率	0.09
	（2）营业周期	0.09
成长性	（1）三年净利润平均增长率	0.09
	（2）三年销售平均增长率	0.09
合计		1.00

（二）美国沃尔比重绩效评价方法

美国沃尔比重绩效评价方法的具体步骤如下：

（1）在确定评价体系指标之后，确定评价标准值。评价标准值是依据同行业、同一时期、同一指标而计算出的平均值。

（2）计算本企业各项财务指标的实际值，将实际值与标准值相比，得出关系比率。计算公式如下：

关系比率＝实际值/标准值

（3）计算各项指标的综合系数。这一综合系数可作为综合评价财务状况的依据。计算公式如下：

各项指标的综合系数＝各项指标的关系比率×重要性系数

$$\text{综合系数的合计数}=\sum\text{各项指标的综合系数}$$

(4) 按 100 分制对企业进行综合评分。计算公式如下：

各项指标的得分＝该指标综合系数×100

企业综合评分＝综合系数的合计数×100

综合评价结果可划分为如下五档：

A（优）：综合评价得分达到 85 分以上（含 85 分）。

B（良）：综合评价得分达到 70～85 分（含 70 分）。

C（中）：综合评价得分达到 50～70 分（含 50 分）。

D（低）：综合评价得分达到 40～50 分（含 40 分）。

E（差）：综合评价得分在 40 分以下。

四、沃尔综合评分分析法的发展："证星-若山风向标"上市公司财务测评系统

上市公司综合财务分析是证券投资分析中的重要环节，但是由于个人能力以及时间与精力的限制，投资者难以对上千家上市公司的财务情况进行详细、深入的分析。这影响了投资者决策的准确性，甚至会导致投资的失误。为了更好地为投资者服务，我国著名的审计学家、财务分析专家——复旦大学会计学系博士生导师李若山教授亲自主持，与证券类网站"证券之星"共同合作，研究开发出"证星-若山风向标"这一上市公司财务测评系统。李若山教授认为，经营业绩、现金流量和财务状况的好坏是公司运营的晴雨表，不仅反映出公司盈利能力的强弱，而且预兆公司财务的健康与危机。基于上述原理，他将财务指标划分为偿债能力指标、资产负债管理能力指标、盈利能力指标、成长能力指标与现金流量指标五大类，选取其中最相关、最重要的 20 个财务指标，构成上市公司财务测评系统的指标体系；财务指标的具体运算，参考国际通用的沃尔综合评分系统，结合我国证券市场特色，考虑三大基本财务报表和审计意见、或有事项、期后事项等因素的综合影响；各个财务指标权重的确定，以 AHP（层次分析法）计算所得的数值为基础，经过统计资料的不断验证、调整而成。通过该测评系统，用户不仅可以简便地得到分析的结果，还可以直接对上市公司进行横向和纵向比较，从而得出较为准确的分析结论，以优化投资决策。"证星-若山风向标"测评系统的一个重要创新与优点是，采用行业平均水平作为评价基准，测算出各个上市公司相对于行业平均水平的实际综合得分，使依此排列出的上市公司行业排名榜更可靠、更相关，更有参考价值。

本章小结

为全面地评价企业的财务状况和经营成果，必须将企业偿债能力、营运能力、盈利能力等方面的分析纳入一个有机的整体，必须对企业会计报表进行综合的分析。财务报表综合分析的特征是指标内容的全面性和主辅指标的匹配性。常用的综合分析法有杜邦财务分析法和沃尔综合评分分析法。

杜邦财务分析法采用几种主要的财务比率之间的关系来综合地分析企业的财务状况，核心指标是股东权益报酬率，它受销售净利率、总资产周转率、权益乘数三个因素的影响。

沃尔综合评分分析法是20世纪初由亚历山大·沃尔选择七项财务比率对企业的信用水平进行评分所使用的方法，沃尔综合评分分析法的内容包括七个方面。

案例

杜邦财务分析法的应用——葛洲坝等四家上市公司成长性分析

一、资料

选取四家资产总额相近的建筑行业公司——葛洲坝（600068）、上海建工（600170）、隧道股份（600820）和中材国际（600970）的相关资料进行分析。具体资料如表7-3、表7-4所示。

表7-3　四家可比建筑公司杜邦财务分析原始数据

公司	年份	净资产收益率（%）	销售净利率（%）	总资产周转率（%）	财务杠杆
葛洲坝	2018年	10.88	5.92	0.50	3.24
	2019年	10.36	5.97	0.49	3.55
	2020年	6.88	4.70	0.46	4.65
上海建工	2018年	8.95	2.01	0.83	5.88
	2019年	11.89	2.10	0.87	5.48
	2020年	9.14	1.39	0.80	6.27
隧道股份	2018年	9.68	5.36	0.51	4.32
	2019年	9.73	5.00	0.52	4.53
	2020年	9.79	4.27	0.54	4.77
中材国际	2018年	15.71	6.53	0.71	5.82
	2019年	15.63	6.54	0.76	5.14
	2020年	10.51	4.97	0.67	4.38

表7-4　四家可比建筑公司杜邦财务分析要素变动

公司	年份	销售净利率变动率（%）	总资产周转率变动率（%）	财务杠杆变动率（%）	净资产收益率变动率（%）
葛洲坝	2019年	0.84	−2.00	9.57	−4.78
	2020年	−21.27	−6.12	30.99	−33.60
上海建工	2019年	4.48	4.82	−6.80	32.85
	2020年	−33.81	−8.05	14.42	−23.13

续表

公司	年份	销售净利率变动率（%）	总资产周转率变动率（%）	财务杠杆变动率（%）	净资产收益率变动率（%）
隧道股份	2019 年	−6.72	1.96	4.86	0.52
	2020 年	−14.60	3.85	5.30	0.62
中材国际	2019 年	0.15	7.04	−11.68	−0.51
	2020 年	−24.01	−11.84	−14.79	−32.76

二、四家公司成长性初步分析——净资产收益率比较

根据表 7－3 和表 7－4 的资料我们可以看出，葛洲坝 2019 年和 2020 年的净资产收益率均在逐渐地下降；上海建工 2019 年净资产收益率较 2018 年有所上升，2020 年则在小幅下降；隧道股份 2019 年和 2020 年的净资产收益率较 2018 年均有所上升；中材国际的净资产收益率逐年下降，且其较另外三家建筑公司明显偏大，说明中材国际的发展势头减弱，业绩较差。四家公司的净资产收益率中，隧道股份增幅平稳；中材国际下降较快，从 2018 年的 15.71%降至 2020 年的 10.51%。

以上是对各公司成长性趋势及相对高低的简单分析，接下来我们利用杜邦财务分析法对四家公司的成长性分别进行考察，进一步挖掘各公司的成长潜力。

三、四家公司成长性的进一步分析

（一）葛洲坝

1. 葛洲坝成长性的杜邦分析

从表 7－3、表 7－4 可以看出，葛洲坝 2019—2020 年度总资产周转率变动幅度较大，这是引起净资产收益率下降的主要原因。总资产周转率下降比例达 6.12%，销售净利率下降 21.27%，结果显示净资产收益率下降 33.60%。我们有必要考察导致总资产周转率和销售净利率变动的因素。

葛洲坝成长性的杜邦分析给我们以下启示：

（1）葛洲坝历年净资产收益率构成中，销售净利率和财务杠杆所占的比重较大，说明将来当销售净利率和财务杠杆的增幅空间有限时，依赖总资产周转率来提升净资产增长率（成长性）的空间较大。

（2）该公司财务杠杆的作用较大，因此财务风险较高，需要控制。

2. 葛洲坝成长性的深度分析

接下来，我们对影响总资产周转率和财务杠杆的因素做进一步的分析。葛洲坝资产负债表项目如表 7－5 所示。

表 7－5　葛洲坝资产负债表项目

单位：万元

项目	2020 年	2019 年	2018 年
资产总计	25 940 470	23 446 337	21 820 927
负债总计	18 006 297	16 823 187	16 312 464
所有者权益总计	7 934 173	6 623 150	5 508 463
其中：总股本	460 478	460 478	460 478
资本公积	773 033	761 510	751 147
净利润	529 345	656 361	595 989

从表 7－5 可以看出，葛洲坝 2019 年资产总额、负债总额都较 2018 年有较大幅度增加，而所有者权益总额也在大幅上升，这说明 2019 年葛洲坝所有者权益的增加是引起资产周转率和销售净利率发生一定变动的主要原因，也是净资产收益率变动的主要原因。从表 7－5 可以看出，2019 年所有者权益增加主要是由于资产增加。

（二）上海建工

1. 上海建工成长性的杜邦分析

从表 7－3、表 7－4 可以看出，上海建工 2019—2020 年度销售净利率变动幅度较大，这是引起净资产收益率发生变动的主要原因。销售净利率下降 33.81%，财务杠杆上涨 14.42%，总资产周转率下降 8.05%，结果净资产收益率下降 23.13%，这说明 2020 年上海建工主营业务收入没有太大改变，而销售净利润大幅下降。据推测，这种变化很可能是营业成本或营业费用增加所致，所以，有必要考察导致销售净利率和财务杠杆变动的因素。

2. 上海建工成长性的深度分析

接下来，我们对影响上海建工销售净利率和财务杠杆的因素做进一步的分析。根据该公司披露的会计报表，其有关资产、净利润及相关因素的资料如表 7－6 所示。

表 7－6　上海建工账务指标

单位：万元

年份	净利润	营业收入	营业总成本	营业成本	营业利润	投资收益	所得税费用	总资产	股东权益
2018 年	277 987	17 054 578	16 674 248	15 136 408	403 843	16 934	92 584	21 591 766	3 107 682
2019 年	393 021	20 549 671	20 041 918	18 435 793	539 362	24 804	137 121	25 728 090	3 305 414
2020 年	335 085	23 132 723	22 641 409	20 895 071	409 246	35 863	119 142	32 135 673	3 668 049

从表 7－6 可知，上海建工 2020 年度的营业收入、营业总成本和营业成本比 2019 年都有一定程度的增长。营业利润下降幅度很大，其下降主要是由营业收入、营业总成本和投资收益决定的。从表 7－6 可以看出，导致上海建工营业利润 2020 年较 2019 年减幅较大的主要因素是营业成本的增加。公司净利润 2020 年比 2019 年减少主要是因为营业利润大幅下降。总资产随营业收入同速增长，而股东权益也有较大幅度的增长，所以上海建工 2020 年财务杠杆较 2019 年变化不大。由此我们认为，上海建工主营业务现状良好。

（三）隧道股份

从表 7－3、表 7－4 可以看出，影响隧道股份净资产收益率的销售净利率、总资产周转率和财务杠杆等因素几年来都有不同程度的变化，结果使得隧道股份的净资产收益率表现得还算稳定。隧道股份 2019 年销售净利率和总资产周转率分别比 2018 年下降 6.72%、上升 1.96%，而财务杠杆上升 4.86%，结果使净资产收益率上升 0.52%；2020 年销售净利率和财务杠杆分别较 2019 年下降 14.60%和上升 5.30%，而总资产周转率较 2019 年上升 3.85%，总体上使隧道股份净资产收益率上升 0.62%。以上分析说明隧道股份这几年的经营比较稳健。

（四）中材国际

表 7－3、表 7－4 的资料告诉我们，在影响净资产收益率的各因素中，财务杠杆的

作用最大，销售净利率和总资产周转率的作用次之。另外，财务杠杆 2020 年较 2019 年有一定程度的下降，这是导致中材国际 2020 年净资产收益率较 2019 年下降的主要原因。

以上分析带给我们如下启示：

(1) 中材国际历年净资产收益率构成中，财务杠杆的比重最大，说明将来当财务杠杆增幅空间有限时，依赖销售净利率和总资产周转率来提升净资产收益率的空间较大。

(2) 导致 2020 年度净资产收益率下降的主要因素为财务杠杆的较大幅度的下跌。

从表 7-4 可以看出，中材国际 2019 年净资产收益率下降主要是财务杠杆和总资产周转率作用的结果。其中财务杠杆 2019 年较 2018 年下降 11.68%，总资产周转率上升 7.04%。这说明财务杠杆可以降低净资产收益率，但是通过调整财务杠杆来调整净资产收益率是有限的，也就是说，一个企业的负债程度有限。中材国际 2020 年度净资产收益率的下降主要是销售净利率和总资产周转率大幅下降造成的，这说明公司经营效率的降低。而中材国际 2020 年度财务杠杆较 2019 年度有所下降，这说明财务政策的使用是有限的，公司要想可持续增长，最根本的措施是提高经营效率（销售净利率和总资产周转率）和进行技术革新。

通过以上分析，我们可以得出如下结论：不同上市公司的成长性的来源不同，必须区别情况加以对待；杜邦财务分析法是确定影响公司成长性的主要因素的一个重要手段。了解这两点并在实践中加以利用，可有效提高对公司分析预测的准确性。

复习题

1. 简述财务报表综合分析的含义及特点。
2. 杜邦财务分析体系能够提供哪些财务信息？
3. 简述沃尔综合评分分析法的内容及应用价值。

练习题

通达公司 2020 年资产负债表和利润表的有关数据如表 7-7、表 7-8 所示。

表 7-7 资产负债表

单位：万元

资产	金额	负债和所有者权益	金额
货币资金	200	短期借款	280
短期投资	120	应付账款	320
应收账款净额	400	长期借款	400
存货	800	应付债券	600
长期投资	240	实收资本	1 200
固定资产净值	2 000	资本公积	280
无形资产	240	盈余公积	800
		未分配利润	120
资产总计	4 000	负债和所有者权益总计	4 000

表 7－8　利润表

单位：万元

项目	金额
销售收入	8 000
减：销售成本	4 000
销售费用	400
销售税金	1 000
销售利润	2 600
减：管理费用	600
财务费用	200
利润总额	1 800
减：所得税（税率 25%）	450
税后净利润	1 350

要求：(1) 计算通达公司的销售净利率、总资产周转率、投资报酬率、权益乘数以及所有者权益报酬率。

(2) 与通达公司处于相同行业的希望公司的所有者权益报酬率为 45%，投资报酬率为 18%，销售净利率为 2%，试根据上述资料比较两家公司的理财策略和经营策略。

第八章

会计报表的造假与甄别

引例

聚焦雅百特

雅百特成立于2009年，总部位于江苏盐城，于2015年8月借壳上市。公司主要从事装修装饰业务，应用领域包括体育场馆、机场航站楼、高铁站房等。2017年12月，证监会已对雅百特及相关人员涉嫌违反证券法律法规案做出行政处罚和市场禁入决定。经查，雅百特为实现重组上市业绩承诺，2015年至2016年9月通过虚构境外工程项目、虚构国内及出口建筑材料贸易、伪造工程合同和销售回款等方式虚增营业收入合计约5.8亿元，虚增利润约2.6亿元。其中，2015年虚增利润2.3亿元，占当期披露利润总额的73%。

证监会处罚文件显示，雅百特虚增的5.8亿元营业收入中主要部分来自巴基斯坦木尔坦项目。该项目为巴基斯坦木尔坦市的城市快速公交专线项目，全长约18.5千米，总投资约3.50亿美元，业主方为木尔坦发展署。然而证监会通过调查发现，在上述木尔坦项目中，除中铁一局外，没有其他中国公司参与该工程的建设，雅百特也没有参与该项目。雅百特所称的首都工程公司并非在巴基斯坦登记注册的公司，核查人员也未根据雅百特提供的地址找到该公司。

在该起财务造假案件中，中介机构金元证券亦存在诸多问题。2015年2月，金元证券与江苏中联电气股份有限公司签署《独立财务顾问协议》，金元证券成为山东雅百特科技有限公司借壳中联电气的财务顾问，金元证券就雅百特借壳上市独立财务顾问项目收取各项费用总计1 000万元。

证监会通过调查发现，雅百特借壳上市时，木尔坦项目为重大未开工合同之一，但在持续督导工作底稿中，金元证券只保存了《木尔坦地铁公交工程建设工程施工合同》，没有其他核查工作底稿。证监会认为，金元证券工作底稿只保存了木尔坦项目的施工合同，未对该项目进行必要的核查。

此外，证监会还发现，金元证券在持续督导期间亦未勤勉尽责，出具的《2015年度持续督导意见》《关于山东雅百特科技有限公司的专项核查意见》《关于山东雅百特科技有限公司木尔坦项目的专项核查意见》等文件存在虚假记载。2019 年 7 月 19 日，金元证券收到证监会罚单，被罚没合计 4 000 万元，主管人员亦受到相应处罚。广大投资者不禁想知道如下问题：

- 上市公司包装其财务报告有无先兆或迹象？
- 报表使用者应如何甄别报表造假？
- 报表造假的手段有哪些？其目的何在？如何分析？

本章将以数据造假的上市公司为背景，介绍包含以上诸问题在内的有关会计报表造假与甄别的问题。

本章要点

◇ 会计报表造假的动机
◇ 会计报表造假的手段
◇ 会计报表之间的钩稽关系
◇ 会计报表造假的甄别方法

思政目标

本章主要分析会计报表造假案例，剖析会计信息造假的动机和手段，帮助报表使用者提高甄别真假、去伪存真的能力，确保财务评价公正，提升人们的诚信意识；同时，在案例分析中渗透责任意识教育，让财务人员了解财务造假的严重后果，从而形成正确的职业道德观念。

第一节　会计报表造假的动机和手段

会计报表造假是企业管理当局采用编造、变造、伪造等手法编制会计报表，掩盖企业真实财务状况、经营成果与现金流量情况的行为。近些年来，会计报表造假现象非常普遍，比如 2012 年的万福生科、绿大地，2014 年的圣莱达电器，2015 年的东芝，2017 年的尔康制药、金亚科技、九好集团，2019 年的欢瑞世纪、康得新、千山药机，2020 年的东方金钰、辅仁药业、康美药业，2021 年的永煤控股、康尼机电。会计报表造假问题会引发严重的经济后果，因此，这一问题已引起广大投资者、债权人以及政府部门的极大关注。

一、会计报表造假的动机

会计信息是一种与各相关利益主体的经济利益密切相关的特殊信息，是评价财产代理人经营责任、契约执行情况及结果的重要手段。由于会计信息与财产代理人的经济利益密切相关，而会计信息是由财产代理人编制和对外报告的，这就不可避免地使某些财产代理人产生操纵会计信息的动机。会计报表造假的常见动机可归纳为如下八个方面。

（一）获取经济利益与业绩考核动机

会计报表是企业经营业绩考核指标如利润、投资回报率、净资产保值增值率的计算基础。企业领导以及其他管理人员、职工能否获得奖金及其数额大小，以及领导职务能否升迁，都与企业的经营业绩挂钩。在经济利益与确保职务动机的驱动下，企业往往通过会计报表造假来改变业绩考核指标。如在企业不能完成利润或扭亏计划的情况下，采取能提高利润的会计处理办法；在企业利润增长或亏损减少幅度较小的情况下，通过一些会计处理来增加企业的利润或减少企业的亏损；在企业利润增长幅度较大的情况下，采取推迟确认收入等手段，压低本年度账面利润，以平衡各年度的奖金数额。获取经济利益与业绩考核动机是最常见的会计报表造假动机。

（二）获取银行与商业信用动机

企业能否获取银行贷款与商业信用资金，在很大程度上取决于企业的盈利能力、偿债能力。企业为改善其资信状况，达到融资目的，会在会计报表上做文章，通过造假粉饰其财务状况、经营成果，以应付、误导金融机构与合作企业，骗取信用。

（三）减少纳税动机

税收是企业的一项现金流出，纳税行为关系到中央政府的利益，以及地方政府、企业的利益。在我国现行的税收管理体制下，为了保护地方政府及企业利益，企业采取虚构或隐瞒交易、人为抬高或降低交易价格等手法，通过造假达到偷税、漏税、减少或延迟纳税的目的。

（四）隐瞒违法行为动机

在企业激励机制、监督机制不健全的情况下，一些经理、厂长认为他们所付出的与得到的不相匹配，感到心理上不平衡，于是采用贪污、收受回扣、挪用公款等转移企业资产的手段以获取个人私利。另外，在企业经济困难、投资渠道不畅等情况下，许多企业也出现一些诸如非法拆借资金、滥建楼堂馆所、设立小金库和大金库等违法行为。为隐瞒这些违法行为（无论是个人的违法行为还是企业的违法行为），企业往往进行会计报表的造假。

（五）股票发行和上市动机

根据有关证券法规的规定，申请上市的企业必须具有至少 3 年经营盈利的业绩，于是许多企业为了上市“圈钱”，通过各种手段进行会计造假，以确保连续 3 年盈利。

此外，新股发行公司除了存在“圈钱”的想法外，还存在多“圈钱”的强烈动机。在我国，股票发行价格是根据公司预测的每股收益和市盈率计算的，市盈率是证券主管部门确定的，所以，许多公司通过粉饰盈利状况，高估盈利，以获取理想金额的募集资金。

（六）获取配股资格动机

在“壳”资源稀缺的中国证券市场上，配股资格对上市公司来讲，有着十分重要的意义。尤其是近年来我国实行适度从紧的货币政策，上市公司要求配股的欲望更加强烈。然而，中国证监会对上市公司配股有严格的要求。在 1999 年以前，根据有关法规的规定，上市公司配股，在其申请配股的前 3 年，每年的净资产收益率必须在 10%以上，属于能源、原材料、基础设施类的公司可以略低，但不能低于 9%。近年来，由于社会平均利润率的下降，这一条件降为 6%。在这种硬性要求下，上市公司大都需要在会计年度行将结束时测算本年度的净资产收益率是否达到 6%，尤其是那些前两年净资产收益率已经达到 6%的公司，如果第三年的净资产收益率达不到 6%，则前功尽弃。如果本年度净资产收益率低于 6%，则在配股动机的驱使下，公司会采取会计报表造假手段来提高本年度的净资产收益率。

（七）避免处罚动机

上市公司上市后可能受到的处罚包括因利润实现数低于预测数而停止配股资格和因财务状况和经营情况恶化而被特别处理、停牌等。

《上海证券交易所股票上市规则》和《深圳证券交易所股票上市规则》规定，如果上市公司连续两年出现亏损或者有 1 年的股东权益低于注册资本，公司将被视为财务状况异常而被处以特别处理；根据《中华人民共和国公司法》的规定，如果上市公司连续 3 年出现亏损，公司将被处以暂停股票上市，之后，若在限期内仍无法扭亏为盈、不再具备上市条件，公司将最终受到终止上市的处罚。上市公司一旦因亏损而被特别处理、暂停上市甚至终止上市，公司及其管理人员、投资者、债权人和其他利害关系人的利益都将受到损失，这显然是公司管理人员所不愿意看到的。于是，出于逃避惩罚的动机，一些处于盈亏临界点附近的公司就要对其会计报表造假。

（八）炒作股票动机

上市公司的股价与有关各方的利益直接相连，股价上升，说明公司价值上涨，从而能够提升公司的形象，也会给公司管理人员、公司职工以及持有公司股票的利益相关者带来好处。所以，一些上市公司往往与券商联手操作、做庄，公司弄虚作假出消息，券商托市，共同炒作股票。

二、会计报表造假的手段

会计报表造假一般形成五种结果，即利润最大化、利润最小化、利润均衡化、利润清洗（利润巨额冲销）、高估资产低估负债。从会计报表造假所形成的结果分析，造假有以下几种手段。

（一）利用资产重组的造假手段

资产重组是企业为优化资本结构、调整产业结构、完成战略转移等目的而实施的资产置换和股权置换。但资产重组需要将企业某些以历史成本记账的资产价值转换为现时价值，这给原资产升值留下了空间。不少企业通过资产重组将原以历史成本法记账的资产转化为现时价值，从而产生出巨额利润。特别是上市公司在资产重组过程中，通过不等价的资产置换，为上市公司输送利润。如凭借关联交易，用上市公司的劣质或闲置资产以大大高于账面价值的金额与其国有控股母公司的优质资产相交换或干脆出售，从而获取巨额利润。

（二）利用关联方交易的造假手段

我国国有企业改制主要有部分改组和整体改组两种形式。由于种种原因，绝大多数改制企业采用部分改组形式，而部分改组往往会形成大量的关联方交易。比如一些公司的关联方交易采取了协议定价的原则，造成利润在公司之间转移，将关联交易一方的利润转移至另一方，使一方利润减少和另一方利润增加。这一操纵利润的手法普遍见于由国有企业改制而成的上市公司，其目的在于使控股母公司利用上市公司的“壳”资源从股市上筹措资金。

利用关联方交易操纵利润的方式多种多样，包括：利用产品和原材料的转移价格调节收入和成本；利用资产重组定价获取资产增值收益；利用高回报率的委托经营方式虚增业绩；利用利率差异降低财务费用；利用管理费用收支、共同费用分摊等方式调节利润；采用受托经营方式。托管经营的操作往往服务于公司利润的操纵，成为会计报表造假的一种新方法。其具体表现形式是：上市公司将不良资产委托给母公司经营，定额收取回报，以在避免不良资产亏损的同时，凭空获得一部分利润；母公司将稳定、获利能力高的资产以较低的托管费用委托上市公司经营，虚构上市公司的经营业绩。例如，2015 年，山东雅百特从其关联方（上海远盼实业有限公司等）采购钢材料，随后转手出售给上海桂良工贸有限公司等 5 家公司。这 5 家客户向雅百特支付销售款，但仅是作为资金周转方，因为其支付的销售款来源于雅百特董事长控制的拉萨瑞鸿投资管理有限公司和山东雅百特等公司，先将资金转入其主要供应商（关联方），再由其关联方转入这 5 家客户，最后资金回流到雅百特公司。整个交易过程中，只有资金流转。2016 年，雅百特从上海森涌等公司采购材料，然后向安徽四创电子股份有限公司虚假出售材料，四创电子再将材料虚假出售给上海森涌等，资金的流转方向是雅百特、上海森涌等关联方、四创电子、雅百特。四创电子在交易过程中只是作为资金流通的通道，收取一定比例的资金，整个交易过程被雅百特及其关联方所控制，只涉及资金往来，构成虚假交易。又如，在我国，企业之间相互拆借资金是有关法规所不允许的，但上市公司可以通过同关联公司之间进行资金拆借粉饰会计报表，上市公司实现的利润中，应收母公司的资金占用费就占很大的比例。再如，费用分担问题。由于许多上市公司与母公司之间存在着接受服务和提供服务的关系，在上市改组时，双方往往签订有关协议，明确有关费用支付和分摊标准。但从实际情况来看，一些上市公司在利润水平不佳时，双方往往改变费用分担方式和标准，如母公司调低上市公司应缴纳的费用标准，或承担上市公司的管理费用、广告费用、离退休人员的费用，或是将上市公司以前年度缴纳的有关费用退回等，以提高公司的利润。

以下举例说明利用关联方交易的造假手段。

金正大生态工程集团股份有限公司（以下简称金正大）于1988年在临沂市工商行政管理局登记成立，是一家主营肥料的农资企业。凭借十几年苦心经营，金正大的发展前景良好，其复合肥产销量曾经连续9年居国内首位，并于2010年在深圳证券交易所上市。

然而，2019年4月，大信会计师事务所就金正大2018年度的财务报表出具的保留意见审计报告给资本市场的众多投资机构和投资者扔了一枚出乎意料的“炸弹”。审计报告指出：(1) 金正大以预付购货款的名义，与关联方诺贝丰农业有限公司（以下简称诺贝丰）发生大额资金往来。截至2018年12月31日，预付款项余额为37.14亿元，尚未收到货物。(2) 与日照昊农贸易有限公司、临沂绿力商贸有限公司等单位发生较大金额资金往来，并通过预付款项核算，截至2018年12月31日，预付这些单位款项余额为6.08亿元，无实际货物入库。(3) 以前年度存在无实物流转的贸易性收入。随后，金正大受到监管部门反复的问询和调查，并面临股价不断跌停、股权冻结、官司诉讼等局面。

简要分析金正大虚假交易的主要手法如下：

(1) 虚构贸易，空转资金。

2015年至2018年上半年，金正大与部分子公司主要通过未在报表披露的关联方，虚构贸易资金循环。通过金正大披露的2018年预付账款和应付款项可以发现，金正大与关联方的应付账款金额较少，基本上可以忽略，那么巨大的应付账款只能是拖欠其他供应商形成，而支付给关联方的预付款项却占了公司预付账款总额的72.5%。这说明金正大利用对上游供应商较强的议价能力延期支付货款，形成巨额应付款项，同时预收下游采购商的货款，便积聚大量资金。金正大将这些资金以预付账款的形式输送给关联方，并且在年报中违规将这些资金往来性质披露为经营性往来。这些资金被划入体外资金池，主要用于虚构贸易资金循环、偿还贷款本息、体系外资产运营，从而达到虚增收入和利润的目的。

(2) 虚增发出商品，对冲高额预付款和存货盘亏。

上阶段中，金正大向关联方支付巨额预付款后并没有实际的货物回流，金正大面临消化高额的预付款和库存盘亏两大难题。为此，金正大虚假领用暂估入库的原材料和盘亏的存货，伪造电费、人工费等生产费用，最终通过虚假出库形成25.44亿元的发出商品。同时，金正大还将从诺贝丰虚假采购，并暂估入库的6.53亿元货物也记入“发出商品”科目，两步操作虚增发出商品31.97亿元，上述情况导致金正大2019年年度报告虚增存货31.97亿元，虚增利润总额1.42亿元，虚增负债（其他应付款和应付职工薪酬）0.14 亿元。金正大 2018 年和 2019 年存货增长幅度远超营业收入增长，进一步说明公司的确存在虚增存货的现象。

（三）选用不当会计政策的造假手段

我国的具体会计准则还没有涉及企业会计核算的方方面面，加之会计准则和会计制度本身具有一定的灵活性，因此，在同一交易和事项的会计处理上可能有多种可供选择的会计处理方法。这样，会计政策的选择就成为会计报表造假的一种方法。实践中，运用不当的借款费用核算方法、运用不当的股权投资核算方法、运用不计提或少计提折旧的核算方法、使用不当的收入及费用确认方法等是会计报表造假的主要手段。

1. 利息资本化

按会计制度的规定，利息按其借款的用途，可以分为资本性支出和收益性支出两大类。企业为购建固定资产而发生的利息费用，在固定资产尚未投入使用之前，应计入固定资产的成本，即应予以资本化；为日常经营活动而发生的利息，应计入财务费用，抵减当期损益。利息资本化本是为了满足收入与成本相配比原则的需要，但在实务中，不少企业将它作为一种操纵利润的手段。利用利息资本化调节利润的方法比较隐秘，因为不管是自有资金还是借入资金，一旦投入使用后就难以区分清楚，这就给企业人为划定资金来源和资金用途大开方便之门，使企业很容易将非资本性支出的利息资本化，从而达到减少本期财务费用、增加利润的目的。如渝钛白股份公司将钛白粉工程建设期间的借款和应付债券的利息 8 064 万元，在该项目投入使用的情况下仍予以资本化。按现行会计制度的规定，这 8 064 万元的利息应该计入 1997 年度的损益，结果被注册会计师出具了表示反对意见（现为否定意见）的审计报告，成为我国上市公司被出具表示反对意见的审计报告的第一个案例。

2. 提前确认收入、推迟结转成本费用或提前结转成本费用、推迟确认收入

以收入确认为例，根据《股份有限公司会计制度》的规定，销售商品的收入应在下列条件均能满足时予以确认：企业已将商品所有权上的主要风险和报酬转移给购货方；企业既没有保留通常与所有权相联系的继续管理权，也没有对已售出的商品实施控制；与交易相关的经济利益能够流入企业；相关的收入和成本能够可靠地计量。一些上市公司违背会计准则和会计制度的规定，提供虚假信息。

3. 利用资产减值准备推迟或提前损失

《企业会计制度》要求自 2001 年 1 月 1 日起，上市公司计提八项资产减值准备。在企业法人治理结构和内部控制不健全的状况下，计提资产减值准备有较大的利润调节空间。资产减值会计内涵的复杂性决定了同样一项资产有不确定性的价值，因为资产减值实际上是掺杂企业管理当局主观估计的一种市场模拟价格，资产减值的不确定性给企业管理当局操纵利润提供了极大的空间。新增的四项减值准备涉及不动产及无形资产的估价，与旧四项准备相比，资产减值计量难度更大，甚至大大超过上市公司财务部门及审计师的职业判断能力，除非寻求专业的不动产及无形资产评估师帮助，否则根本无法得出恰当的资产减值标准，从而影响减值准备计提的正确性。这就更为上市公司利用资产减值准备操纵利润提供了空间。目前，上市公司利用资产减值准备玩会计数字游戏，主要方法是利用资产减

值准备推迟或提前损失，典型表现为某个年度出现巨额亏损——“让我一次亏个够”。深康佳 2001 年亏损达 6.99 亿元，而其经营活动现金流量却为 7.2 亿元，其很大一部分亏损来源于 2001 年进行的彻底“冷背残次”存货的处理和跌价准备的计提。

（四）变更会计政策的造假手段

在同一交易或事项的会计处理中，会计政策具有可选择性。企业利用会计政策这一特征，通过随意变更会计政策，提供虚假会计信息。折旧政策变更、存货政策变更、坏账损失核算政策变更是最为常见的会计政策变更。

1. 固定资产折旧

不同的折旧方法、折旧年限所计算确定的每年折旧额不相等，如公司将固定资产折旧计提方法由加速折旧法改为一般折旧法，折旧率下降 3%，税前利润就会增加。对同一项固定资产，《农业企业会计制度》比《工业企业会计制度》规定的折旧期限要短。例如，进行钢铁生产的三钢闽光作为一家重资产企业，固定资产多达 64.5 亿元，2015 年巨亏 2.8 亿元，在折旧年限调整的助力下，2016 年实现利润 4 亿元。透过三钢闽光的个案，延伸到整个钢铁行业，发现该行业是调整折旧年限的“重灾区”，2013 年以来，河北钢铁、鞍钢股份、山东钢铁、方大特钢、八一钢铁、厦门钨业、南钢股份、武钢股份、柳钢股份、马钢股份、华菱钢铁、韶钢松山等众多钢铁上市公司，都调整了折旧年限。由于这些企业固定资产金额庞大，因此通过调整折旧年限对利润的影响也是巨大的，动辄数以亿计，例如河北钢铁仅在 2014 年一年就通过调整折旧年限实现了增加 15 亿元净利润的“壮举”。

2. 存货计价方法

存货计价方法很多，包括个别认定法、加权平均法、移动加权平均法、先进先出法等。不同方法对企业利润和期末存货价值的影响是不一样的。上市公司通过改变存货计价方法调节利润，这一现象也比较常见。

3. 坏账损失的核算方法

坏账损失的核算方法有备抵法和直接冲销法两种。在备抵法下，需要计提坏账准备，并列入当期管理费用。在直接冲销法下，只需要在发生坏账损失时确认管理费用，而哪些应收款项是坏账往往需要判断，于是在这种方法下，企业往往隐瞒真实情况，不确认坏账损失。一些业绩差的上市公司会将备抵法改为直接转销法，从而达到增加利润的目的。

此外，长期股权投资核算方法改变、合并政策改变也常常是公司造假的手段。

（五）虚拟资产挂账的造假手段

虚拟资产列示在资产负债表的资产方，但严格地讲它并不是企业真实的资产，而是介于资产与费用之间的一个概念，它基本上不能或很少能给企业带来未来经济利益，主要包括三年以上的应收款项、长期待摊费用。虚拟资产的存在，为企业操纵利润提供了“蓄水池”。企业利用虚拟资产调节利润的基本方法是通过递延摊销、少摊销或不摊销已经发生的费用和损失来增加利润，即通过增加虚拟资产来虚增利润。如某公司年度报告中有近 3 500 万元的净利润，但长期待摊费用挂账达 13 000 万元，其中居然有一部分是将成本转为长期待摊费用的，若剔除不合理的虚拟资产，该公司将陷入严重亏损。

（六）虚构交易事实的造假手段

虚构交易事实不仅包括虚构关联方交易，也包括虚构非关联方交易；不仅包括虚构销售业务，也包括虚构重组业务。其中，虚构销售业务的情况比较常见，这是最严重的造假行为。其做法，一是白条出库，做销售入账；二是对开发票，确认收入；三是虚开发票，确认收入。有些手法从形式上看是合法的，但实质是非法的。例如，上市公司利用子公司将产品按市场价销售给第三方，确认该子公司的销售收入，再由另一公司从第三方手中购回，这种做法避免了集团内部交易必须抵销的约束，确保了在合并报表中确认收入和利润，达到了操纵收入的目的。此外，一些上市公司还利用阴阳合同虚构收入，如公开合同上注明货款是 1 亿元，但秘密合同上约定实际货款为 5 000 万元，另外 5 000 万元虚挂，这样虚增了 5 000 万元的收入，这种情况在关联方交易中非常普遍。

（七）利用应收和应付款的造假手段

应收和应付款项是为了满足权责发生制条件下计算和反映相应债权债务往来的需要而设置的，但这一项目的存在给企业操纵利润提供了方便，成为企业造假的重要手段。利用应收和应付款造假的主要做法是通过增加应收账款来增加销售收入，如在本年年底虚开发票，同时增加应收账款和营业收入，到次年又以诸如质量不符合要求等名义将其冲回，使本年营业收入虚增。若是为了隐藏部分收入，则利用推迟开票，将营业收入藏于预收账款之中的办法。另外，许多“高龄”应收账款已成坏账，但企业为了虚增利润不予冲销。企业通过其他应收款虚增利润的常见方法主要是将已损失的资产转入其中，使亏损不体现出来。利用其他应付款则主要是隐藏利润，如将已实现的收益转入其中，使之不列入利润表之中。

第二节　会计报表造假的甄别

会计报表造假是一个严重的社会问题。对于投资者、债权人等会计报表的使用者来说，应掌握甄别会计报表造假的方法，以确保自身的合法权益。甄别会计报表信息的真实性，首先应了解会计报表之间的钩稽关系，然后参照审计报告、会计报表附注所提供的信息，借助会计报表分析方法，将企业主要财务指标、主要会计事项与同行业其他企业的进行对比、分析，从而做出判断。

一、会计报表之间的钩稽关系

会计信息系统是一个科学的信息加工系统，各指标之间存在着各种关系。如果某企业的利润很大，但经营现金净流入量很小，甚至为负数，那么就可以判断该企业利润的质量很差；如果企业的利润很小，甚至为负数，而经营现金净流量却很大，那么就可以推断该企业有利润造假的现象。因此，将会计报表中的相关指标联系在一起进行对比、分析，可以判断出各指标的质量。要达到这一目的，关键应了解资产负债表、利润及利润分配表、现金流量表之间的钩稽关系。

资产负债表、利润表及现金流量表的各项目之间存在钩稽关系，有着深层次的内在联系。

会计等式“资产＝负债＋所有者权益”是编制资产负债表的主要依据。

资产负债表中的“货币资金”项目与现金流量表中的“现金及现金等价物净增加额”项目有关，即：货币资金期末余额－货币资金期初余额＝现金及现金等价物净增加额。“短期投资”项目与利润及利润分配表中的“投资收益”项目有关。“应收票据”“应收账款”“存货”项目与现金流量表中的“经营活动产生的现金净流量”项目有关。“长期投资”项目与利润及利润分配表中的“投资收益”项目有关，与现金流量表中的“投资活动产生的现金净流量”项目有关。“固定资产”项目与现金流量表中的“投资活动产生的现金净流量”项目有关。“短期借款”“长期借款”项目与利润及利润分配表中的“财务费用”项目和现金流量表中的“筹资活动产生的现金净流量”项目有关。

“利润＝收入－成本费用”是编制利润表的基本原理。“资产＝负债＋所有者权益＋（收入－成本费用）”这一等式揭示了资产负债表与利润表之间的关系。资产负债表与利润表最简单的关系就是利润分配表中的“未分配利润”项目所列数字，等于资产负债表中“未分配利润”项目数字。由会计等式可以看出，收入与成本费用之差并不是一个虚无的数字，它最终要表现为资产的增加或负债的减少。这也是两张报表之间深层次的联系。公司很多的经济业务不仅会影响公司的资产负债表，而且会影响公司的利润表。比如，公司将销售业务收入不记入“主营业务收入”科目而记入公司的往来账项，如“应收账款”科目的贷方，这样在资产负债表上反映出“应收账款”科目有贷方金额，同时隐瞒收入，使利润表中“净利润”“未分配利润”项目减少，同时又影响资产负债表的“未分配利润”项目。

现金流量表与资产负债表、利润表的关系主要表现在现金流量表的编制方法之中。现金流量表的一种编制方法是工作底稿法，即以工作底稿为手段，以利润表和资产负债表数据为基础，对每一项目进行分析并编制调整分录，从而编制出现金流量表。如“销售商品、提供劳务收到的现金”的计算公式为：

销售商品、提供劳务收到的现金＝当期销售商品或提供劳务收到的现金收入＋当期收到前期的应收账款＋当期收到前期的应收票据＋当期的预收账款－当期因销售退回而支付的现金＋当期收回前期核销的坏账损失

这一项目金额的得出，是以资产负债表相应几个科目金额变化为基础的。如果不存在应收账款、应收票据等往来账项，那么销售商品、提供劳务收到的现金就等于当期收到的现金收入。

此外，会计报表主表与明细表之间的钩稽关系，既有比较简单的明细与合计关系，又有比较复杂的涉及数张报表发生额和余额的关系，如固定资产及累计折旧明细表就既与资产负债表中的“固定资产”项目发生钩稽关系，又与现金流量表中的固定资产的折旧发生钩稽关系等。通过主表与明细表的逐项对照，可以判明财务报表编制中是否存在

造假问题。

二、会计报表造假的甄别方法

在了解了会计报表主要项目及会计报表之间关系的基础上，应采用以下方法识别会计报表的真实性。

（一）分析性复核方法

分析性复核是对企业重要的财务比率或趋势的异常变动及与预期数据和相关信息的差异进行分析判断，常用的方法有比较分析、比率分析、结构百分比分析和趋势分析等。通过分析性复核，可以发现会计报表中的异常变动，进而识别会计报表造假问题。

例如，应用比率分析法可计算出 2000 年蓝天股份流动比率为 0.77，速动比率为 0.35，而国际公认标准流动比率为 2，速动比率为 1，这表明蓝天股份面临很大的财务风险。又如，应用趋势分析法分析得出琼民源 1996 年利润总额为57 093万元，比 1995 年的67 万元增长了 851 倍，净资产收益率由 1995 年的每股 0.034 元增加到 1996 年的每股 21.51 元，增长了 632 倍，从指标上反映琼民源 1996 年获得了暴利，这些数字在一定程度上也暗示该公司会计信息的虚假性；再采用结构百分比分析法可以看出，琼民源利润总额是主营业务收入的 34 倍，这表明主营业务利润并不是琼民源利润总额的主体，这同样反映琼民源会计信息有造假行为。事实是，琼民源利润总额的大幅上涨来源于市场操纵行为下的“投资收益”，即琼民源与其控股公司联手，在重组消息公布前，由关联公司大量买进琼民源股票，重组消息公布后大量抛出而获得非法利润。

（二）虚拟资产剔除法

虚拟资产剔除法就是将资产负债表中的长期待摊费用、递延税款、3 年以上的应收款项加以剔除，然后进行分析的一种方法。利用虚拟资产造假的共同特点是虚拟资产的多计少摊，识别利用虚拟资产调节利润的基本方法是重点检查各类虚拟资产项目的明细表，以及注意财务报表附注中关于虚拟资产确认和摊销的会计政策，特别应注意本年度增加和未予正常摊销的项目，如发现有人为操纵行为，应予以调整。例如，某公司 2020 年度报告利润总额为 5 000 万元，但长期待摊费用增加 9 000 万元，其中包括折旧费用3 000万元、管理费用 2 000 万元、销售（广告）费用 4 000 万元。这些费用均经当地财政部门批准列入长期待摊费用。从这些长期待摊费用的性质不难看出，它们应该计入当期损益。将这 9 000 万元资产调整为费用列入当期损益之后，该公司 2020 年度实际亏损额为4 000万元。

（三）应收和应付款造假的甄别

识别利用应收和应付款调节利润的基本方法是分析应收账款的质量，特别注意年末应收账款的变化情况。具体来说，应采取下列措施。

1. 大胆怀疑年底突发性产生的与应收账款相对应的营业收入

比如，某企业全年营业收入为 15 000 万元，除 12 月之外，各月都较为平均，1—11 月累计营业收入为 11 000 万元，而 12 月一个月营业收入则高达 4 000 万元，且有 2 800 万元是通过应收账款产生的。对此，可以认定企业有操纵利润行为，应将2 800 万元的营业收入予以剔除。即使次年这一笔 2 800 万元的营业收入没有开红票冲回，这样剔除也是应该的。因为它可能导致次年营业收入减少，是将次年的营业收入前置至本年。

2. 大胆剔除高龄应收账款

按我国会计制度的规定，账龄为 3 年及以上的应收账款应作为坏账处理，故应将已达到上述标准但未列入坏账的应收账款作为不良资产加以剔除。如某企业本年度利润总额为 10 000 万元，但应收账款明细表中列有账龄在 3 年及以上的应收账款 3 000 万元，那么将其剔除后，实际利润则只有 7 000 万元。

在正常情况下，其他应收款和其他应付款的余额不应过大，如出现余额过大甚至超过应收账款、应付账款余额的异常情况，就应注意识别是否有操纵利润的情况。识别这类操纵行为仍然是从其他应收款和其他应付款的明细表入手，将属于异常情况的金额从中剔除。如某公司原有一笔债权 200 万元，债务合同规定该债权的年利率为 10%，期限为 1 年，但从借款至今的 5 年中，债务人从未支付过利息，也没偿还本金。经查实，该债务人已经破产，债权已不可能收回，损失已成事实。可是该公司在其他应收款中的这笔债权却从 200 万元上升为 300 ［200×(1＋10%×5)］ 万元。显然，该公司有操纵利润的行为，这笔 300 万元的不良债权应予以冲销。

在识别是否存在操纵利润现象过程中，还应注意对企业现金流量的分析，该分析是将经营活动产生的现金净流量、投资活动产生的现金净流量分别与主营业务利润、投资收益和净利润进行比较，以判断企业主营业务利润、投资收益和净利润的质量。没有相应现金净流量作支撑的利润，不如有足够现金净流量作支撑的利润质量高。按会计基本原理，企业的现金净流量不应该长期低于其净利润，因为随着时间的推移，按权责发生制核算的结果与按收付实现制核算的结果间的差异会逐渐缩小并趋向于零。如果某企业的现金净流量长期低于其净利润，则意味着该企业可能将本应作为费用处理的一些项目变为虚拟资产，而虚拟资产是不可能转化为现金的，即企业通过增加虚拟资产来操纵利润。出现这种情况时，应对利润进行调整。

（四）审计报告分析法

对注册会计师出具的审计报告加以分析，亦是识别会计报表造假的一个重要途径。分析审计报告时，应关注审计报告中所反映的意见类型。注册会计师所发表的审计意见类型直接反映了会计报表是否存在造假以及造假的严重程度。一般来说，经注册会计师审计过的会计报表的可信度要高于未经注册会计师审计过的会计报表。对已经注册会计师审计过的会计报表，需结合审计报告意见，重点分析会计报表的粉饰状况；对未经注册会计师审计过的会计报表，除了分析会计报表粉饰状况之外，还需要判断财务报表中是否存在技术错误。

（五）会计报表附注分析法

会计报表附注是为帮助理解会计报表的内容而对报表的有关项目所做的解释，具体包括如下内容：

（1）公司基本情况。

（2）公司采用的主要会计方法及变更情况、变更原因，以及对财务状况和经营成果的影响。

（3）控股子公司合营企业的基本情况。

（4）会计报表主要项目注释。

（5）其他事项的说明。

将会计报表与其附注相对照，可以了解企业会计报表的披露政策是否合理、会计估计是否科学、会计差错处理是否恰当等方面的信息，为甄别企业会计报表造假提供有用的信息。

（六）关联方交易分析

在某些情况下，关联方之间通过虚假交易可以达到造假、欺骗报表使用者的目的。利用关联交易调节利润，其结果一般体现在“投资收益”“营业外收入”“财务费用”等具体项目之中。因此，甄别的方法是，首先计算各项目中关联交易产生的盈利分别占项目总额的百分比和这些项目占利润总额的百分比，判断企业盈利能力对关联企业的依赖程度；其次分析这些关联交易的必要性及公正性；最后，将非必要和欠公正关联交易产生的利润从企业利润总额中剔除，以反映这些项目的正常状况。如关联交易产生的盈利占利润总额的比例大，表明企业利润对关联企业的依赖程度高，如果从定价政策分析其交易为非公正交易，则表明企业有造假行为。

本章小结

会计报表造假在我国是存在的，其动机有很多，如获取经济利益与业绩考核动机、获取银行与商业信用动机、减少纳税动机、隐瞒违法行为动机、股票发行和上市动机等；其手段主要有利用资产重组的造假手段、利用关联方交易的造假手段、选用不当会计政策的造假手段、变更会计政策的造假手段、虚拟资产挂账的造假手段、虚构交易事实的造假手段、利用应收和应付款的造假手段。

甄别会计报表信息的真实性，首先应了解会计报表之间的钩稽关系，然后参照审计报告、会计报表附注所提供的信息，借助会计报表分析方法，将企业主要财务指标、主要会计事项与同行业其他企业进行对比、分析，从而做出判断。

案例

案例一　紫光古汉虚增利润

2005年至2008年，紫光古汉分别利用虚增营业收入和成本、虚减费用等多种方式，达到虚增利润目的。调查显示，2005年至2008年，紫光古汉通过向紫光药业等公司虚开、高开发票，虚减营业费用等造假行为，分别虚增利润3 750万元、676万元、622万元、116万元。而公司这四年的净利润分别为429万元、464万元、2 082万元、2 037万元，如扣除造假部分，对应真实净利润应为－3 321万元、－212万元、1 460万元和1 921万元。如此，则紫光古汉在2005年、2006年已两年连亏，公司股票本应被ST处理，然而正是因为造假，使其逃过厄运。

除虚增利润，紫光古汉还在未经董事会授权的情况下，以代偿债务方式承接南岳制药8 479万元不良资产和8 479万元负债，并通过与衡阳弘湘国资经营公司虚构土地出让金代付协议、虚构资产剥离协议等方式冲销与南岳制药往来款余额。2010年12月，紫光古汉拟将旗下西药资产衡阳制药控股权转让给山东鲁抗辰欣药业。不过，在公司总裁程昌衡劝说下，紫光古汉最终决定不“外嫁”衡阳制药。但近两年衡阳制药业绩并未改善。2011年、2012年1—6月，衡阳制药分别亏损1 843万元、1 170万元，净资产分别为－6 848万元、－8 018万元。

应剥离的没剥离，现成的“金疙瘩”南岳制药却拱手送人。经历“内乱”后，紫光古汉原本还持有南岳制药36%的股权，但公司在2012年将该股权挂牌出让。

2012年4月，汉森制药大股东海南汉森以1.82亿元拿下这部分股权，紫光古汉尽管获得一笔投资收益，但失去了一块“质地”绝佳的资产。

“南岳制药2011年营业收入2.2亿元，利润高达6 200万元。紫光古汉虽不能收回控股权，但保住36%的股权并没问题，每年还有2 000多万元分红。”紫光古汉中层不无惋惜地表示。

紫光古汉剥离南岳制药的同时，还收回此前一直握在他人手中的古汉养生精营销权，寄望聚焦养生精中成药主业来改善业绩，但并未收到预期效果。

案例二　大族激光技术开发费用资本化

大族激光（股票代码：002008）2007年实现营业收入148 555.54万元，利润总额为9 690.14万元，净利润为16 820.28万元，公司每股收益为0.45元。根据会计准则的规定，2007年公司技术开发费用得以资本化，增加公司利润总额1 785.75万元。2007年公司科技研究开发投入8 125.55万元，约占公司销售收入的5.47%，同比增长126.31%。

显然，扣除技术开发费用资本化的金额，必定会导致利润的大幅降低，扣除后，大族激光利润总额仅为7 904.39万元。

公司流动资金面临困难，截至2007年12月31日，公司资产负债率已达53%。公司固定资产较少，公司间接融资能力受到一定限制。可以想象，资产负债率本已“不堪重负”的高科技企业，如果失去技术开发费用资本化的支持，再融资的难度无疑又加大了不少。

案例三　黑芝麻潜亏挂账

南方黑芝麻集团股份有限公司（原名广西南方食品集团股份有限公司）（股票代码：000716）2005年、2006年连续亏损，2007年净资产收益率为3.15%，2008年净资产收益率为2.36%，基本每股收益0.019元。

2009年7月2日，广西证监局对该公司下发《限期整改通知书》，认为该公司财务管理和会计核算不规范，存在潜亏挂账和倒账龄的现象。公司2008年有挂在“其他应收款”科目下应收容县正联贸易公司720万元、容县容旺贸易公司594万元、容县佳侨贸易公司820万元、广西斯壮房地产投资有限公司500万元，以及挂在“预付账款”科目下预付南宁智感电子有限公司1 400万元五笔账款。同时，公司2008年有挂在“预付账款”科目下预付南宁市恒祥通高低压设备经营部2 301万元、广西容县南山阁经贸公司1 023万元、广西容县南包包装有限公司953万元，以及挂在“其他应收款”科目下应收广西宇翔资产经营有限公司1 500万元四笔账款（实际上是公司为规避计提坏账准备而采用的倒账龄的会计处理方法）。除预付广西容县南包包装有限公司953万元为原材料采购预付款外，广西容县南山阁经贸公司1 023万元预付款应调整为其他应收款，南宁市恒祥通高低压设备经营部2 301万元预付款当中实际用于黑芝麻糊产能扩建项目机器设备采购的800余万元应调整为在建工程款，其余1 500万元应调整为其他应收款。

广西证监局将2008年挂在“其他应收款”科目下应收容县正联贸易公司720万元、容县容旺贸易公司594万元、容县佳侨贸易公司820万元、广西斯壮房地产投资有限公司500万元，以及挂在“预付账款”科目下预付南宁智感电子有限公司1 400万元五笔账款认定为重组广西斯壮遗留的潜亏挂账，产生的原因是：这五笔挂账形成于2001年原斯壮公司转让南管燃气公司80%股权事项。由于2001年年初斯壮公司经营状况欠佳，为了“创造”业绩，斯壮公司将南管燃气公司80%的股权进行虚假转让。当时斯壮公司收到的所谓“股权转让款”6 000万元是通过倒账形成的，其中约2 600万元在股权转让过程中形成其他应收款，由于未能取得有力的证据而一直无法进行账务处理。随着南管燃气公司80%股权案件的最终胜诉，公司在2009年中报中将该笔虚假转让的事项根据有关判决结果予以调整：恢复对南管燃气公司的股权投资4 930万元，追溯调减2001年未分配利润1 070万元，减少其他应收款2 600万元，增加其他应付款3 400万元。

至此，这一笔历史遗留的应收款项中的潜亏事项已经消除。

案例四　五粮液的关联交易

五粮液集团有限公司（以下简称五粮液）（股票代码：000858）持有普什集团有限

公司（以下简称普什）99%的股份。五粮液 2002—2005 年的净资产收益率分别为 11.56%、11.70%、12.61%、10.76%。

2005 年度报告显示五粮液的酒类销量比 2004 年增长了 1.34 万吨，但公司向普什采购瓶盖及酒瓶等的金额从 2004 年的 13.11 亿元减少至 8.05 亿元。公司在预测 2006 年酒类销量将同比增长 10%的同时，却预测 2006 年向普什的采购额将增至 15 亿元。2004 年五粮液的主营业务成本不过 32.19 亿元，而瓶盖等项目的采购金额就达 13.11 亿元。

2005 年年末五粮液净资产为 74 亿元，2005 年实现净利润 7.9 亿元。2005 年年底，普什净资产为 7.47 亿元，2005 年实现净利润 4.58 亿元，其净资产规模仅为五粮液的 1/10，而实现的利润却达到了五粮液的 58%。该公司成立于 1997 年，截至 2005 年 12 月 31 日，经审计的净资产为 7.470 5 亿元，实现主营业务收入 36.788 5 亿元，净利润为 4.583 6 亿元，净资产收益率高达 61.36%。从 2001 年到 2005 年，五粮液向普什采购瓶盖、酒瓶、商标、防伪产品等的金额分别为 4.23 亿元、5.31 亿元、11.5 亿元、13.11 亿元和 8.05 亿元。2005 年，五粮液与普什之间的关联交易额超过 10 亿元。2000 年近 40 亿元的主营业务收入到 2005 年已达到 64 亿元，累计增长幅度高达 62%，但是，2005 年的净利润 7.91 亿元较 2000 年的净利润 7.68 亿元仅增长了 3%。

案例五　资产重组造假

华源制药在 2001 年至 2004 年虚增净利润 1.57 亿元，证监会要求该公司进行相应调减：将公司资产重组中置换出的不良资产冲回；将资产和股权重组中交易对方差额返回公司，不得作为其他业务利润处理。华源制药年报显示，2001—2004 年其披露的净利润分别为 1 887 万元、2 026 万元、4 725 万元、1 013 万元，加起来还不足 1.57 亿元，这意味着如果按照财政部的审计来追溯调整的话，华源制药这四年很可能都是亏损的。对此，华源制药在上报的说明中分别就不良债权资产置换问题和股权交易中交易对方的差价返还作收入问题，给出了自己的理由。其中，问题不良债权置换总额约 9 000 万元，包括安徽华源广生公司的股权重组中置换出的不良资产 2 290 万元、安徽金寨华源股权置换出的不良资产 2 096 万元、本溪药材置换出的不良资产 1 783 万元、改制后转挂华源日化销售公司的应收款 1 436 万元等。至于股权交易中交易对方的差价返还作收入问题，主要是 2001 年 6 月北京星昊现代医药开发有限公司 30%股权受让差额 400 万元、2003 年 9 月本溪三药 40%股权受让差价款返回 1 640 万元。

华源制药认为，上述股权交易协议转让价和实际价差额返还给公司是受让方对本次交易的折让，公司做成了其他收益，并经中介审计机构确认，这是公司会计认定处理的水平问题，并非故意虚增收入。

有证据表明，华源制药利用一宗土地交易就虚增了 1.9 亿元收入。事实上，这笔交易是通过华源制药子公司安徽金寨华源公司这个平台完成的。在 2003 年 11 月的报告中，华源制药表示安徽金寨华源公司取得出让的 3 万亩林地使用权是客观存在的，该宗土地经有相应资质的中介机构评估是有价值的，安徽金寨华源公司已获得出让的土地使用权证书也是真实的，该宗土地正在和辽宁本溪的土地一起共同种植红豆杉、博落回等中药材，并已得到了当地政府的认可。此外，该宗土地是根据安徽金寨华源公司与当地政府签订的协议和当地政府会议纪要有偿出让的，安徽金寨华源公司有偿受让，同时当地政府承诺将土地出让金 19 400 万元扣除 200 万元农场职工安置费后的 19 200 万元，作为财政补贴支持公司发展。根据当时公司资金状况，土地出让金交付采取了变通处理方式，即华源制药借款 2 500 万元给安徽金寨华源公司，安徽金寨华源公司用该笔资金经过多次转账将 19 400 万元土地出让金交纳完毕，当地国土局再将 19 200 万元“财政补贴”逐步返回安徽金寨华源公司。而这种变通方式也得到了当地土管局的认可。华源制药认为，由于本次交易中与政府签订的相关协议和当地政府会议纪要对出让金交纳和财政补贴已做了规定，加之主观理解上的偏差，而没有要求当地政府部门再出具土地出让金收据和财政补贴收据或批文，这些属于办理手续的缺漏，公司应与当地政府沟通，尽快完善相关手续。

公司账面净资产为 1.5 亿元，但不良资产（包括三年以上应收账款、长期呆滞的存货等）高达 9 000 多万元，公司主营的日化、化工业务部分经营亏损。在这样的背景下，华源制药开始了向医药产业转型，并试图在产业转型和资产重组中解决和消化历史遗留问题。华源制药财务舞弊风波，实际上反映了华源集团过去几年里一味追求规模扩张而不注重内部整合的弊端，并最终使华源集团由并购者变成被并购者。

案例六　未名医药债务重组

2019 年 12 月 31 日，未名医药（股票代码：002581）披露公告称，山东证监局查出未名集团于 2017 年 12 月至 2019 年 6 月，违规占用未名医药全资子公司厦门未名及其子公司天津未名自有资金余额共计 5.07 亿元。而未名医药表示身陷流动性危机的未名集团占用的上述资金无法以现金偿还，故未名集团提出以其资产进行偿还。

用于偿债的资产包括两方面：其一是处于临床早期阶段的四个药品，分别为重组抗 TNFα 全人源化单克隆抗体注射液、重组抗 CD52 人源化单克隆抗体注射液、注射用重组抗 CD25 人鼠嵌合单克隆抗体、重组抗 CD3 人源化单克隆抗体注射液。经评估，这四个药品技术价值评估值合计为 1.18 亿元。其二为未名集团所拥有的吉林未名 100%的股权。据未名集团表述，吉林未名核心资产为其 4 项林下参生产性生物资产，主要为 243.40 万株林下西洋参和林下人参，参龄在 9 年至 17 年，评估值为 22.05 亿元。

不难发现，一笔连本带息合计 5.62 亿元的欠款，欠款方却愿意拿出价值 23.23 亿元的资产来偿债，未名医药控股股东未名集团为何抛出如此大的“厚礼”呢？市场议论纷纷，质疑价值 23.23 亿元的资产是否为优质资产。未名集团的一位债权人表示，如果这 23.23 亿元资产没有水分，未名集团为何不拿来变现偿还其他债务？

从公开资料获悉，对生物资产进行评估的机构是深圳国量行资产评估有限公司。该评估的基准日为 2017 年 9 月 30 日，资产评估结果使用的有效期为 2017 年 9 月 30 日至 2018 年 9 月 29 日，这意味着该评估报告的结果已经失效。评估人士表示，评估林下参一般采用抽样盘查的方法，操作空间较大。据悉，林下参每年损耗率为 5%至 10%，如果重新评估，吉林未名旗下人参数量还要损耗不少，评估值也会因此受到影响。

2020 年 1 月 17 日，未名医药将召开股东大会具体讨论此次债务重组方案是否通过，然而，未名集团用于偿债的两部分资产都已经提前过户给了未名医药，而未名医药之前并未披露这一方案。

上述方案引发深交所连续两度下发关注函。出人意料的是，在深交所连续问询下，未名医药2月19日发布公告称，需对债务重组标的之一的吉林未名天人中药材科技发展有限公司（以下简称吉林未名）净资产进行修正，从18.13亿元修正为1 149.34万元，下修金额达到18.01亿元，账面净资产缩水近157倍。看起来很完美的债务重组最终被引爆。《投资时报》研究员留意到，如此大幅修正让给未名医药服务的律师也无所适从。回复公告中，律师在提供意见时表示，如果吉林未名100%股权的账面净资产金额，如未名医药所做说明应修改为1 149.34万元，则此次抵债交易对未名医药而言将不构成重大资产重组。

案例七　金螳螂涉嫌会计变更造假

金螳螂（股票代码：002081）于2006年11月2日向社会公开发行人民币普通股股票2 400万股，该公司2006—2008年净资产收益率分别是31.46%、16.71%、21.72%。有关分析人士针对该公司的财务状况进行了分析，认为存在利用会计变更进行造假的行为。

该公司2007年年报中存货余额由年初的8.22亿元降至年末的0.18亿元，净减8.04亿元，也就是这8亿多元存货对应的未实现净利在2007年全部确认了，可是2007年收入确认政策变更的同时，毛利率大幅下滑，由2006年的18.17%降至12.77%，而2008年该公司毛利率是15.84%。怀疑2007年年初8亿元存货对应的未实现收益其实少得可怜，果然，在2007年年报新旧会计准则净利润差异调节表中看到这8亿元存货基本是零毛利。金螳螂2007年收入确认方法变更应属于重大会计差错，该差错对公司2007年年报及以前损益都有重大影响。金螳螂收入确认政策变更会计处理有误，这个政策变更即使成立，也不是新会计准则导致，是企业自己的会计政策变更，应适用追溯调整法，不适用未来适用法。可金螳螂不但套用未来适用法，甚至隐瞒会计政策变更的影响数，严重违反了会计准则的要求。收入确认属于会计估计范畴，金螳螂收入确认由完成合同法转为完工百分比法应属于会计估计变更，但会计估计变更的前提是估计基础发生了变化，否则就是滥用会计估计变更。滥用会计估计变更视同会计差错。

对此状况，该公司董事做了这样的说明：根据财政部2006年2月15日发布的财会规定，集团自2007年1月1日起执行新会计准则。新会计准则中与工程劳务收入确认相关的会计准则，均取消了完成合同法。根据关于提供劳务收入的有关规定，集团在资产负债表日提供劳务交易的结果能够可靠估计的，应当采用完工百分比法确认提供劳务收入，集团将收入确认方法由完成合同法变更为完工百分比法。根据《企业会计准则第38号——首次执行企业会计准则》及财政部陆续发布的应用指南和准则讲解、解释以及专家工作组意见等的规定，集团收入确认方法变更不应追溯调整，因此集团对收入确认方法变更采用未来适用法，在采用未来适用法调整收入确认方法时，无须披露影响数。这显然是对准则的自利性解释。

案例八　康美300亿元财务造假案

康美药业（股票代码：600518，现为*ST康美）300亿元财务造假被证实后，证监会行政处罚随之落地。2020年5月14日晚间，证监会依法对康美药业违法违规案做出行政处罚及市场禁入决定。对康美药业给予警告并处以60万元罚款，对主要责任人罚款并市场禁入。

受此消息刺激，2020年5月15日，康美药业开盘即封死涨停板，上涨4.83%，报价2.82元/股，收盘仍有超过4 500万元资金等待追涨，共计近20万手买单排队“抄底”。

作为A股历史上最大造假案，证监会也开出了顶格罚单。业内人士指出，60万元的处罚是老版证券法中有关于信息披露违法违规的顶格惩处，康美药业的违法行为是在2016年至2018年期间，此前也下发了行政处罚及市场禁入事先告知书，因行政复议等程序导致行政处罚书最近下发。对康美药业的惩处并未结束，后续的民事赔偿、刑事追责将让康美药业为其财务欺诈付出沉重代价。

证监会对康美药业下发《行政处罚及市场禁入事先告知书》，其中指出康美药业存在以下四大方面的问题：

一是康美药业涉嫌累计虚增营业收入291.28亿元。具体为：2016年年度报告虚增营业收入89.99亿元，多计利息收入1.51亿元，虚增营业利润6.56亿元，占合并利润表当期披露利润总额的16.44%；2017年年度报告虚增营业收入100.32亿元，多计利息收入2.28亿元，虚增营业利润12.51亿元，占合并利润表当期披露利润总额的25.91%；2018年半年度报告虚增营业收入84.84亿元，多计利息收入1.31亿元，虚增营业利润20.29亿元，占合并利润表当期披露利润总额的65.52%；2018年年度报告虚增营业收入16.13亿元，虚增营业利润1.65亿元，占合并利润表当期披露利润总额的12.11%。

二是累计虚增货币资金886亿元。康美药业2016年年度报告虚增货币资金225.49亿元，占公司披露总资产的41.13%、净资产的76.74%；2017年年度报告虚增货币资金299.44亿元，占公司披露总资产的43.57%、净资产的93.18%；2018年半年度报告虚增货币资金361.88亿，占公司披露总资产的45.96%和净资产的108.24%。

三是2018年年度报告中存在虚假记载，虚增固定资产、在建工程、投资性房地产共计36亿元。康美药业在2018年年度报告中将前期未纳入报表的亳州华佗国际中药城、普宁中药城、普宁中药城中医馆、亳州新世界、甘肃陇西中药城、玉林中药产业园6个工程项目纳入表内，分别调增固定资产11.89亿元，调增在建工程4.01亿元，调增投资性房地产20.15亿元，合计调增资产总额36.05亿元。

四是2016年年度报告、2017年年度报告、2018年年度报告中存在重大遗漏，未按规定披露控股股东及其关联方非经营性占用资金的关联交易情况。2016年1月1日至2018年12月31日，康美药业在未经过决策审批或授权程序的情况下，累计向控股股东及其关联方提供非经营性资金116.19亿元，用于购买股票、替控股股东及其关联方偿还融资本息、垫付解质押款或支付收购溢价款等。

2020年5月15日，证监会主席易会满在“全国投资者保护宣传日”活动上表示：“我们清醒地看到，财务造假、内幕交易、操纵市场等恶性违法违规屡有发生，这不仅破坏市场生态，更重要的是影响投资者信心。对此，必须出重拳、用重典、坚决清除害群之马，切实保护投资者合法权益。”

经历了听证，证监会最终认定，康美药业财务欺诈坐实。一个“有预谋、有组织、长期、系统”的上市公司造假窝案终被公之于众。

复习题

1. 简述会计报表造假的动机、手段。
2. 如何甄别虚假会计报表？

练习题

1. 由于2018年净资产为负值，*ST富控（股票代码：600634）一直头顶暂停上市风险。2019年8月25日，*ST富控对外披露了公司2019年年报，公司净资产为正值，但该年报却遭到了会计师事务所出具否定意见，*ST富控能否摆脱退市风险还要打上一个问号。对于该事项，上交所8月25日也对*ST富控下发了监管工作函。

2019年8月25日，*ST富控对外披露了2019年年度报告，公司通过转回预计负债、应付利息等方式，确认投资收益29.92亿元，使2019年末净资产为正值，公司年审会计师出具了否定意见的审计报告，并认为否定意见涉及事项属于明显违反会计准则及相关信息披露规范规定的情形。上交所表示，涉嫌违反会计准则事项对公司是否被暂停上市有重大影响，要求*ST富控就多项问题进行说明。

对此，上交所要求*ST富控严格按照《企业会计准则》的相关规定和年审会计师意见，对上述不符合会计准则事项进行纠正，并及时披露经纠正的财务会计资料、会计师事务所出具的审计报告和专项鉴证报告等有关材料。

另外，按会计准则的相关规定纠正相关会计处理事项后，*ST富控实现归属于母公司股东权益为−22.41亿元，2019年末净资产将继续为负值。*ST富控纠正不符合会计准则的事项后，将因最近两个会计年度期末经审计净资产为负值被暂停上市。上交所要求*ST富控充分提示相关的暂停上市风险和终止上市风险。

上交所表示，对*ST富控涉嫌违反会计准则、在2019年度报告中涉嫌披露虚假财务信息事项，将提请有权部门调查处理。如有权部门要求*ST富控在规定期限内改正但公司未予改正的，*ST富控将触及股票上市规则有关规定，股票将被暂停上市。

值得一提的是，2020年6月29日，*ST富控曾收到过证监会的行政处罚事先告知书，公司在多个定期报告中存在虚增利润的情形。

要求：查找相关资料，分析注册会计师为什么对*ST富控出具否定意见的审计报告。

2. 2014年10月29日，三安光电股份有限公司发表关于公司会计政策变更的公告：自2014年7月1日，将部分固定资产的折旧年限延长，具体如表8-1所示。

表 8-1 固定资产折旧信息

类别	折旧方法	折旧年限（年）	残值率	年折旧率
房屋建筑物	年限平均法	30	5.00%	3.17%
机器设备	年限平均法	8～25	5.00%	3.80%～11.875%
运输工具	年限平均法	5	5.00%	19.00%
其他设备	年限平均法	5	5.00%	19.00%

而与它同行业的乾照光电和华灿光电折旧年限分别是 2～10 年和 5～10 年，如表 8-2、表 8-3 所示。

表 8-2 乾照光电固定资产折旧情况

类别	折旧方法	折旧年限（年）	残值率	年折旧率
房屋建筑物	年限平均法	10～20	0～5.00%	4.75%～10.00%
机器设备	年限平均法	2～10	5.00%	9.50%～47.50%
运输工具	年限平均法	5～10	5.00%	9.50%～19.00%
办公设备	年限平均法	3～10	0～5.00%	9.50%～33.33%

表 8-3 华灿光电固定资产折旧情况

类别	折旧方法	折旧年限（年）	残值率	年折旧率
房屋建筑物	年限平均法	20～50	5.00%	1.90%～4.75%
机器设备	年限平均法	5～10	5.00%	9.50%～19.00%
运输工具	年限平均法	5	5.00%	19.00%
其他设备	年限平均法	5	5.00%	19.00%

要求：查找相关资料，分析三安光电股份有限公司为何改变会计政策，属于何种行为。

拓展资料

财务造假的逻辑、手法、特点及其识别方式

财务造假的手法多有相似之处，都是采用虚构经济业务的方式虚增收入、资产和利润，使发行人业绩符合 IPO（首次公开募股）发行标准。但细究其造假手法时，发现造假手法在逐步演变，手段日趋复杂，隐蔽性越来越强，查处难度越来越大。以下结合近年来查处的有关案例，剖析虚构经济业务方式进行财务造假的基本手法及其各种演变情形探讨如何识别该类型的财务造假。

一、财务造假的逻辑

发行人财务造假的目的一般都很明确，或使公司的财务指标，如利润、营业收入、资产规模等达到基本发行条件；或使公司的主营业务突出、业绩保持增长态势，争取更好的发行价格。在此目的下，一些不符合条件的发行人采取虚构经济业务的方式进行财务造假，可以同时解决多个问题：一是公司的主营业务将变得十分突出；二是保持利润、收入、资产的同步增长态势；三是考虑了财务指标之间的关系，能保持各项财务指标的稳健性，不容易引起审计师和监管部门的注意。

在实际造假过程中，发行人首先会根据发行条件设定出年度目标利润金额，计算出当年需要虚增利润的金额，再根据销售净利率等指标反算出需要虚增收入的金额，然后根据毛利率计算出虚增生产成本的金额，进而推导出虚假采购的金额；其次，通过虚增资产的方式消化虚假毛利占用的资金；最后，发行人会将造假金额分解到每个月份，安排人员具体实施。

二、财务造假的手法及演变

虚构经济业务型造假是一个系统工程，涉及的环节比较多，其中关键的环节有三个：一是虚构客户和供应商；二是虚构资金流与虚构经济业务相匹配；三是“消化”虚构毛利占用的资金。

（一）虚构客户和供应商的手法

1. 成立空壳公司或利用关联公司进行造假

发行人在虚构客户和供应商时，一般喜欢使用实际控制人控制的关联公司，或者成立一些空壳公司进行造假，如绿大地。发行人经常使用其员工或亲属的名义注册一些空壳公司，并开立银行账户，这类公司几乎没有正常的业务，其存在的价值就是在虚构经济业务造假过程中扮演客户或供应商的角色。由于其公章、账簿等实际掌控在发行人手中，因此造假极为便利。但是，由于人员、注册资金、联系方式等各方面与发行人存在较为明显的关联，加上业务比较单一，很容易被识别或者被认定为关联交易，对于发行人来说风险比较大。

2. 利用真实的客户和供应商造假

由于空壳公司容易被发现，发行人对此进行了改进，即使用真实的客户和供应商造假，如万福生科等。一方面，客户与供应商是真实的，与发行人之间不存在关联关系，发行人与客户和供应商之间存在真实的经济业务往来。另一方面，发行人在真实交易的基础上，伪造少部分虚假交易，有的在交易数量上做文章，有的在交易价格上做文章，虚虚实实，让人真假难辨。造假过程中，部分客户、供应商与发行人之间可能存在串通，在资金划转、函证等方面为发行人提供便利。如果客户、供应商不配合，发行人往往通过自己的关联公司进行资金划转，并伪造合同、出入库单据及收付款记录掩盖真实的资金来源和去向。

这种造假方式很隐蔽，真假混杂，不易识别。但由于这种造假方式往往需要客户和供应商的配合，造假成本比较高，在客户和供应商不愿意配合的情况下，被识别的风险也比较高。

3. 利用海外客户和供应商造假

在近期查处的财务造假案件中，发行人大量利用海外客户或供应商进行财务造假。一种情况是在国外成立关联公司或空壳公司，伪装成客户或供应商与发行人进行虚假交易；另一种情况是伪造与海外客户之间的合同，虚增销售价格，虚增的收入部分自行安排海外关联方付款。例如雅百特在建造工程的时候，表示向海外出口了一批建筑材料，而且还声称建筑材料是要用于巴基斯坦木尔坦公交车站的建设。但是，这些建筑材料并未运送到巴基斯坦，而是巧妙地运用第三方公司，再把这批建筑材料假装进口回国，这样就可以达到虚构海外工程在施工的假象。

这种造假手法隐蔽性更强，识别难度更大，其原因在于：一是国外合同与国内合同本身存在较大差别，难以识别真假；二是实地访谈和资金、工商资料调取成本较高，中介机构一般很少采取实地核查程序，监管机构则面临监管权限的问题，即使通过国外监管机构调取相关资料，也面临时间长、成本高、效果不理想等障碍；三是中介机构往往会将海关走访或函证结果作为有力证据，而实际上发行人报关缴税时使用的就是虚增后的数据，中介机构不仅发现不了问题，而且还会受其误导。

（二）虚构资金流的手法

1. 大量使用现金交易

当发行人虚构的客户或供应商中存在大量自然人或个体户时，发行人往往大量采用现金支付供应商款项，收到个人款项时，则采取现金缴存的方式存入银行，如蓝田股份造假案等。在此种手法下，账面记录不能反映真实的资金来源和去向，而且难以进一步追查，给虚假采购和销售的认定带来巨大障碍。但由于这种手法众所周知，在 IPO 审核中受到的质疑也较多，后来发行人都逐渐减少现金收付的比例，采取此种方式造假的空间受到挤压，逐步被其他手法取代。

2. 伪造银行对账单及资金进出凭证

为了使财务造假显得更真实可信，一些发行人通过伪造银行对账单、银行资金存取凭证等第三方证据的方式伪造资金进出轨迹，如绿大地早期的造假就是采用此种方式，后来在天丰节能案中也发现了此种造假方式。采用此种方式，造假的成本比较低，且由于伪造的证据属于第三方凭证，证明效力比较强。但是这种手法被发现的风险比较高，如果审计师严格按照审计程序执行函证，则很容易被发现，除非银行愿意配合造假。

3. 伪造“真实”的资金流，构建资金循环

前两种虚构资金流的手法最大的缺陷在于其资金流本身是虚假的，所以很容易被识别，于是造假者对其加以改进，通过构建资金循环伪造“真实”的资金流，达到同时虚增收入、资产的目的。这种手法的最大特点就是，所有的资金划转都是真实的，在银行都有据可查，但如果沿着资金进出的轨迹继续往前追查，就会发现资金实际是在循环转圈。

早期的造假，发行人往往直接采用银行资金划转的方式构建资金循环，资金进出轨迹比较清晰，收付款项往往能一一对应，因此只需要循着资金划转轨迹追查即可。后来，发行人开始将大额资金拆散，或将其混入大量的真实资金划转中，通过多个不同公司或银行账户划转、归集，掩盖资金的对应关系和划转轨迹，给追查和认定都带来较大的困难。例如东方金钰利用其子公司设立的子公司为平台，将自身资金从账户中转移到东方金钰的名义客户、中转商或者名义供货商的手中，上述商户收到资金后再反向购买东方金钰的翡翠原石，这种一来一回，运用东方金钰自身的资金形成了自有资金循环。东方金钰不但虚构了销售合同，同时也虚构了采购合同。东方金钰在 2016 年至 2018 上半年两年半的时间里，通过资金循环涉及的销售交易资金约达 4.8 亿元，采购交易资金约达 8 亿元。就这样，东方金钰通过孙公司控制 19 个银行账户，运用自有资金，伪造销售和采购交易现金流水，构成了一个完整的资金链条闭环。

此外，还有发行人通过银行承兑汇票背书、质押，或者直接篡改银行单据上的收付

款人名称等方式掩盖或切断资金进出轨迹。

（1）伪造或篡改银行收付款凭单。

发行人在通过真实的客户或供应商伪造交易时，很多时候并未取得客户和供应商的配合，仅是借其名义行造假之事。在此情形下，发行人根据真实交易合同的要素自行伪造虚假的交易合同、进出库单据等原始凭证。同时，为了配合虚构的交易，安排关联方进行资金划转，伪造真实的资金进出轨迹，但由于银行收付款凭单上会显示真实的收付款单位，为掩盖收付款单位与交易方不一致的情形，发行人经常直接篡改银行收付款凭单上的收付款单位名称，或直接伪造假的收付款凭单，掩盖资金的真实来源和去向。

（2）利用银行承兑汇票掩盖资金流转轨迹。

发行人可以不实际收付任何资金，仅通过银行承兑汇票的背书转让就可以完成资金流转。发行人的关联方将收到的汇票经多次背书转让给发行人，发行人可以承兑或继续背书转让。由于经多次背书，最终承兑人或出票人与发行人及其关联方可能无任何关系。发行人在留存的原始凭证中只保留汇票复印件，最近一次背书转让复印件，在台账中仅登记前一手背书人、出票人和后一手被背书人的情况，因此当汇票承兑或背书出去之后，从发行人留存的财务资料中无法查看整个背书过程，从而无法识别发行人与其关联方之间的资金划转关系。去银行查证背书过程时，只能在出票行或承兑行查证，其时间成本和经济成本都较高，而且查证背书过程的重要性往往会被审计师忽视。

（3）利用银行信贷等业务切断资金循环关系。

发行人的关联方或供应商收到资金或商业汇票后，直接用于归还银行贷款、或作为保证金、或将汇票质押给银行用于开立银票或获得新的贷款，再经多次划转后流回发行人。由于循环中加入了银行质押、还款、再放款的环节，在追查资金流向时很容易失去踪迹，也难以保证资金之间的对应关系，人为地切断资金流转轨迹。

（三）"消化"虚构毛利占用的资金的手法

发行人如果虚构毛利，对应的必须有虚构的资金流入（没有资金流入时，须有虚构的资产挂账），这部分虚构的资金如何消化而不被发觉，是造假者面临的问题。在实际造假过程中，造假者"消化"的方式多种多样，手法也是越来越隐蔽。

1. 虚增银行存款

最简单直接的方法就是通过伪造银行收付款凭证、银行对账单的方式虚增银行存款。这种方式在早期为许多造假企业所采用，如绿大地造假案，但由于易被发现，目前较少有人采用。

2. 虚增应收款项

虚增应收款项是比较常见的做法之一。在这种方式下，虚增的毛利部分并没有实际资金流入，发行人将其挂账为应收账款。这种手法的好处在于无须伪造资金进出轨迹，隐蔽性较高，但面临以下两个问题：一是长期挂账导致的账龄问题。如果长期挂账，计提坏账准备比例很高，对利润有较大负面影响。此外，长期挂账事项容易引起审计师的关注。二是审计时函证结果与账面数据不一致。为了解决前一个问题，有的发行人将应收客户不同合同项下的款项裹在一起，让人不能一一对应，用新账还旧账，始终保持账龄在较短时间内；有的发行人采用张冠李戴的方式，将收到 A 客户的资金记到 B 客户的名下（往往伴随篡改银行凭单），保证账面不出现长期未收回的款项；有的发行人在报告期末利用虚假商票冲抵应收款项，期后再转回，逃避坏账准备的计提。为了解决后一个问题，有的发行人提前跟客户串通，要求对方提供虚假的询证函；有的发行人利用审计师不严格执行审计程序的行为，直接伪造函证。这种方式的弱点是随着造假规模越来越大，时间越来越长，应收账款的余额会越滚越大。

3. 虚增存货

在一些存货难以计价、难以盘点的行业，利用虚增存货来消化虚增资金是一种比较常见的做法。当存货难以盘点时，虚增存货的主要方式是虚增采购数量，且往往是现金采购，让人无法追查资金去向，同时无法对即有存货进行盘点。典型的案例就是进行水产养殖的蓝田股份财务造假案。在存货难以计价时，部分发行人主要采用虚增价格的方式，如苗木的价格随树龄、树形、品种不同而有区别，且往往缺乏成熟的市场参考价。在审计师对其价格有疑虑时，发行人容易找到辩解的理由且难以核实理由的合理性。这种方式的弱点与虚增应收账款类似，随着造假规模越来越大、时间越来越长，存货的余额会越滚越大。

4. 虚增固定资产等长期资产

在近年查处的一系列财务造假案件中，这种方式运用较多。一种方式就是虚假采购固定资产、在建工程等长期资产，如天丰节能采用虚假向国外采购机器设备的方式；另一种方式就是虚增资产的采购价格，发行人利用部分资产不存在公开活跃市场、难以取得公允价值的弱点，随意虚增资产购买时的价格。

5. 虚增收入、资产，构建资金循环

下面以某发行人收购林地使用权为例，阐述发行人是如何通过设立空壳公司、构建资金循环，达到虚增收入、虚增资产的目的。

发行人第一步是先设立一家空壳公司 A，专门用于与村民签订林地使用权转让合同；第二步是发行人与村民洽谈好林地使用权转让条件；第三步由空壳公司 A 与村民签订林权转让协议，并按约定支付村民转让款；第四步是空壳公司 A 与发行人签订林权转让协议，发行人按高价支付转让款；第五步是空壳公司 A 将剩余未使用完的林权转让款划转到空壳公司 B；第六步是发行人与空壳公司 B 签订商品销售协议，空壳公司 B 将收到的林权转让款转回至发行人。经过上述过程后，除实际支付村民的林地转让款外，其余资金从发行人以收购无形资产名义转出后，经空壳公司 A、B，以销售回款的形式又转回发行人，实现了资金的循环，同时发行人账面虚增了无形资产和营业收入。

三、财务造假的特点

（一）目的明确

发行人采用虚构经济业务型财务造假的目的十分明确，就是为了符合发行条件，顺利实现 IPO。由于造假需要付出较大的成本，在 IPO 成功后，发行人需要时间消化以前造假留下的窟窿，出于造假的惯性推动，往往会继续进行财务造假，并期望通过再融资或者骗取银行贷款来维持资金循环。

（二）策划缜密，实施精确

虚构经济业务型财务造假涉及的部门比较多、链条比较长、时间比较久，因此，一般都是公司管理层经过周密的谋划后组织实施的。在造假过程中，各主要参与人员分工明确，有人负责出谋划策，统筹安排；有人负责制订资金划转计划和调度；有人负责根据资金调度情况相应地伪造合同、公章和出入库单等原始单据；有人负责应付审计师的审计。在策划、实施过程中，通常还有专业人员参与策划、组织和实施。如在绿大地案中，某会计师事务所人员就和公司管理层合谋，参与策划并实施了整个财务造假行为。

在周密的策划和部署下，整个财务造假的实施过程十分精确，造假金额多少、需要哪些原始凭证、各个环节如何协调配合、需要达到的预期结果都是十分精确的。

（三）欺骗性强

虚构经济业务型财务造假方式属于系统性的造假，手法很专业，欺骗性比较强。造假时注重各项财务指标之间的逻辑关系，可以躲过审计师分析性复核程序的探查。如在绿大地案中，发行人历年的毛利率都比较稳定，收入、资产、利润各科目之间的关系基本保持同步的态势，采取分析性复核程序，很难发现公司财务状况有不合理之处。

（四）不惜代价，后果致命

为了造假，发行人往往不计代价。在虚构经济业务型财务造假中，造假的主要代价包括以下几个方面：一是资金划转过程中的各种成本，如借用他人账户的成本；二是给参与出谋划策、造假人员的利益；三是虚构业务需要缴纳的各种税费，如增值税、所得税、关税等；四是虚构业绩导致的分红派息；五是通过各种方式将账内资产转为账外资产。因此，一方面，在资金循环过程中，资金会不断流失，而另一方面，为了保证业绩增长，需要虚增更多的收入和利润，为了实现这一目的，发行人除了提高资金周转的频率，更重要的是需要源源不断地补充更多的资金。因此，一旦发行人开始实施虚构经济业务型财务造假，往往会陷入囚徒困境。一旦停止财务造假，其业绩会立即暴跌，造假的成本无法挽回；如果继续财务造假，就需要更多的资金维持业绩增长的假象，当资金无以为继时，泡沫就会破裂。

虚构经济业务型财务造假一旦暴露后，其后果是致命的，不仅参与造假的人员会受到严厉的法律制裁，上市公司的生产经营也会受到严重影响，在退市规定出来后，这类进行欺诈的发行上市的公司可能面临退市的惩罚。

四、财务造假的识别

虚构经济业务型财务造假虽然欺骗性强，手法专业，识别难度较大，但并非无迹可寻。下面结合案例分析如何识别该类型财务造假。

天丰节能板材科技股份有限公司于 2012 年提交了 IPO 申请，其母公司天丰集团拥有钢结构、钢铁贸易、冷弯机械、节能板材、钢结构节能建筑开发五个业务板块，天丰节能是其中一个子公司，主营业务为各类建筑用节能板材的生产、销售和施工。财务资料显示，2010 年至 2012 年，天丰节能的固定资产和在建工程合计从 8 662 万元增长到 2.31 亿元，复合增长率约 63.29%；营业收入从 1.1 亿元增长到 2.71 亿元，复合增长率约 56.72%；净利润从 2 445 万元增长到 5 970 万元，复合增长率约 56.26%；天丰节能各年毛利率比较稳定，分别为 36.17%、36.36%和 33.32%。2009 年，天丰节能通过关联方钢结构公司、建设公司实现的销售收入金额达 35%，通过关联方贸易公司实现的采购金额达 36%；但 2010 年关联销售金额低于 1%，关联采购金额仅为 5%左右；

2011 年和 2012 年，关联销售和采购基本消失。

（一）结合非财务信息分析财务信息的合理性

公司披露的招股说明书包含财务信息和非财务信息，在分析时不仅需要对相关财务数据之间的关联性、异常性保持关注，更重要的是要从宏观经济环境、行业发展状况、公司在行业中的地位、公司总体经营情况等非财务信息出发，分析其业绩和财务数据的合理性。在研究其招股说明书后，将关注重点聚焦于两个疑点：一是远高于同业的毛利率，且毛利率异常平稳，收入逐年快速增长，无视经济周期波动的影响；二是关联交易突然急剧下降，但其生产经营环境、条件并未发生大幅变动，不符合其历史生产经营的特点。例如证监会在对新大地财务造假进行核查时，发现一个可疑的指标是人均净利，其人均净利水平明显偏高，2011 年甚至超过同期银行业人均净利水平，另外关注其毛利率水平（一般认为毛利率更适合做同业比较），2009 年、2010 年和 2011 年公司茶油毛利率分别高达 60.66%、43.50%和 36.19%，而根据其招股说明书披露，近几年全国规模以上茶油加工企业的平均毛利率为 20%～25%。

1. 分析收入快速增长和毛利率远高于同业的合理性

查阅招股说明书发现，天丰节能报告期内收入逐步增长，复合增长率接近 57%，每年的毛利率都在 36%左右，极为稳定，且远高于行业 20%左右的平均水平。由于其收入和毛利率数据存在异常，于是进一步从非财务信息角度出发分析其业绩的合理性。2009 年至 2012 年，我国房地产行业波动较大。天丰节能系为建筑物提供节能板材的公司，其经营情况与房地产行业的景气程度密切相关。同时，了解到天丰节能的产品在技术、品牌、市场等方面并没有显著于同业的优势，因此认为公司经营业绩明显有悖于大的经营环境。

2. 分析关联交易突然急剧下降的合理性

查阅招股说明书发现，2009 年天丰节能曾与关联公司发生较多的关联销售和采购，占全年销售或采购的比例均达到 35%。在随后的 2010 年至 2012 年期间，天丰节能与上述关联方之间的关联销售和采购均突降，占比一般不超过 5%。对公司披露的经营模式进行了分析，发现天丰节能较多业务依托于实际控制人名下从事建筑施工的钢结构公司和建设公司，在业务上天然存在依赖关系。这种业务的依赖性短期内很难改变，天丰节能不可能一夜之间抛弃原有的业务模式，并在业务模式发生重大变化情况下实现收入、利润逆经济周期的增长。

（二）分析关键的财务数据和资料

从天丰节能招股说明书中披露的收入、资产、利润等有关财务数据和财务指标来看，公司财务状况和业绩良好。但结合非财务信息来看，其收入、毛利率和关联交易都有明显异常的地方，比较符合虚构经济业务型财务造假的特点。因此，根据前文虚构经济业务型财务造假的手法，重点分析公司客户和供应商、新增资产、资金进出等几个方面的财务数据和财务资料。

1. 客户和供应商的分析

主要从以下几个方面对客户和供应商进行了分析：一是关注报告期内新增的客户和供应商情况。首先分析新增客户和供应商是法人还是自然人，如是法人，确认其是否是报告期内新成立公司，如是，则进一步获取其工商信息，分析其与天丰节能是否在人员、联系方式、办公地址、资金等方面存在关联。如是自然人，关注其与天丰节能及其关联方的人员是否存在关联。其次分析客户和供应商的资质和能力与销售量和采购量能否匹配。最后结合资金进出情况，分析收付款是否存在异常，往来款项是否异常增长。

2. 新增资产的分析

由于消化虚增毛利占用资金的方式比较多，因此对于新增资产的分析比较复杂，需要判断公司是采用虚增银行资金、应收款项、存货等流动资产的方式，还是采用虚增固定资产、在建工程等长期资产的方式。通过三年财务报表的比较分析，发现天丰节能固定资产、在建工程增长迅速，进一步检查发现天丰节能新增固定资产、在建工程明显异常。天丰节能从国外订购了金额较大的机器设备，部分机器设备长达两年尚未实际进口，已入账的机器设备订购周期多在一年半左右。当检查其进口报关单时，天丰节能以IPO期间经历多次审计为由称报关单原件丢失，仅有复印件。在对报告期内所有进口设备的报关单复印件进行检查后，发现不同年份的报关单存在单号一致，且海关核签人员名字相似，疑似伪造报关单时笔误所致的情形。

3. 资金进出情况分析

银行资金进出分析主要结合对客户和供应商的分析、新增资产的情况来进行。这里优先对报告期内新增的有疑问的客户和供应商，及新增的有疑问的固定资产和在建工程，检查其收付款情况，发现存在以下问题：一是购置资产的付款凭证原始单据不全，无法确认是否真实付款；二是天丰节能普遍采用银行承兑汇票的方式进行结算。于是，重点检查了银行汇票的背书情况，发现客户或供应商的前一手或后一手实际为天丰节能的关联方，疑似用银行汇票掩盖实际的资金来源和去向。

4. 其他非财务信息分析

非财务信息的范围比较广，包括公司人员信息、生产经营信息等。天丰节能财务人员更换频繁，报告期内，半数以上的财务人员被更换，平均财务人员任职时间在一年左右。天丰节能报告期内突然更换银行基本账户，但并未更换银行，而同城同银行的银行询证函回函在格式上存在差异，银行对账单区别于正常的格式，还有部分银行对账单并无银行签章。以上种种迹象显示，天丰节能财务信息的可靠性存在疑问。

（三）从第三方获取关键证据证实

由于虚构经济业务型造假是管理层舞弊，是系统性的造假行为，从公司内部往往很难获得关键性证据，需要把目光转向公司外部，如银行、海关、客户和供应商等，重点从资金流的真实性、交易的真实性等方面向它们调取证据。

第九章

财务情况分析报告

引例

聚焦科力远

湖南科力远新能源股份有限公司（以下简称科力远）成立于1998年1月，是一家集先进储能材料、先进电池、电动汽车能量包、混合动力总成系统及其延伸产品的研发、生产、销售和服务于一体的国际化高新技术企业，致力于在节能与新能源领域构建全产业链。公司注册资本2.86亿元，总资产16亿元，2003年9月在上海证券交易所上市。2008年3月，公司非公开发行股票，购买控股股东电池类资产，实现资产注入。

公司旗下拥有长沙力元新材料有限责任公司、益阳科力远电池有限责任公司、常德力元新材料有限责任公司以及湖南科霸汽车动力电池有限责任公司，并在长沙高新技术产业开发区（国家级）建有动力电池及储能材料工业园，是我国储能材料和绿色电池的重要生产基地。

通过积极参与国际高端产业分工，科力远成功进入丰田和本田的供应链体系，成为丰田卡罗拉、雷凌、凯美瑞、亚洲龙等国产混合动力车型（HEV）动力电池的唯一本土供应商，科霸公司、常德力元和科力美等公司为丰田国内HEV上游产业链对应环节的独家及主要供应商。受丰田混动汽车销量增长驱动，公司的HEV配套产业链均进行了增能扩产。

科力远近年来培育的第二增长曲线——锂电业务发展势头强劲，在共享两轮车、共享充电柜、智能家居等领域开拓了大批优质客户，特别是在共享领域与国内多家一流企业结成战略发展联盟，与美团、哈啰出行、怪兽充电、小米等建立了长期战略合作关系。此外，动力电池在2020年6月顺利通过CRCC（原中铁铁路产品认证中心）

认证，获得了铁路及轨道交通领域准入资格。

面对该公司的发展态势，投资者在查看该公司财务情况分析报告时，必须弄清楚以下问题：

- 公司资本结构、偿债能力如何？
- 公司的资产获利能力和资金运用效率怎样？
- 现金流量能否支撑公司的投资？
- 财务情况分析报告的结论应是什么？该公司是否值得投资？

本章将探讨包括以上诸问题在内的有关财务情况分析报告编写的问题。

本章要点

◇ 财务情况分析报告的作用
◇ 财务情况分析报告的格式和内容
◇ 财务情况分析报告的撰写要求和方法
◇ 编写财务情况分析报告应注意的事项

思政目标

财务情况分析报告的目的是便于企业制定出符合客观经济规律的财务预算。通过认真计算和分析，透彻了解企业现实财务状况，科学地预测未来；权衡利弊得失，选择最优方案；兼顾需要与可能、长远与当前、整体与局部，做好综合平衡。财务情况分析内容和报告过程应坚守客观公正、实事求是的原则。

第一节　财务情况分析报告概述

一、财务情况分析报告的概念

做财务工作都要算账。算账从广义上讲应当包括计算和分析，计算的对象是账表数字，它能具体或综合反映一个单位财务活动的现状和工作进行的情况。但由于财务活动本身错综复杂，每一项财务指标又受制于多种因素，如果单纯从账表数字去看这些指标的完成情况，往往不能发现其中隐藏的本质问题，当然也难以找出其产生和发展的原因以及客观的内在规律。因此，还需要根据账表数字和调查研究掌握的材料，对财务活动的状况进行分析。分析是计算的继续和深化，而根据分析的情况及结果写成的书面报告就称为财务情况分析报告。

财务情况分析报告是以会计报表及会计报表附注的资料为主要依据，根据计划指标、会计核算、统计资料和通过调查研究获得的资料，对某一部门或某一单位的财务活动状况进行分析、找出差距、指出方向、提出建议，指导企业财务会计工作的一种书面报告，是对企业一定期间内收入、成本、费用、利润、资金等情况进行分析总结形成的书面文字报告。

财务情况分析报告是根据财务指标体系和综合分析资料，通过分类、整理、综合、概括来说明企业的财务状况和财务成果的，因此，搜集、整理资料就是编写财务情况分析报告的重要前提。除了搜集以会计报表为主的实际资料和有关的计划资料以外，还应搜集一些有关财务、统计和同行业的资料，另外，还可以通过调查研究等方法，搜集一些典型事例的资料。然后，将搜集的资料进行整理、分类、综合汇总，使之条理化、系统化，供编写分析报告时选择采用。整理分析资料的过程，应当是一个去粗取精、去伪存真、由此及彼、由表及里、综合考虑的加工过程。有时候，将单项分析的数据综合起来，可能会出现一些矛盾，如计算的口径不一致等，这就需要做些调整；有时候，综合资料时会发现某些方面的分析比较单薄、资料不够等，需要做进一步的补充；甚至有时还会出现原来初步评价是良好的，经过综合资料和全面分析后，反而要修正原来的结论的情况。所以说，撰写财务情况分析报告的过程，也是财务活动综合分析提高的过程。

二、财务情况分析报告的作用

编写财务情况分析报告是财会人员必不可少的基本功之一。财会人员应按照经济核算原则，定期检查、分析财务预算的执行情况，挖掘增收节支的潜力，考核资金使用效果，揭露经营管理中的问题，及时向领导提出建议。

财务情况分析报告的作用主要有以下几个方面：

（1）有利于掌握和评价企业的财务状况、经营成果和现金流量状况。

（2）有利于制定出符合客观经济规律的财务预算。任何财务预算，不经过正确的计算和分析，是不可想象的。

（3）有利于改善企业经营管理工作，提高财务管理水平。现代化生产要求有科学的管理，而科学的管理又依赖于周密的计算和分析。一个企业要把生产、供应、销售各个方面安排好，把劳动者和生产手段合理地组织起来，把生产过程各环节衔接好，顺利地进行生产和扩大再生产，都需要进行经济活动分析，从分析报告中提出改进措施。单位领导和上级主管部门看了分析报告，心中就有了数，便于及时做出指导和安排。管理人员看了分析报告，有利于调动其管理企业的积极性。财会部门通过财务活动分析，可以当好企业领导的参谋。

第二节　财务情况分析报告的类型、内容和格式

一、财务情况分析报告的类型和内容

（一）财务情况分析报告的类型

财务情况分析报告在财会工作中被广泛应用。财会人员日常编写的财务情况分析报告可分为以下三类。

1. 全面分析报告

全面分析报告也称为系统分析报告或综合分析报告，是对某一部门或某一单位在一定时期的经济活动，根据各项主要经济指标进行全面系统分析的报告。在全面分析的基础上，着重抓住财务工作中带有普遍性和关键性的问题进行深入的分析和考核，用以评价经济活动的结果。它主要用于年度和季度的分析报告。

2. 简要分析报告

简要分析报告一般是围绕几个财务指标、计划指标或抓住一两个重点问题进行分析，用以分析财务指标的完成情况，观察财务活动的发展趋势，提出工作改进的建议。这种分析报告大多是在年末、季末、月末与编制财务会计报告同时进行的，如年度财务情况分析报告、季度财务情况分析报告、月度财务情况分析报告等。

3. 专题分析报告

专题分析报告也称为单项分析报告或专项分析报告，是对某项专门问题进行深入细致的调查分析后所写的一种书面报告，它一般是结合当前企业的理财工作，对某些重大经济措施和业务上的重大变化，或对工作中的薄弱环节和关键问题单独进行专题分析。如在清查仓库中对库存产品质量的分析，增产节约活动中对影响产品单位成本因素的分析，发生经营亏损时对亏损原因的分析，扩大业务范围后对新增某项业务开展情况的分析等。专题分析报告具有内容专一、一事一题、分析深透、反映及时等特点。它是不定期的分析报告，可以随时运用，形式也较灵活。

此外，就分析的时间看，财务情况分析报告还可以分为预测分析报告、总结分析报告、定期分析报告、不定期分析报告等。

（二）财务情况分析报告的内容

1. 资本结构分析

企业在生产经营过程中周转使用的资金是从不同的来源取得的（包括从债权人借入

和企业自有两大部分)，又以不同的形态分配和使用(包括流动资产、固定资产、无形资产、其他资产等)。资本结构的健全和合理，直接关系到企业经济实力的充实和经济基础的稳定。如果资本结构健全、合理，企业的经济基础就比较牢固，就能承担各种风险；反之，如果资本结构不合理，企业的经济基础就较弱，难以承担各种风险。分析资本结构对企业的经营者、投资者和债权人具有十分重要的意义。

2. 偿债能力分析

企业在生产经营过程中，为了弥补自有资金的不足，经常通过举债来筹集部分生产经营资金。但是举债必须以能偿还为前提，如果企业不能按时偿还所负债务的本息，那么企业的生产经营就会陷入困境，以致危及企业的生存。对企业经营者来说，通过对财务情况分析报告进行分析，测定企业的偿债能力，有利于其做出正确的筹资决策和投资决策；对债权人来说，偿债能力的高低是他们做出贷款决策基本的和决定性的依据。例如，2012 年科力远公司的流动比率和速动比率为 1.26 和 1.02，资产负债率为 50.78%，这说明公司的偿债能力较弱。2011 年公司的流动比率和速动比率为 1.32 和 1.05，资产负债率为 49.71%，这说明 2012 年公司的偿债能力有了小幅度的下降。

3. 盈利能力分析

盈利能力，即赚取利润的能力。获取利润是企业生产经营的根本目的，也是投资者投资的基本目的。盈利能力的大小显示着企业经营管理的成败和企业未来前景的好坏，因而是企业经营者和投资者对财务情况进行分析的重点。例如，科力远公司 2011 年的主营业务收入同比增长 53.19%，而 2012 年则下降了 29.41%。

4. 资金运用效率分析

企业筹集资金的目的是使用。如果资金得到充分有效的使用，则企业必能获得较多的收入，而且能减少对资金供应量的需求；反之，如果筹集到的资金得不到充分有效的使用，不仅不能给企业带来利益，而且会给企业带来负担。资金运用效率的高低直接关系到企业盈利能力的大小，预示着企业未来的发展前景，因而是企业经营者和投资者分析财务情况分析报告的一项重要内容。例如，科力远公司的存货周转率逐年降低，从 2010 年的 10.28 下降到 2012 年的 5.30，说明公司存货的流动性较弱，变现能力较差。公司的应收账款周转率从 2011 年的 11.04 降低到 2012 年的 7.12，说明资产的流动性减弱。

5. 现金流量分析

通过现金流量分析，会计报表使用者可以获取企业在该会计期间内现金流入、现金流出以及现金净流量等方面的信息，估量企业现金的产生能力和使用方向，反映企业现金在流动中的增减变动情况，从现金流量的角度来揭示企业的财务状况。

6. 成本费用分析

在市场经济条件下，产品的价格是由市场决定的。在同样的市场价格条件下，如果能降低成本，减少费用，企业就能获取较高的利润，从而在市场竞争中处于有利的地位；反之，则会在市场竞争中处于不利的地位，甚至被淘汰。由于有关成本费用的报表属于企业内部使用报表，投资者、债权人一般无法取得，因而成本费用的分析是企业经营者分析财务情况分析报告的重要内容。

7. 收入、利润和利润分配分析

收入和利润水平是否与企业生产经营规模和能力相适应，反映着企业经营管理的水平的高低和企业获利能力的大小，也预示着企业未来的发展前景。利润分配政策直接关系到企业未来的发展和企业承担风险的能力。这些都是企业经营者和投资者分析财务情况分析报告的重要内容。

二、财务情况分析报告的格式

财务情况分析报告的撰写一般不必拘泥于形式，重在分析内容，真实地揭示财务活动的情况，对成绩与缺点产生的原因做出中肯的分析，做到有情况、有分析、有结论、有措施。财务情况分析报告并没有固定不变的格式，一般写清以下几个项目就可以了。

（一）标题

财务情况分析报告的标题一般由单位名称、时间、内容和文种 4 项组成。例如，“××股份公司××××年度财务分析报告”。

（二）开头

开头大多是概括地介绍产销的形势，针对分析的问题用数字简要介绍一些基本情况，或提出问题，或简要说明撰写分析报告的目的。开头要紧扣分析的对象和问题，简明扼要，以极其简练的文字说明对企业哪一段时间、哪一方面（或全部）的财务活动进行了分析，或者用概括的语句把分析对象的情况大致反映一下，使人看了开头就能了解概貌。

（三）分析部分

这是财务情况分析报告的正文。首先，应按可比口径计算说明各项主要经济指标的完成情况，或用数字对比，或用表格列示，通过实际与计划对比、本年与上年同期对比的形式把经济指标的完成情况和经营管理的成果反映出来。其次，要肯定所取得的成绩，哪些是好的、好在什么地方，如提高经济效益的经验、扭亏增盈的经验、增产节约的经验等，应有层次、有分析地加以说明。最后，要把经济指标完成不好的情况和企业经营管理中存在的问题暴露出来，哪些是差的、差在什么地方，应切中要害，有针对性地反映清楚。

写正文部分，应当注意突出重点，突出问题的症结所在。只有重点突出的财务情况分析报告才能让人读了之后，知道重点在何处、关键在哪里，以便牵住“牛鼻子”。具体写作时，应有重点地总结分析企业取得某一重要成绩的情况和经验，或者有重点地总结分析企业存在的薄弱环节的状况和造成的原因，切忌罗列数据、面面俱到，而又不分析问题、解决问题。分析的时候，还要注意对有关财务指标进行对比分析，以利于说明问题。这部分的撰写要注意情况具体、分析深入、结论公正，既不虚构或夸大成绩，也不掩饰或缩小问题，使阅读者看后能对企业的生产经营活动和财务成果有一个全面、正确的认识。

（四）建议部分

进行财务情况分析的最终目的是改善企业的生产经营管理和财务状况，提高经济效益。因此，该部分应针对分析发现的问题提出改进意见。

（五）署名和日期

财务情况分析报告的写法不能千篇一律，有的在前面用文字分析说明，后面用数字列表说明；有的在文字说明中插入表格或列示一些主要数字；也有的没有开头这一部分，把开头的内容直接安排在正文分析说明中。

第三节　财务情况分析报告的撰写

一、财务情况分析报告的撰写要求

（一）重点要突出

财务情况分析报告的编写应结合当前生产经营的情况和财务管理的具体要求，抓住重点的、关键的问题，抓住主要矛盾和矛盾的主要方面进行分析研究，层层解剖，刨根问底，这样才有利于说明事物的本质，起到以点带面、推动工作、指导工作的作用。撰写分析报告切忌：面面俱到，却什么都讲不清楚；报流水账，不突出主题、重点；只提出问题，而没有分析问题与解决问题的建议（办法）。

（二）数据要确凿

坚持辩证唯物主义的观点和实事求是的作风，是编写财务情况分析报告的重要原则，而数据确凿则是这一原则的重要体现。分析时所运用的数据、资料应当真实、具体、可靠，分析的时候，应辩证地看问题，把定量分析与定性分析结合起来，把历史资料和现实情况结合起来，把肯定成绩与剖析缺点结合起来，把主观态度和客观情况结合起来。

（三）语言要简练

财务情况分析报告是写给企业和上级领导及有关部门的人员看的，其语言应以简练朴实、通俗易懂为好，使人一看就懂。文章的开头与结尾应简洁明了，不要“穿靴戴帽”，套话连篇；内容层次应清楚明白，不要说空话，不要堆砌形容词，更不要只罗列一大堆材料、数字，或者泛泛而谈，做冗长的解释。

（四）报送要及时

财务情况分析报告有特定的时效性，应随会计报表一同报送，既作为会计报表的附件，对报表的数据做恰当的文字说明，起到画龙点睛的作用，又可作为考核与分析企业一定时期内经营状况的依据。

二、财务情况分析报告的撰写方法及注意事项

（一）财务情况分析报告的撰写方法

年度、季度、月度财务情况分析报告的要求各有不同，每次写分析报告的目的和重点也有所不同，因此撰写财务情况分析报告时不要照套程式。一般来说，年度财务情况分析报告要求比较全面详细，有情况、有分析、有建议，大都采用工作总结式。季度财务情况分析报告可以有重点地做扼要的分析说明。至于月度财务情况分析报告，只需简要说明主要经济指标的增减变化情况就可以了，一般采用条文式，如有重大问题，再做详细分析。

为了保证财务情况分析报告的编写质量，一般可在正式写作前，先拟订编写提纲，粗线条地写下财务情况分析报告的结构和主要内容，然后对提纲进行推敲、修改，这也是写好财务情况分析报告的一个先决条件。有了提纲，就有了全局的框架，可以从全局着眼去检查每一个部分在全文中所占的地位、作用，以及前后的逻辑关系，可以帮助作者理顺思路，明确重点，突出观点，对内容进行适当的剪裁与安排。根据拟订的提纲，就可以着手编写分析报告了。

（二）财务情况分析报告撰写的注意事项

撰写财务情况分析报告时，应注意以下几个问题。

1. 开头不要“套话”成串，落笔太远

不少人在撰写财务情况分析报告时，喜欢用一些现成的“套话”开头。例如，“在××精神的鼓舞下”“在××的领导下”“在××的支持下”“在××的努力下”“在××的基础上”。这些套话似乎神通广大，放在任何时候、任何单位、任何一种分析报告中都行，成了“通用型”的配件。其实它是可有可无的，写上去并不能解决什么问题，反而拉长了篇幅。财务情况分析报告的撰写要求开门见山，不宜落笔太远，可有可无的套话应该尽量避免。

2. 正文不要罗列现象，言不及义

有人撰写财务情况分析报告时，习惯于罗列现象，把自己所了解的情况一股脑儿全倒出来，不分主次轻重全都写上。由于缺乏必要的提炼，结果是只见材料、不见观点，让人看了不知道该报告要说明什么问题。还有一种情况是用“数字文字化”来代替具体分析，实际上是数字游戏。这两种毛病的共同点是言不及义，即说了半天没有说出什么道理来。

分析报告无分析，这是撰写财务情况分析报告的“致命伤”。没有好的分析，就没有好的分析报告。要分析得好，一是要真正摸清情况，在动笔之前认真做好深入细致的调查研究。二是要善于提出问题，多问几个“为什么”。比如，超额完成了计划，主要原因在哪里？没有完成计划，是受哪些因素的影响？成本降低了，是怎样降低的？所谓分析，就是分析问题。提出问题是打开分析之门的钥匙。多问几个“为什么”，有助于把分析深入下去，动笔时就可以把话说到点子上。财务情况分析报告的撰写，难就难在分析上，应在分析上做好文章。

3. 结尾不要用笼统的口号代替具体的建议和措施

有的财务情况分析报告在说明、分析问题之后，往往不是有针对性地提出建议和措施，而是用一些抽象笼统的口号来代替具体的建议和措施。如有家公司财务情况分析报告的最后一段话是这样写的：“在新的一年里，我们一定要加强薄弱环节，大干快上，努力赶超先进水平，为完成和超额完成预算目标而奋斗！”提出这样的口号自然是很好的，问题是还要具体化，要说清楚怎样加强薄弱环节，从哪些方面、采取哪些措施赶超先进水平等。只有说得具体、明确、实在，才能提供给领导决策的依据，否则就起不到这样的作用。

本章小结

本章主要介绍了财务情况分析报告的概念和作用、财务情况分析报告的内容及格式、财务情况分析报告编写的一般要求和方法，以及在撰写时应注意的一些问题。

案例

武汉武商集团股份有限公司的财务分析

一、武汉武商集团股份有限公司有关资料

（一）公司简介

武汉武商集团股份有限公司是湖北省最大的商业零售企业之一。其在湖北省内开设有武汉国际广场、武商广场、武商世贸广场、武商超市（量贩）公司、武商众圆广场、武商亚贸广场、武商襄阳购物中心、武商十堰人民商场、武商仙桃购物中心、武商黄石购物中心。其前身是创建于1959年的中苏友好商场（后更名为武汉商场），当时是

全国闻名的十大商场之一。1986 年，武商在全国同行业中率先进行股份制改造。1992 年“鄂武商”（000501）在深圳上市，成为中国商业第一股，是全国最早上市的商业企业。

（二）会计数据和业务数据摘要

（1）2012 年利润及其构成见表 9-1。

表 9-1　2012 年利润及其构成

单位：元

项目	金额
利润总额	725 220 000.00
净利润	547 430 000.00
营业利润	724 310 000.00
经营活动产生的现金流量净额	1 229 860 000.00
现金及现金等价物净增加额	-107 980 000.00

（2）主要会计数据和财务指标见表 9-2。

表 9-2　主要会计数据和财务指标

单位：元

项目	2011 年 12 月 31 日	2012 年 12 月 31 日
营业收入	17 756 090 000.00	7 639 430 000.00
净利润	1 225 000 000.00	547 430 000.00
总资产	23 595 140 000.00	22 802 150 000.00
股东权益	9 509 880 000.00	9 915 220 000.00
每股收益	1.60	0.71
每股净资产	—	—
净资产收益率（%）	12.88	5.52

（3）报告期内股东权益变动情况见表 9-3。

表 9-3　股东权益变动情况

单位：元

项目	期初数	本期增减变动金额（减少以“—”号填列）	期末数
股本	769 000 000.00	0	769 000 000.00
资本公积	1 448 920 000.00	0	1 448 920 000.00
盈余公积	1 517 130 000.00	109 700 000.00	1 626 830 000.00
未分配利润	5 644 770 000.00	268 550 000.00	5 913 320 000.00

（三）股东变动及股东情况

此部分内容略。

（四）股东大会简介

此部分内容略。

（五）董事会报告

此部分内容略。

（六）监事会报告

此部分内容略。

（七）业务报告摘要

1. 公司2020年度的经营情况

（1）公司财务状况及经营情况。

报告期内，由于公司位于新型冠状病毒肺炎疫情暴发的中心，武汉封城，公司下属购物中心暂停营业，导致全年收入、利润受到较大影响。2020年公司实现营业收入76.39亿元，同比下降56.98%，实现归属于上市公司的净利润5.47亿元，同比下降55.31%。

（2）在经营中出现的问题与困难及解决方案。

1）服务抗疫保供：新型冠状病毒肺炎疫情暴发后，在公司党委、董事会科学决策、统筹部署下，全体武商人积极投身抗疫保供一线。在武汉封城当天，购物中心率先闭店、超市门店坚持营业。封城期间，全力保障市民生活和防疫必需品供应，践行“保供应、稳物价、惠民生”的承诺，保供工作受到中央、省、市各级领导的好评。

3月初，疫情拐点前夕，公司科学研判、迅速将工作重心由民生保供转向复工复产。各购物中心提前做好方案制定、环境消杀、设备维保、人员统计、供应商洽谈、商品结构调整等各项准备工作。3月下旬，市外购物中心陆续开门营业，摩尔城三家购物中心及众圆广场于3月30日在武汉市内率先开门营业，为商业恢复、经济复苏做出表率。

2）创新营销模式：开创“集团化营销”模式。由集团统筹指挥、优势实体牵头、各零售企业协同作战，不断档地举办线上线下融合营销活动，抓住周年庆、开学季、七夕、国庆、中秋、“双十一”、“双十二”、圣诞节等营销热点，先后携手百丽、滔博、爱慕、千叶、六福等品牌呈现多场大型营销活动，整合优势资源，提升聚客力。周年庆期间，公司首次在摩尔城中心广场搭建武汉首座沉浸式生活市集；首次与国际艺术家合作，用艺术向武汉致敬；首次在支付宝、微信投放武商消费券，为全国首家投放消费券的企业。同时，各零售企业推出各具特色的夜间市集、天台餐吧，打造网红打卡点，提升聚客力。做强“首发经济”，购物中心引进一批区域首店品牌，超市引进多个全国全省首发品牌，为城市消费注入新活力。以集团中台项目、小程序商城为载体不断提升“云逛武商”购物体验，以品牌联动、社群营销拓展线上线下融合。

2. 公司投资情况

（1）投资总体情况见表9-4。

表9-4　投资总体情况

单位：元

报告期投资额	上年同期投资额	变动幅度
1 354 475 474.97	1 350 479 142.25	0.30%

（2）募集资金使用情况。

报告期内，公司无募集资金或前期募集资金使用到本期的情况。

（八）财务报告

1. 审计报告

公司年度财务报告经中审众环会计师事务所审计，事务所出具了标准无保留意见的审计报告（略）。

2. 会计报表附注

（1）公司采用的主要会计政策。

此部分内容略。

（2）税项。

此部分内容略。

（3）主要项目注释。

1）应收账款账龄分析表见表 9-5。

表 9-5 应收账款账龄分析表

单位：元

项目	2019 年 12 月 31 日	2020 年 12 月 31 日
1 年以内	13 140 447.82	22 108 219.28
1～2 年	0	119 801.60
小计	13 140 447.82	22 228 020.88
减：坏账准备	13 140.43	102 375.28
应收账款净额	13 127 307.39	22 125 645.60

2）长期股权投资共 30 013 817.44 元。

3）主要固定资产及累计折旧见表 9-6。

表 9-6 主要固定资产及累计折旧

单位：元

项目	期初价值	本期增加	本期减少	期末价值
一、原值				
房屋及建筑物	7 692 032 034.08	0.00	0.00	7 692 032 034.08
机器设备	570 811 259.75	6 335 267.98	14 381 384.54	562 765 143.19
运输工具	17 913 472.74	1 067 217.34	950 229.34	18 030 460.74
电子设备	127 016 073.51	6 689 965.70	10 387 534.81	123 318 504.40
其他设备	112 347 952.06	3 487 784.88	9 105 896.73	106 729 840.21
二、累计折旧				
房屋及建筑物	1 444 976 361.64	150 891 827.69	0.00	1 595 868 189.33
机器设备	393 086 281.05	40 586 622.47	14 255 175.12	419 417 728.40
运输工具	15 371 084.03	734 002.28	863 770.75	15 241 315.56
电子设备	110 064 575.03	6 373 298.16	9 868 121.13	106 569 752.06
其他设备	91 829 643.98	4 531 478.70	8 497 939.14	87 863 183.54

（4）关联方交易事项。

此部分内容略。

二、武汉武商集团股份有限公司财务情况分析

（一）情况介绍

（1）2020 年实现净利润 54 743 万元，与 2019 年的 122 500 万元相比有较大下降，下降 55.31%；营业收入为 763 943 万元，比 2019 年下降 56.98%。

(2) 2020 年公司每股税后收益为 0.71 元，比上一年下降 55.63%；净资产收益率达到 5.52%，同比下降 57.14%。

因此，无论是营业收入还是净利润，2020 年该公司的业绩均有所下滑。

(二) 财务情况分析

1. 资产结构分析

货币资金占总资产比重较低，说明公司的资金链有一定风险，可能偿债能力较弱。和 2019 年相比，2020 年存货占销售收入的比例下降，应收账款占销售收入的比例增幅较小，预付货款占销售收入的比例明显上升，其他应收款占销售收入的比例略有下降。总体来看，流动资产增长快于主营业务收入增长，资产的盈利能力略有提高。

2. 偿债能力分析

该公司的流动比率和速动比率总体是呈下降趋势的，虽然速动比率在 2020 年有所回升，但是相比 2017 年还是降低了，并且它们的值都是小于 1，这说明公司资产的变现性越来越差。而武商集团的资产负债率也是逐年下降的，这说明公司的偿债能力越来越差，原因可能是近年来实体零售业受电商和新型冠状病毒肺炎疫情的冲击，生存越发艰难，而企业的资产大部分都是固定资产和存货，变现能力受到严重的影响。

3. 经营协调性分析

该公司 2020 年的营运资金需求为 7 014 270 000 元，营运资本为 7 639 430 000 元。公司的现金支付能力为正数，公司无须通过短期银行借款来满足生产经营的资金需求，公司经营的动态协调情况相对较好，没有支付困难。

4. 成本分析

该公司 2020 年营业成本为 4 956 120 000 元，与 2019 年的 13 773 460 000 元相比有较大的下降，下降 64.02%。2020 年销售费用为 1 621 120 000 元，与 2019 年的 1 957 260 000 元相比有较大下降，下降 17.17%。2020 年销售费用下降的同时，营业收入也有较大下降，公司销售活动并未取得良好效果。2020 年管理费用为 225 740 000 元，与 2019 年的 277 110 000 元相比有较大下降，下降 18.54%。2020 年管理费用占销售收入的比例为 2.95%，与 2019 年的 1.56%相比变化不大。管理费用与销售收入同步下降，管理费用支出正常，本期财务费用为 80 900 000 元。

5. 盈利能力分析

该公司的总资产报酬率总体是呈下降趋势的，从 2017 年的 16.12%下降到 2020 年的 12.16%，只有 2019 年有短暂上升，这种情况可能是由近年来电商兴起冲击实体零售业造成的，而且 2020 年的新型冠状病毒肺炎疫情也对我国的零售行业造成了巨大影响，而武商集团作为传统零售业巨头受到巨大的冲击，导致公司的盈利水平下降。

6. 营运能力分析

该公司 2020 年总资产周转次数为 0.33 次，与 2019 年相比，周转速度减慢，周转天数从 471.20 天增加到 1 093.23 天。公司在资产规模减小的同时，主营业务收入有小幅度下降，表明公司经营业务有小幅度的收缩，总资产周转速度有小幅度的降低。

该公司 2020 年固定资产周转次数为 1.20 次，2019 年为 2.70 次，与 2019 年相比，2020 年的固定资产周转速度减缓，说明公司的固定资产投资不太得当，固定资产的结构不太合理，经营活动不是很有效。该公司 2020 年存货周转天数为 216.32 天，2019 年为 89.99 天，2020 年比 2019 年增加了 126.33 天。存货周转率降低说明公司的销售能力下降。该公司 2020 年应收账款周转天数为 0.83 天，2019 年为 0.25 天，2020 年比 2019 年增加 0.58 天，说明公司的应收账款回收速度减慢，资产流动性较弱。

7. 现金流量分析

该公司通过销售商品、提供劳务收到的现金为 15 561 940 000 元，这是公司当期现金流入的最主要来源，约占公司当期现金流入总额的 71.72%。经营活动的现金流入量大于流出量，投资活动的现金流入量小于流出量，筹资活动的现金流入量小于流出量，说明公司经营活动能产生现金净流入，公司财务状况稳定。扩大投资出现投资活动负向净流入属于正常情况，但应注意适度的投资规模。

8. 发展潜力分析

该公司应注意控制新增投资的规模，如果新增投资的规模过大，在没有其他外部资金来源的情况下，必然占用生产经营活动资金，引起营运资本的减少，从而导致经营活动的资金紧张。2020 年投资活动中的现金净流出量与筹资活动中的现金净流出量的数额都比较大，说明公司在保持内部经营稳定的同时，并未能够从外界筹集大笔资金用以扩大生产经营规模，公司的发展潜力需仔细评估。

9. 经营风险分析

从宏观环境和行业发展状况看，该公司竞争业务的安全水平较高。从实现利润和负债资金成本的关系来看，公司负债经营的风险较高。

总之，2020 年整体经营运行情况并不算良好，经营规模有所收缩。报告期内公司收入、经营性净现金流等经营指标较上年同期均有下降，公司致力于形成摩尔城、梦时代与众圆广场“三足鼎立”，构建武汉“金三角”发展格局；扩大省内购物中心商业版图；加快超市网点布局，扩大自营规模，实现超市业态规模效益“双提升”；推进互联网技术在经营管理中的应用，打造“智慧武商”；加强团队建设，提升管理人员综合素质，做好人才梯队建设，加快年轻人的选拔和培养。虽然受新型冠状病毒肺炎疫情、电商兴起的影响，利润指标较上年同期有所下降，但如能控制对外投资的规模，提高公司的管理水平，公司便能取得更好的经济效益。

复习题

1. 财务情况分析报告有哪些类别？
2. 财务情况分析报告的作用是什么？
3. 撰写财务情况分析报告的一般要求是什么？
4. 撰写财务情况分析报告应注意哪些问题？
5. 财务情况分析报告揭示的主要内容有哪些？

练习题

1. 某公司的利润表如表 9－7 所示，资产负债表如表 9－8 所示。

表 9－7　利润表

单位：百万元

项目	2019 年	2020 年
营业收入	3 421	3 328
减：营业成本	2 321	2 541
销售费用	295	279
管理费用	115	100
财务费用	44	23
利润总额	646	385
减：所得税费用	213	127
净利润	433	258

表 9－8　资产负债表

单位：百万元

项目	2019 年	2020 年
货币资金	1 392	753
应收账款	548	684
存货	1 270	1 560
固定资产净额	1 766	2 487
资产总额	4 976	5 484
流动负债	2 632	1 888
长期负债	292	342
负债总额	2 924	2 230
股本	882	992
资本公积	1 170	2 262
所有者权益	2 052	3 254

要求：(1) 计算自己认为对分析该公司财务情况有用的比率（必须包括每股净收益、资本收益率、财务杠杆、流动比率、资产周转率、毛利率和净利率）。

(2) 分析该公司的发展状况及经营活动。

2. A 超市正在寻求合作伙伴，该超市认为如果不能获得外来资本，超市将无法发展下去。A 超市愿意将 40%的股份卖给一家经营规模较大的 B 超市，希望它能够注入更多的资金并提供管理技术，以使超市的规模得到进一步扩大。现 A 超市非常愿意在适当的时候出售多数股份。A 超市的利润表和资产负债表如表 9－9、表 9－10 所示。

B 超市对这笔交易非常感兴趣，其认为双方能在业务方面进行很好的合作。

要求：对 A 超市的财务状况进行分析，并撰写财务情况分析报告。

表 9－9　A 超市利润表

单位：百万元

项目	2019 年	2020 年
营业收入	2 987	3 674
减：营业成本	2 151	2 718
销售费用	392	412
管理费用	190	183
财务费用	243	315
利润总额	11	46
减：所得税费用	3	15
净利润	8	31

表 9－10　A 超市资产负债表

单位：百万元

项目	2019 年	2020 年
货币资金	54	68
应收账款	42	38
存货	255	301
固定资产净额	4 220	4 446
无形资产	2 200	2 100
资产总额	6 771	6 953
流动负债	361	512
长期负债	4 000	4 000
负债总额	4 361	4 512
股本	1 200	1 200
留存收益	1 210	1 241
所有者权益	2 410	2 441

3. 假设你在一家商业银行的财务分析部门工作。表 9－11、表 9－12 来自一家服装加工厂，该厂希望银行能提供股票融资。

表 9－11　利润表

单位：百万元

项目	2019 年	2020 年
营业收入	589.4	601.2
减：营业成本	206.3	222.4
销售费用	155.0	160.0
管理费用	141.9	154.0
财务费用	16.0	20.0
利润总额	70.2	44.8
减：所得税费用	23.2	14.8
净利润	47.0	30.0

表 9-12 资产负债表

单位：百万元

项目	2019 年	2020 年
货币资金	12.7	7.3
应收账款	5.7	6.1
存货	143.9	152.0
固定资产原价	692.4	692.4
折旧	37.2	44.4
固定资产净额	655.2	648.0
资产总额	817.5	813.4
流动负债	58.3	63.7
长期负债	450.0	450.0
负债总额	508.3	513.7
股本	120.0	120.0
留存收益	189.2	179.7
所有者权益	309.2	299.7

要求：(1) 计算与该厂财务分析有关的关键性比率。

(2) 通过对相关比率和趋势的分析，解释该厂过去两年的情况，对是否应该对该厂进行股份投资提出建议，并对该厂将来的管理提出建议。

参考文献

1. 郭道扬．中国会计史稿．北京：中国财政经济出版社，1982.

2. 赵国忠．财务报告分析．北京：北京大学出版社，2010.

3. 李敏．财务报表解读与分析．上海：上海财经大学出版社，2011.

4. 张新民，钱爱民．财务报表分析．北京：中国人民大学出版社，2021.

5. 张新民．财报掘金．北京：中国人民大学出版社，2020.

6. 卢雁影．财务分析．2 版．武汉：武汉大学出版社，2011.

7. 杨华．财务报表分析．2 版．大连：东北财经大学出版社，2021.

8. 刘捷萍．企业财务分析与决策．北京：北京师范大学出版社，2011.

9. 张先治，陈友邦．财务分析．9 版．大连：东北财经大学出版社，2019.

10. 高立法，等．企业财务会计报告分析识别与效绩评价．北京：中国时代经济出版社，2003.

11. Leopold A Bernstein，John J Wild. Financial statement analysis. New York：McGraw-Hill Inc.，2000.

12. Robert C Higgins. Analysis for financial management. New York：McGraw-Hill Inc.，2001.

13. 李学春，张晓楠，王岌．财务报表分析．上海：上海交通大学出版社，2015.

14. 王淑萍，等．财务报告分析．5 版．北京：清华大学出版社，2021.

15. 郭复初，王庆成．财务管理学．5 版．北京：高等教育出版社，2018.

16. 查尔斯・H. 吉普森．财务报表分析．12 版．大连：东北财经大学出版社，2011.

17. 周晋兰，杨昀．财务报表分析．2 版．北京：科学出版社，2021.

18. 张新民，王秀丽．财务报表分析．北京：高等教育出版社，2016.

19. 圣・普拉斯．洞察财务报表奥秘．北京：中国标准出版社，2001.

20. 阎达五，耿建新，戴德明．高级会计学．3 版．北京：中国人民大学出版社，2007.

21. E 约翰・拉森．现代高级会计．戴德明，译．上海：立信会计出版社，2007.

22. 余国杰．高级财务会计．3 版．北京：科学出版社，2016.

23. 中国注册会计师协会编．会计．北京：中国财政经济出版社，2016.

24. 王小波，周密，龙文魁．合并会计报表．上海：立信会计出版社，2002.

25. 王善平．国际会计学．2 版．大连：东北财经大学出版社，2016.

26. 陈少华．财务报告分析．北京：经济科学出版社，2015.

27. 赵运通．上市公司财务分析．北京：企业管理出版社，2011.

28. 荆新，王化成，刘俊彦．财务管理学．8 版．北京：中国人民大学出版社，2018.

29. 上海塔坚信息科技有限公司．上市公司财务调节案例．北京：经济日报出版社，2018.

30. 操巍．管理层盈利预测信息披露的偏误动因及监管研究．北京：经济科学出版社，2017.

31. 薛云奎．财务报表分析．北京：机械工业出版社，2020.

32. 李敏．报表编审技术．上海：上海财经大学出版社，2005.

图书在版编目（CIP）数据

财务报表分析/王德发主编．-- 5 版．-- 北京：
中国人民大学出版社，2022.3
新编 21 世纪高等继续教育精品教材．会计系列
ISBN 978-7-300-30204-1

Ⅰ．①财…　Ⅱ．①王…　Ⅲ．①会计报表-会计分析-
成人高等教育-继续教育-教材　Ⅳ．①F231.5

中国版本图书馆 CIP 数据核字（2022）第 010488 号

本教材第四版曾获首届全国教材建设奖全国优秀教材二等奖
“十二五”职业教育国家规划教材
经全国职业教育教材审定委员会审定
普通高等教育“十一五”国家级规划教材
新编 21 世纪高等职业教育精品教材·财务会计类
新编 21 世纪高等继续教育精品教材·会计系列
财务报表分析（第五版）
主　编　王德发
Caiwu Baobiao Fenxi

出版发行	中国人民大学出版社		
社　　址	北京中关村大街 31 号	**邮政编码**	100080
电　　话	010－62511242（总编室）		010－62511770（质管部）
	010－82501766（邮购部）		010－62514148（门市部）
	010－62515195（发行公司）		010－62515275（盗版举报）
网　　址	http://www.crup.com.cn		
经　　销	新华书店		
印　　刷	北京密兴印刷有限公司	**版　　次**	2004 年 7 月第 1 版
开　　本	787 mm×1092 mm　1/16		2022 年 3 月第 5 版
印　　张	17.25	**印　　次**	2023 年 12 月第 2 次印刷
字　　数	388 000	**定　　价**	42.00 元